21世纪高职高专规划教材·经贸类通用系列

管理学基础

主　编　赵永楷　石天英　张　晶
副主编　罗湞新　王　莹　李　彪
张龙祥　王富强　黄小玉
陈　琪

中国人民大学出版社
·北京·

图书在版编目（CIP）数据

管理学基础/赵永楷，石天英，张晶主编．—北京：中国人民大学出版社，2017.7
21世纪高职高专规划教材．经贸类通用系列
ISBN 978-7-300-24617-8

Ⅰ.①管… Ⅱ.①赵… ②石… ③张… Ⅲ.①管理学-高等职业教育-教材 Ⅳ.①C93

中国版本图书馆CIP数据核字（2017）第151239号

21世纪高职高专规划教材·经贸类通用系列
管理学基础
主　编　赵永楷　石天英　张　晶
副主编　罗淯新　王　莹　李　彪　张龙祥　王富强　黄小玉　陈　琪
Guanlixue Jichu

出版发行　中国人民大学出版社
社　　址　北京中关村大街31号　　　**邮政编码**　100080
电　　话　010－62511242（总编室）　　010－62511770（质管部）
　　　　　010－82501766（邮购部）　　010－62514148（门市部）
　　　　　010－62515195（发行公司）　　010－62515275（盗版举报）
网　　址　http://www.crup.com.cn
　　　　　http://www.ttrnet.com（人大教研网）
经　　销　新华书店
印　　刷　北京中印联印务有限公司
规　　格　185 mm×260 mm　16开本　　**版　　次**　2017年7月第1版
印　　张　13.25　　**印　　次**　2017年7月第1次印刷
字　　数　240 000　　**定　　价**　32.00元

前　言

管理学是系统研究管理活动的基本规律和一般方法的科学，它的目的是研究在既有的条件下，如何通过合理地组织和配置人、财、物等因素，提高生产效率。管理学这门课的设置目的，是为管理学等相关专业的学生提供一个系统学习管理学知识的平台。开设管理学课程最根本的目的，就是让学生了解和掌握企业管理的一般原理、理论和方法，培养学生专业性的企业管理意识和企业管理思维。

管理学课程的一个突出特点在于它的实践性、应用性。因此，本课程在学习过程中应注意两个层次：一是掌握管理学的基本概念、基本原理和基本方法；二是将基本理论和方法应用于实践，运用全面的、发展的和系统的观点以及所学理论，观察分析现实的管理问题。

对于职业院校的学生来说，今后无论是从事何种行业，都会接触到管理工作。管理是一切组织的根本，管理工作适用于各种大小规模的组织、营利与非营利性单位、制造业以及服务性行业。因此，掌握管理的基本原理和基本知识，熟悉管理的主要职能和一般过程，掌握现代管理的科学方法和技能，可以为今后走上管理岗位奠定一个扎实的理论基础与方法。

本书作为管理学的基础课教材，从内容上看，系统地介绍了管理学基础知识，在吸收国内外优秀理论成果和最新学术观点的基础上，比较全面地介绍了管理学的基本概念以及管理理论发展与演变的脉络，阐释了管理活动的基本规律、管理学一般原理以及各种管理技术和方法。与同类教材相比，本书具有以下特点：

第一，体系完整，结构简明。全书以管理过程为主要线索，用通俗易懂的语言全面系统地介绍了管理学基础理论与实践方法。

第二，内容翔实，贴近实践。本书在编写过程中力求将管理研究的成果和最新观点有机整合起来，并尽可能地将各种理论阐述详细、透彻，以帮助读者更好地加以理解，并用其指导实践。

第三，适用范围广。全书立足于系统介绍管理学的基础理论和组织管理的一般性职能，回避了行业性的具体业务管理和专业管理，不仅可供管理学专业的学生和初次接触管理工作的人士作为系统学习管理知识的教材，而且对不同行业的各级管理者同样有着积极的指导意义，可作为其丰富自身管理学知识的参考书籍。

在本书撰写过程中，我们参考了大量管理学方面的著作、文章、文献、互联网上的素材与案例，在此恕不一一列出，对原作者致以深深的谢意！书中的误漏之处也敬请各位同仁、专家学者批评指正。

目　录

第 1 章　管理概述 …… 1
1.1　管理 …… 1
1.2　管理者 …… 6
1.3　管理学 …… 11
本章重点知识归纳 …… 14
思考题 …… 15
本章讨论案例 …… 15

第 2 章　管理理论的产生与发展 …… 17
2.1　管理理论的萌芽时期 …… 17
2.2　古典管理理论时期 …… 20
2.3　现代管理理论的多元化时期 …… 25
2.4　当代管理理论的繁荣时期 …… 31
2.5　21 世纪管理和管理学的发展趋势 …… 35
本章重点知识归纳 …… 39
思考题 …… 40
本章讨论案例 …… 40

第 3 章　企业环境与组织设计 …… 42
3.1　影响企业的环境因素 …… 42
3.2　企业环境分析 …… 46
3.3　组织工作与组织结构设计 …… 49
3.4　组织结构设计方法 …… 52
本章重点知识归纳 …… 65
思考题 …… 65
本章讨论案例 …… 66

第 4 章　计划 …… 68
4.1　计划概述 …… 68
4.2　计划的类型 …… 70
4.3　计划的制订过程 …… 73
本章重点知识归纳 …… 78
思考题 …… 79
本章讨论案例 …… 79

第 5 章　决策 …… 81
5.1　决策的内涵 …… 81
5.2　决策的基本内容 …… 84
5.3　决策的程序与方法 …… 89
本章重点知识归纳 …… 95
思考题 …… 96
本章讨论案例 …… 96

第 6 章　领导 …… 98
6.1　领导概述 …… 98
6.2　领导类型 …… 104
6.3　领导授权 …… 114
本章重点知识归纳 …… 119
思考题 …… 119
本章讨论案例 …… 120

第 7 章　管理沟通 …… 122
7.1　管理沟通概述 …… 122
7.2　管理沟通的策略 …… 125
7.3　冲突与管理 …… 128
7.4　谈判与管理 …… 131
本章重点知识归纳 …… 135
思考题 …… 136
本章讨论案例 …… 136

第 8 章 激励 …… 138
8.1 激励的理论基础 …… 138
8.2 激励的原则与对象 …… 145
8.3 激励的运用 …… 149
本章重点知识归纳 …… 155
思考题 …… 156
本章讨论案例 …… 156

第 9 章 控制 …… 158
9.1 控制的内涵 …… 158
9.2 控制的内容 …… 167
9.3 有效控制的原则与方法 …… 170
本章重点知识归纳 …… 173
思考题 …… 174
本章讨论案例 …… 174

第 10 章 制度管理与管理创新 …… 176
10.1 制度化管理 …… 176
10.2 企业文化建设 …… 179
10.3 企业规范化管理 …… 187
10.4 管理变革与管理创新 …… 192
本章重点知识归纳 …… 200
思考题 …… 200
本章讨论案例 …… 201

第 1 章　管理概述

通过本章学习，你应该能够：

1. 掌握管理的定义与管理的两重性。
2. 理解管理的职能。
3. 了解管理者的角色与管理者的素质技能。
4. 理解管理学的性质、内容、特征及研究方法。

管理学是研究管理活动的基本规律及方法的科学，目的是如何通过合理地组织和配置人、财、物等因素，提高工作效率。随着现代管理技术的发展，企业的复杂化程度不断提高，更加需要我们通过提高管理水平来达成目标。因此，现代企业必须强调管理，向管理要效益。

1.1　管理

管理是人类一项最基本的社会活动，从古至今，对于管理的论述从未停止。

现代企业管理在于探索和遵循管理活动的客观规律，研究和运用科学的管理理论和方法，通过不断尝试进行管理创新。所以说，企业管理既是一门科学，也是一种艺术。

1.1.1　管理的含义

被誉为“科学管理之父”的科学管理理论创始人泰罗认为：管理技术的定义是确切知道要别人干什么，并注意让他们用最好、最经济的方法去干。在他的认识中，强调了管理的目的性和科学性。

在 1978 年获得诺贝尔经济学奖的赫伯特・西蒙认为：管理就是决策。

法国学者亨利・法约尔是一位对管理概念有着重大影响的人，他认为：管理就是计划、组织、指挥、协调和控制。他首次将经营与管理概念区分开，提出管理是经营的职能之一，也是最重要的职能。

美国学者罗宾斯认为：管理是指同别人一起，或通过别人使活动完成更有效的过程。

《世界大百科全书》中的定义是：管理就是对工商企业、政府机关、人民团体以及其他各种组织的一切活动的指导。

通过以上的表述可以看出，每个人都从不同的角度诠释了管理的定义，目前对于管理的定义并没有统一的表述，这意味着我们对于管理的认识还在增加。本书认为，可以把管理定义为：管理是组织在特定的内外部环境约束下，为了更有效地实现组织目标，而对组织活动及人、财、物、信息等资源进行的计划、组织、领导、控制等一系列活动的过程。这一概念包括了以下几个方面的含义。

一、管理的目的是实现目标

管理是过程，也是手段，管理目的是实现组织的目标，世界上既无无目标的管理，也不存在无管理的目标。

二、管理是在环境约束下进行的

管理活动存在一定的内部和外部环境之中的，并且受到环境的限制。在市场中一个企业或是行业要生存，必然会受到环境影响，比如国家政策、法律法规、技术条件的影响，来自竞争对手的压力，以及消费者的反响等。对于企业的发展，还会受到自身条件的限制，如人员、资金等，有效的管理必须考虑到组织内外的环境条件，根据环境变化进行调整，进而实现企业生存和发展的目标。

三、管理的对象是组织活动和人、财、物、信息等资源

管理工作要通过综合运用组织中的各项资源来实现目标。对于管理者来说，可以使用的资源是有限的，如何进行资源的合理分配，使资源成本最小化，进而达到事半功倍的效果，是关系管理效果的重要部分。

四、管理的方法是计划、组织、领导、控制

管理活动是一个过程，是由一连串相互关联并且连续的活动组成的。随着管理环境的变化，会出现各种各样的问题等待解决，这就需要通过计划、组织、领导、控制等方法来处理，这也是管理的基本职能。

了解了管理的概念，下面我们介绍一下管理的特征。

第一，管理的核心是人。从古至今，人类都不是单独的个体，从原始部落到多民族和国家，经历了注定的自然选择，人类需要群体活动，由此也产生了人与人的关系，个体的活动都由自身支配，每个人的想法不同，行为轨迹也杂乱无章，若想完成共同的目标，必然需要制订计划，由管理者统一组织，并监督控制，因此人类活动需要管理，而管理的核心就是处理好人的关系。

第二，管理的本质是组织协调。战国时期荀子在其《荀子·王制》中，有

这样描述："水火有气而无生，草木有生而无知，禽兽有知而无义；人有气、有生、有知宜且有义，故最为天下贵也。力不若牛，走不若马，而牛马为用，何也？曰：人能群，彼不能群也。"这里的"群"就是由协作产生的，也是使人成为"最为天下贵"的原因，可见很早的时候人们已经意识到协作的作用了。西方学者也认为：协调就是指各个职能的社会组织机构和物资设备机构之间保持一定的比例，进而使得每个机构都能经济地完成自己的任务。由此可见，协调是管理的主要活动，也是实现目标的有效方法。

第三，管理要有效率。集体活动创造了生产力，这是个体活动很难达到的目标，呈现出了一加一大于二的效果，如果可以用有限的资源，完成预期的目标，就能达到事半功倍的效果，这就是管理的意义和追求的目标。

第四，管理工作具有普遍性。管理活动最早可以追溯到原始社会，是社会化的产物，管理的存在要同时具备两个条件：由两个以上的人组成的集体活动；要有一致认可的、自觉的目标。所以只要不是个人能完成的工作，都需要管理，因此管理活动存在于人类社会中的方方面面。

1.1.2　管理的性质

在学习管理的过程中，我们需要了解管理的本质属性，包括有管理的二重性，即社会属性和自然属性，还有管理的科学性、艺术性和技术性。

一、管理的二重性

1. 管理的自然属性

任何社会的生产都必须遵循它自身发展的规律，人类对于物质资料的生产是人们赖以生存和发展的基础，是人类社会最基本的实践活动，如果没有吃、穿、住、行等各方面的物质资料，人类也将无法生存，想要得到这些生活资料，就得生产，而生产过程需要管理才能围绕完成产品进行一系列有组织的生产活动，因此人类社会的存在需要管理，否则社会劳动过程就会发生混乱或是中断，这也印证了马克思的观点：一切规模较大的直接社会劳动或共同劳动，都或多或少需要指挥，以协调个人活动，就像乐队需要一个乐队指挥一样。由此可见，管理是通过组织劳动产生的，是适应社会化生产要求的一般属性，不以人的意志而转移，不因社会环境不同而消失，完全是一种客观存在。

2. 管理的社会属性

生产总是在一定的社会基本结构中的诸多生产关系中进行的。既然生产存在于生产关系中，而管理是在生产关系中客观存在的，因此生产总是在管理下完成的，那么为谁生产，生产什么，这就要听令于生产资料所有者了，这样管理就是要维护所有者的利益，服务于巩固和发展一定的生产关系，表现出了管理的社会属性。管理的目的既然是为了巩固生产关系，那么如果生产关系性质变化，管理的属性也会随之变化，因而社会属性也是管理的特殊属性，会随着社会关系的不同而展现不同的性质。

二、管理的科学性

管理是人类社会不可或缺的社会实践活动，具有自然属性，是不以人的意志为转移的客观存在。人类社会在不断的发展中，经历了无数次的斗争，从社会实践中总结管理的经验，进而形成一整套有效的管理方法。又用这些方法指导实践，并验证方法是否有效，使管理的科学理论和方法不断地在实践中完善并丰富，从而形成了一整套系统的科学理论和方法，并逐渐形成自身的科学体系，也揭示了事物发展的客观规律。

三、管理的艺术性

管理的艺术性，主要体现在实践的创造性。这与科学性并不矛盾，科学性体现了管理的客观规律，但在实际应用中，又不能完全套用公式，因为管理的核心是人，而人的行为是受自身思维模式控制的，管理必须因人而异，这就要求管理者的智慧和思维，进而实现有效的管理。

四、管理的技术性

技术的含义指在劳动生产方面的经验、知识和技巧，也泛指其他操作方面的技巧。技术本质上是与具体的人结合在一起的，技术水平的高低决定了人在生产过程中将经验、知识发挥出来的技巧的高低。早在 20 世纪初，科学管理的代表人物泰罗就提出了管理的技术性的思想，后来的诺贝尔经济学奖获得者西蒙也提出了管理自动化的思想。到了 21 世纪，管理的最大挑战在于如何提高知识工作者的效率，要解决这个问题仅仅依靠艺术性是很难有指导意义的，而管理的科学性还没有找到，所以在现实的情况下，管理的技术性将在提高知识工作者的效率方面起到主导作用。由此可见，技术既是艺术的解密者，又是科学规律的具化者，所以管理的技术性是介于科学性和艺术性之间的第三性，这样我们才可以更好地寻求有效的管理方法。

1.1.3 管理的职能

管理的职能是指管理者在管理过程中应当承担的职责和任务，是对管理活动内容的理论概括。

最早提出管理职能的是法国的法约尔，他提出的管理职能包括计划、组织、指挥、协调、控制五个职能，其中他重点强调了计划职能。他认为，组织一个企业，就是为企业的经营提供所有必要的原料、设备、资本、人员。指挥的任务要分配给企业的各种不同的领导人，每个领导人都承担各自的单位的任务和职员，协调就是指企业的一切工作都要和谐地配合，以便于企业经营的顺利进行，并且有利于企业取得成功。控制就是要证实一下是否各项工作都与已定计划相符合，是否与下达的指示及已定的原则相符合。

关于管理职能的划分有多种方法。本书按照学界比较认可的观点，认为管理的基本职能有四类，分别是计划、组织、领导和控制，如图 1－1 所示。

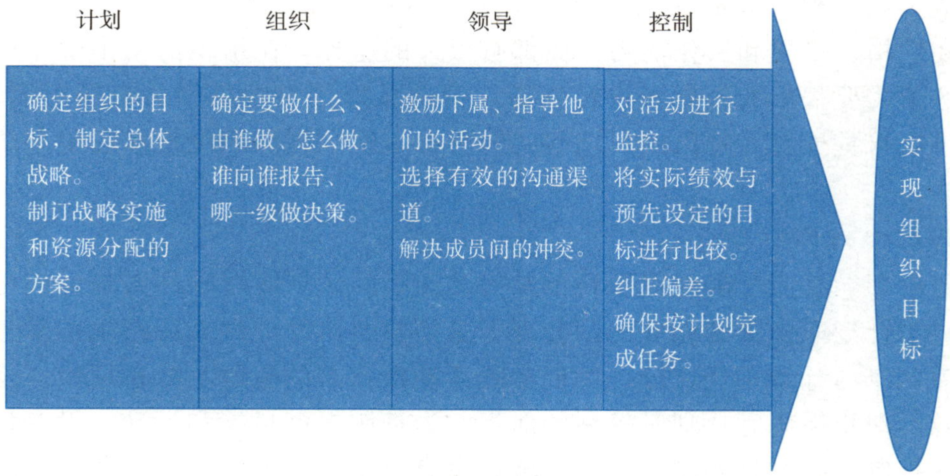

图 1－1　管理的职能

一、计划职能

计划职能是指管理者对要实现的组织目标和应采取的行动方案作出选择和具体的安排。管理过程中，所有管理者必须从事计划活动。计划工作的目的是选择合适的组织目标，确定切实可行的行动方案并有效地实现这些目标。管理活动从计划开始，计划是对未来活动进行的一种预先谋划。计划工作需要根据组织内外部的实际情况，权衡客观的需要和主观的可能，通过科学的调查预测，提出未来一定时间内组织所需达到的具体目标以及实现目标的方法。因此，计划是管理的首要职能。

二、组织职能

组织职能是指管理者根据计划对组织活动中各种要素进行合理安排，并对组织成员合理分工协调，进而实现组织目标的过程。管理正是源自人类对合作，如果要达成共同的目标，就需要通力合作，对人们的活动进行组织，用制度规定各个成员的职责和周围人的关系，形成一个有机的组织结构，使整个组织协调地运转，这就是组织的职能。在任何一项计划执行和管理业务中，都要做大量的组织工作，组织工作的优劣同样在很大程度上决定着这些计划和管理活动的成败。因此，组织职能是管理活动的根本职能，是一切管理活动的保证和依托。

三、领导职能

领导职能是指管理者利用组织所赋予的权利和自身能力去指挥和影响组织成员为实现组织目标而进行各项活动的过程。计划与组织做好了，也不一定能保证组织目标实现。因为任何组织都是由人组成，管理者的主要任务就是协调组织成员，做领导就是做人的工作，重视人的因素。每个人自身的条件都不同，在性格、素质和工作能力方面都有很大的差异，在组织活动中难免产生问题，这就需要权威的领导者进行领导，营造良好的组织氛围去带领组织成员，激励下属自觉地为实现组织目标而共同努力，所以领导职能贯穿在整个的管理活动中。

四、控制职能

控制职能是为了确保组织目标及为此制订的计划能够顺利实施而进行的活动。它与计划职能紧密相关的，管理者必须及时取得计划执行情况的信息，并将有关信息与计划进行比较，发现实践活动中存在的问题，分析原因，及时采取有效的纠正措施。计划是控制的前提，为控制提供目标和标准，没有计划就不存在控制；控制是实现计划的手段，没有控制，计划就不能顺利实现。

以上介绍了四项管理的职能，它们的存在不是孤立的，管理工作一般都是从计划开始经过组织、领导到控制结束，控制的结果可能又导致新的计划，各职能间没有明显的界限，是相互交叉渗透的。管理工作仿佛是个运行着的生命个体，周而复始，循环不息，不断地把人类的活动向前推进。

1.2 管理者

管理者一般是指为了保证组织业务活动有效运行和组织目标实现而从事管理活动的管理人员，他们承担管理工作，履行管理职能，是管理的主体。

1.2.1 管理者的含义

在有关人类、组织及管理的研究中，人是最基本的分析单位。人类是思考者、行动者、也是制造者；他们积极主动，富有创造力，为了有益于自己及物种的发展而永无止境地作出改变。人是管理的核心，在劳动分工中，为了实现群体的目标，人们必须达成协议以组织和协调不同的工作任务。自然而然地，群体会将任务分级，形成一种权威或权利的层级，由该群体中最强壮、最年长或最善于表达的那个人决定对其他人分配任务，这个人就成了最早的领袖。因此，管理者就是组织中负责管理工作的群体，即根据组织目标，领导、指挥他人工作的人。管理者是这样的人，他们作出决策、分配资源、指导别人，最终实现组织目标。在组织中，管理者地位非常重要，如果每个人各自为营，缺乏对时机的把握和协调一致的努力，结果必将是一片混乱。

1.2.2　管理者的类型

管理者的类型即管理者角色，是指管理者应该具备的行动或行为所组成的各种特定的类型。

加拿大学者亨利·明茨伯格得出了著名的管理者角色理论，他认为管理者扮演着十种角色，这十种角色可以归为三大类，分别是人际角色、信息角色和决策角色。具体类型如图 1－2 所示。

人际角色	信息角色	决策角色
◆ 代表人	◆ 监督者	◆ 企业家
◆ 领导者	◆ 传播者	◆ 干扰应对者
◆ 联络者	◆ 发言人	◆ 资源分配者
		◆ 谈判者

图 1－2　管理者的角色

一、人际角色

人际角色直接产生自管理者的正式权利基础，管理者在处理与组织成员和其他利益相关者的关系时，他们就是在扮演人际角色，这是明茨伯格确定的第一类角色。人际角色中包括的三种角色分别是：代表人、领导者和联络者。

(1) 代表人。作为管理者须行使一些具有礼仪性质的职责。例如，管理者有时必须出现在社区的集会上，参加社会活动，或宴请重要客户等。在这样做的时候，管理者扮演的就是代表人角色。

(2) 领导者。由于管理者对所在单位的成败负重要责任，他们必须在工作小组内扮演领导者角色。对这种角色而言，管理者和员工一起工作并通过员工的努力来确保组织目标的实现。

(3) 联络者。管理者无论是在和组织内的个人和工作小组一起工作时，还是在和外部利益相关者建立良好关系时，都起着联络者的作用。管理者必须对重要的组织问题有敏锐的洞察力，从而能够在组织内外建立关系和网络。

二、信息角色

在信息角色中，管理者负责确保和其一起工作的人具有足够的信息，从而能够顺利完成工作。由于管理责任的性质决定，管理者既是所在单位的信息传递中心，也是组织内其他工作小组的信息传递渠道。整个组织的人依赖于管理结构和管理者以获取或传递必要的信息，以便完成工作，这是明茨伯格确定的第二类角色。信息角色中包括三种角色分别是：监督者、传播者和发言人。

（1）监督者。作为监督者，管理者持续关注组织内外环境的变化以获取对组织有用的信息。管理者通过接触下属来收集信息，并且从个人关系网中获取对方主动提供的信息。根据这种信息，管理者可以识别工作小组和组织的潜在机会和威胁。

（2）传播者。作为传播者，管理者把他们作为信息监督者所获得的大量信息分配出去，把重要信息传递给工作小组成员，不过管理者有时也向工作小组隐藏特定的信息。更重要的是管理者必须保证成员具有必要的信息，以便切实有效地完成工作。

（3）发言人。管理者必须把信息传递给单位或组织以外的个人。例如，必须向董事会和股东说明组织的财务状况和战略方向，必须向消费者保证组织在切实履行社会义务，以及必须让政府官员对组织的遵纪守法感到满意。

三、决策角色

在决策角色中，管理者处理信息并得出结论。如果信息不用于组织的决策，这种信息就丧失其应有的价值。管理者负责作出组织的决策，他们让工作小组按照既定的路线行事，并分配资源以保证小组计划的实施。

（1）企业家。在监督角色中，管理者密切关注组织内外的环境变化和事态的发展，以便发现机会。作为企业家应对发现的机会进行投资利用，如开发新产品、提供新服务或发明新工艺等。

（2）干扰应对者。一个组织不管被管理的多么好，它在运行的过程中，总会遇到或多或少的冲突或问题。管理者必须善于处理冲突或解决问题，如平息客户的怒气，同不合作的供应商进行谈判，或者对员工之间的争端进行调解等。

（3）资源分配者。作为资源分配者，管理者决定组织资源用于哪些项目。尽管我们一想起资源，就会想起财力资源或设备，但其他类型的重要资源也被分配给项目。例如，对管理者的时间来说，当管理者选择把时间花在这个项目而不是那个项目上时，实际上是在分配一种资源。除时间外，信息也是一种重要的资源，管理者是否在信息获取上为他人提供便利，通常决定着项目的成败。

（4）谈判者。对所有层次管理工作的研究表明，管理者把大量的时间花在了谈判上。管理者的谈判对象包括员工、供应商、客户和其他工作小组。无论是何种工作小组，其管理者都进行必要的谈判工作，以确保小组朝着组织目标迈进。

1.2.3　管理者的素质技能

根据罗伯特·卡茨的研究，管理者要具备三类技能。管理者在行使四种管理职能和扮演三类角色时，必须具备以下三种技能。

一、技术技能

技术技能是指为了完成或理解一个组织的特定工作所必需的技能，也就是业务方面的技能，即熟悉和精通某种特定专业领域的知识。尽管管理者不必是技术专家，但他必须具备足够的技术技能，以便更有效地指导员工、组织任务、把工作小组的需要传达给其他小组以及解决问题。

二、人际技能

人际技能是指成功地与别人打交道并与别人沟通的能力，包括联络、处理和协调组织内外人际关系的能力，激励和诱导组织内工作人员的积极性和创造性的能力，正确地指导和指挥组织成员开展工作的能力。管理者必须能够处理好个人与组织的关系，以便树立团队精神。因此，管理者的工作能力直接取决于人际技能。

三、概念技能

概念技能是管理者对复杂情况进行抽象和概念化的技能。具备较高的概念技能能够使管理者快速、敏捷地从混乱而复杂的动态情况中辨别出各种因素的内在联系，抓住问题的起因和实质。很强的概念技能为管理者识别问题的存在、拟订可供选择的解决方案、挑选最好的方案并付诸实施提供了便利。

以上三种管理技能的重要性随管理者在组织中的层次不同而不同。具体的比例如图 1－3 所示。

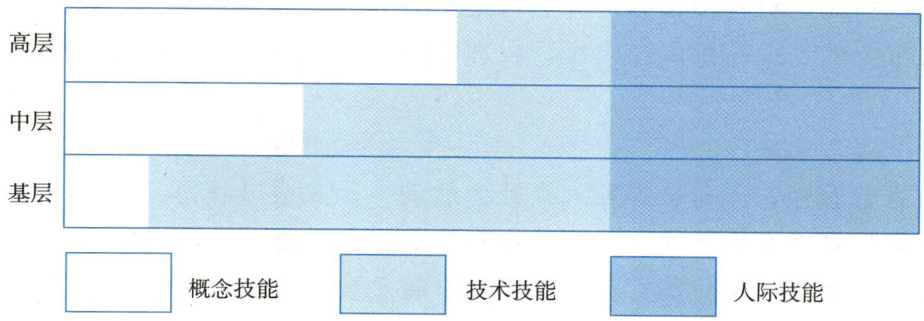

图 1－3　管理者的技能比例

1.2.4　管理对象

管理对象也称为管理客体，是指管理者实施管理活动的对象。很多人认为管理的对象就是人，这种认识还不够全面。管理的对象应当是组织中所有的资源，包括人、财、物、信息、技术、时间、社会信用等一切资源，其中最重要的是对人的管理。以下将介绍管理对象的主要几种资源类型。

一、人力资源

管理的核心是人，管理的首要任务就是要充分开发、利用组织内的人力资源，积极争取组织需要的外部的人力资源。人是活的要素，具有创造力，拥有巨大的潜力，能够产生极大的能量。管理活动离不开人，需要人的领导，领导人的能力直接决定了组织的成败，因此人力资源是管理中的重要部分。组织对人的管理主要涉及人员分配、工作评价和人力开发等，所以人力资源的开发不只是劳动能力的运用，还需要积极对员工进行培训，不断提高成员的素质。

二、财力资源

组织中的资金、资本等财力资源是在利用物质资源的基础上产生的，反过来资金的合理分配和使用，对物力资源和人力资源的运用也会产生直接的影响。在市场经济中，一个普遍的现象是资源价值形式的运动引导着物质或者说实物的运动。这种现象对管理的作用是：组织财力资源的运用效率决定着组织其他资源的运用效率。所以，任何一个组织，都可以从财力资源运用的角度来考察其管理水平、成效。对资金的管理主要涉及财务管理、预算控制、成本控制、资金使用、效益分析等。

三、物力资源

人类社会的生存和发展就是从使用物开始的，因此物力资源是人们从事社会活动的基础。随着知识经济时代的到来，物力资源不仅仅指的有形资产，还包括无形资产。对物力资源管理应当做到：遵循事物的客观规律，根据组织目标和实际情况，对各种物力资源进行最优配置和最佳利用。做好物力资源的管理，最重要的是提高投入产出率，合理的资源利用，对于可持续发展来讲非常重要。

四、信息资源

信息普遍存在于自然界和人类社会活动中，人通过获得、识别自然界和社会的不同信息来区别不同事物，认识和改造世界。随着时代的发展，信息在社会、经济、政治、文化等方面的作用越来越重要，已经成为社会组织不可缺少的构成要素。建立完善的信息系统，及时掌握必要的外部信息，在组织内部实行信息共享已经是决定组织竞争力的关键因素。组织中的信息资源指各种消息、情报、数据、资料等，对信息的管理主要是根据组织目标，通过对涉及组织外部、内部信息的快速收集、传递、反馈、处理与利用，进而准确预测发展趋势的过程。

除以上四种管理对象外，还有包括对技术的管理，对时间的管理，对信用的管理等，通过明确组织的管理对象，可以使管理工作能够有的放矢，进而更有效地达成组织的目标。

1.3　管理学

管理学是一门系统地研究管理活动的基本规律、基本原理和一般方法的科学，是管理实践活动的科学总结。

1.3.1　管理学的性质与研究内容

一、管理学的性质

管理作为一门学科来研究，始于近代，随着社会的不断进步、科学技术的飞速发展和管理活动的日益丰富，管理在人们的实际生产、生活过程中的作用越来越受到重视。它与一般的自然科学相比较，有其自身的特点。它不同于数学、物理等学科，而是一门综合性、实践性强，并且自身还在不断发展完善的学科。管理科学发展到现在，已经构建了一个庞大的体系，几乎每个领域都有专门的管理学，如教育管理、行政管理、工商管理等。管理学主要研究的是在各门管理学科都存在的一般规律和基本原理，同时又结合这些专门领域的特殊情况，总结各门管理学科的新理论、新观点，并将其特殊性上升为一般性，以推动学科的发展。

二、管理学的研究内容

从管理学的性质可以看出，管理学的研究内容非常广泛，可以从以下几个角度进行研究。

1. 从历史的角度进行研究

研究内容主要是管理实践，管理思想，管理理论的形成、演变与发展。管理实践过程中产生了管理思想，人们将管理思想加以系统化总结，形成了管理理论，并将管理理论用于指导实践；同时，管理理论被应用于管理实践中以检验其实效性，管理理论的运用与验证结果可以反映具有代表性的管理思想，从而对具体的管理实践产生影响。

从历史的角度研究管理学的内容，还需要用历史的、辩证的、发展的观点看待问题，在前人的基础上不断变革、不断创新。

2. 从社会生产的角度进行研究

研究内容可分为三个方面：第一，研究社会生产力，主要考虑如何合理配置组织中的各种人、财、物等资源，使得生产要素的组织生产能力最大限度地得以发挥；如何根据组织目标与社会要求调节、合理使用现有资源，以求得最大经济效益与社会效益。第二，研究生产关系，研究组织内部与外部人际关系的协调，研究如何完善组织内部结构与管理体制，从而最大限度地调动各方面的积极性与创造性，为实现组织目标服务。第三，研究上层建筑，主要研究如何使组织内部与外部环境相适应，研究如何使组织的内部规章制度与社会政治、法律、文化、道德等上层建筑保持一致，从而维持组织的长期稳定与发展。

3. 从管理对象的角度进行研究

研究内容为不同的组织，如营利性组织、非营利性组织的组织目标、组织生存与发展、组织运行特点与管理特点；研究管理对象——人的个体与群体的需求、行为动机和行为特点；研究激发与发挥个体与群体主动性、积极性和创造性的方法；研究管理对象中的信息、物质、资金等资源的管理特点与管理方法。

4. 从管理方法的角度进行研究

研究内容着重于研究管理的各类有效方法、手段及其运用，如目标管理法、专家预测法、头脑风暴法、决策树法等。

5. 从管理工作职能的角度进行研究

研究内容具体包括以下几个方面：管理活动应有哪些职能，执行这些职能需要哪些条件或要素，执行管理职能应遵循哪些原理，可采用哪些方法等。最早提出管理职能观点的是法约尔，提出管理具有计划、组织、指挥、协调、控制五项基本职能，并且被管理实践证明基本是正确的。

1.3.2 管理学的特征

一、管理学是一门应用性学科

管理学是人类长期从事管理实践活动的科学总结，是人们管理经验的概括和总结，管理学的理论与方法要通过实践来检验其有效性，同时，有效的管理理论与方法只有通过实践才能带来效益，发挥其指导实际工作的作用，并在不断反复的实践中完善管理学的理论与方法。

二、管理学是一门综合性的学科

管理学来源于人类社会活动，而社会活动是多种多样的，同时人们从事的管理活动越来越复杂，要求也愈来愈精准。因此，管理学的研究必然会涉及各类领域，包括数学、统计学、经济学、哲学、社会学、历史学、心理学、伦理学以及各种专门的工程技术学和计算机科学等。管理活动的多样性、复杂性决定了管理学内容的综合性，因此管理学是一门综合性的学科。

三、管理学是一门软科学

软科学是研究社会实践活动的一门综合性科学，主要研究社会实践系统中“人—事—物”的系统运动规律及优化管理的理论和方法。管理本身就是由社会实践活动产生的，因此管理学是最早出现的一门软科学。管理学的目标，就是在正确决策的前提下提高管理效率，但是影响管理效果的因素很多，而且很多因素是无法预知的，如国家政策和法规、自然资源的变化、竞争者的决策、人的心理等因素，在这样复杂的情况下，很难找出精确化的管理模式。因此科学知识的发展，也希望通过诸领域的沟通和合作，尝试在复杂和开放的环境下，更有效地解决人类认识上的困境，最终找到解决问题的答案。

1.3.3　管理学的研究方法

管理学和其他许多社会科学一样，其研究方法基本有三种：归纳法、实验法、演绎法。

一、归纳法

归纳法就是通过对客观存在的一系列典型事物（或经验）进行观察，从掌握的典型事物的特点、关系、规律入手，进而分析研究事物之间的因果关系，从中找出事物变化发展的一般规律，这种从典型到一般的研究方法也称为实证研究。由于管理过程十分复杂，影响管理活动的相关因素极多，并且相互交叉，人们所能观察到的往往只是综合结果，很难把各个因素的影响程度分解出来，所以大量的管理问题都只能用归纳法进行实证研究。在运用归纳法进行管理问题的实证研究时，应注意几点问题：第一，要弄清与研究事物相关的因素，包括各种外部环境和内部条件，以及系统的或偶然的干扰因素，并尽可能剔除各种不相关的因素；第二，选择好典型，并分成若干类，分类标志应能反映事物的本质特征；第三，调查对象应有足够数量，即按抽样调查原理，使样本容量能保证调查结果的必要精度；第四，调查提纲或问卷设计要力求包括较多的信息数量，并便于作出简单明确的答案；第五，对调查资料的分析整理，应采取历史唯物主义和辩证唯物主义的方法，去寻找事物之间的因果关系，切忌采取先有观点再收集材料加以论证的形而上学的方法。

二、实验法

管理中许多问题，特别在微观组织内部，关于生产管理、设备布置、工作程序、操作方法、现场管理、质量管理、营销方法以及工资奖励制度、劳动组织、劳动心理、组织行为、商务谈判等许多问题都可以采用实验法进行研究。即人为地为某一实验创造一定条件，观察其实际实验结果，再与未给予这些条件的对比实验的实际结果进行比较分析，寻找外加条件与实验结果之间的因果关系。如果做过多次实验，而且总是得到相同结果，那就可以得出结论：这里存在某种普遍适用的规律性。著名的霍桑实验就是采用这种方法研究管理中人际关系的成功例子。

试验法可以得到接近真理的结论，但是管理中也有许多问题，特别是高层的、宏观的管理问题，由于问题的性质特别复杂，影响因素很多，不少因素又是协同作用的，所以很难逐个因素孤立地进行试验。并且此类管理问题的外部环境和内部条件特别复杂，要想进行人为地重复也是不可能的。例如，投资决策、生产计划、财务计划、人事管理、资源分配等许多问题几乎是不可能进行重复试验的。

三、演绎法

对于复杂的管理问题，管理学家可以从某种概念出发，或从某种统计规律出发，也可以在实证研究的基础上，用归纳法找到一般的规律性，并加以简化，形成某个出发点，建立起能反映某种逻辑关系的经济模型，这种模型与被观察的事物并不完全一致，它所反映的是简化的事实，完全合乎逻辑的推理，是从简化的事实前提推出的，这种方法称为演绎法。从理论概念出发建立的模型称为解释性模型，例如，投入产出模型，企业系统动力学模型等，都是建立在一定理论概念的基础之上。从统计规律出发建立的模型称为经济计量模型，例如，柯普—道格拉斯生产函数模型，以及建立在回归分析和实践序列分析基础上的各种预测模型和决策模型。建立在经济归纳法基础上的模型称为描述性模型，例如，现金流量模型、库存储蓄量模型、生产过程中在制品变动量模型等。

现在科学技术的发展迅速地推动着管理学研究方法的现代化，特别由于计算机技术的迅速发展，管理中的各种模型，甚至具有几百个变量的线性规划模型都可以在计算机上进行迅速地运算，或者进行动态模拟。计算机的应用大大地促进了管理学向更加精密的方向发展。

本章重点知识归纳

1. 管理是组织在特定的内外部环境约束下，为了更有效地实现组织目标，而对组织活动及人、财、物、信息等资源进行的计划、组织、领导、控制等一系列活动的过程。

2. 管理的本质属性，包括有管理的二重性，即社会属性和自然属性，还有管理的科学性、艺术性和技术性。

3. 管理的四项职能包括：计划、组织、领导、控制。

4. 管理者扮演着十种角色，这十种角色可以归为三大类，分别是人际角色、信息角色和决策角色。

5. 管理者在行使四种管理职能和扮演三类角色时，必须具备这三种技能：技术技能、人际技能、概念技能。

6. 管理学是一门系统地研究管理活动的基本规律、基本原理和一般方法的科学，是管理实践活动的科学总结。

7. 管理学和其他许多社会科学一样，其研究方法基本有三种：归纳法、实验法、演绎法。

思考题

1. 简述管理的内涵与性质。
2. 管理的职能包括哪些内容？
3. 管理者应该具备哪些技能？
4. 管理学的内容、特征及研究方法有哪些？

本章讨论案例

阿里巴巴成长记

《阿里巴巴与四十大盗》的故事，相信大家都听说过。不过我们今天讲的是另一个“阿里巴巴”的故事。

阿里巴巴（集团）（以下简称“阿里巴巴”）于 1999 年在中国杭州市成立，通过旗下三个交易市场协助世界各地数百万的买家和供应商从事网上生意。

阿里巴巴是由曾担任英语教师的马云带领 18 人创立的。从一开始，所有创始人就深信互联网能够创造公平的竞争环境，让小企业通过创新与科技扩展业务，并在参与国内或全球市场竞争时处于更有利的位置。2000 年 9 月，阿里巴巴举办中国互联网史上著名的“西湖论剑”，马云与新浪王志东、搜狐张朝阳、网易丁磊等网络领域领军人齐聚杭州，由此阿里巴巴的知名度迅速提高到与三大门户一样的高度。2003 年 5 月，淘宝成功上线，7 月份，阿里巴巴宣布投资淘宝 1 亿元，11 月，推出网上实时通信软件贸易通（现在的阿里旺旺）。当时淘宝在 C2C 市场的主要竞争对手为 eBay 易趣，2003 年 eBay 易趣在 C2C 市场份额高达 90%左右，并与中国主流门户签订了排他性的广告协议。

但这并未阻止淘宝的发展，凭借“免费模式”的推出，以及对于用户体验的关注及提升，淘宝网迅速聚拢人气。2005 年 10 月，阿里巴巴宣布再向淘宝网投资 10 亿元，淘宝网继续免费 3 年。从市场份额来看（据易观国际数字）：2005 年年底，淘宝 C2C 市场份额为 57.74%，eBay 易趣为 31.46%，拍拍网为 3.76%；2008 年年底淘宝 C2C 市场份额为 86%，拍拍网为 7.2%，eBay 易趣为 6.6%。

随着淘宝网的快速发展，在线购物支付中的信用与安全问题越来越突出，阿里巴巴开始寻求打造自己的支付模式。2003 年 10 月，支付宝上线。支付宝采用担保交易的模式，买家先把钱打给支付宝，当收到购物用品并检查无误后，再通知支付宝付款给卖家。担保交易彻底打消了网购用户的担忧，让购物变得简单高效，支付宝推出后广受欢迎。据艾瑞数据显示，截至 2010 年 12 月，支付宝注册用户数突破 5.5 亿，日交易笔数达到 850 万笔。

自推出让中国的小型出口商、制造商及创业者接触全球买家的首个网站以来，阿里巴巴不断成长，成为了网上及移动商务的全球领导者。阿里巴巴及其关联公司目前经营领先业界的批发平台和零售平台，以及其他多项基于互联网的业务，当中包括广告和营销服务、电子支付、云端计算和网络服务、移动解决方案等。从业务发展历程来看，在过去的 11 年时间中，阿里巴巴打造出了一条完整的电子商务产业链。无论是 C2C 的淘宝网、支付工具支付宝、B2C 的淘宝商城，阿里巴巴均准确定位，并快速做大，抢得了龙头地位。

1999 年，在亚洲电子商务大会上有人曾提问马云“电子商务应该是什么样模式?”马云表示“这是我将来回国要做的事情，现在我也不知道”。回顾 11 年发展史，马云通过对阿里巴巴一系列成功的管理，最终实现了这个中国最大的电子商务集团。

现在故事讲完了，你觉得阿里巴巴到底是如何成长的呢?

讨论：

1. 读了《阿里巴巴成长记》，你的最大感受是什么?
2. 有了所学的管理知识，是否就能成为一名优秀的管理者?

第2章　管理理论的产生与发展

通过本章学习，你应该能够：

1. 了解东方早期的管理思想。
2. 了解西方早期的管理思想。
3. 了解古典管理理论时期。
4. 了解现代管理理论的多元化时期。
5. 熟悉当代管理理论的繁荣时期。
6. 熟悉21世纪管理和管理学的发展趋势。

在管理学的发展过程中，产生了很多优秀的管理专家与思想，有些至今仍在指导人们的管理实践。系统学习管理思想史，有助于我们理解管理在不同历史时期的文化背景，把握管理思想及主要流派的来龙去脉，构建综合的管理知识体系，从而为运用管理技术和方法打下坚实的理论基础。

2.1　管理理论的萌芽时期

管理活动伴随着人类社会的发展开始，从世界几大文明古国已有的文字记载来看，人类的管理实践已有几千年的历史。从原始人类的集体狩猎到氏族公社的集体劳作与分工，从早期的战争到国家的出现，从非洲的埃及金字塔到中国的万里长城的建造等，人类历史上的各种集体活动，都体现着管理的思想。这些管理实践活动，为管理思想的产生奠定了基础。

2.1.1 东方早期管理思想

中国是世界上历史最悠久的文明古国之一，是最具代表性的东方古国。商、周时代，中国已经形成了组织严密的国家组织。中国早期管理思想博大精深，下面主要介绍四种管理思想：德治、法治、无为而治和兵法经营。

一、德治——孔子的儒家管理思想

孔子，名丘，字仲尼，春秋末期鲁国陬邑（今山东曲阜市东南）人，我国古代著名的思想家、教育家、儒家学派创始人。孔子思想体系是以“德治”为

核心，即为政以德。《论语·为政》中说："为政以德，譬如北辰，居其所，而众星共之。"德治管理的主要规则是伦理道德规范，即组织中人们共同生活及行为的准则和规范，用以指导个人的行为以及人与人之间的关系。这是一种约定俗成的规范，是无形的约束，依靠组织舆论监督、个体内心的荣誉感和耻辱感完成监督和管理的过程，管理监督的成本较低。

二、法治——韩非子的法家管理思想

韩非子，战国时期杰出的思想家，是中国古代法家思想的集大成者。法家排斥礼（德）治，认为"法"是最有效的管理途径，并把它作为管理的最高原则，并且认为舍法不能进行管理。

三、无为而治——老子的道家管理思想

无为而治是老子管理思想的最高原则与最高境界。"无为"并不是说什么都不做，而是"有所为"而"有所不为"，老子认为：人们应该按照事物的发展规律去"为"，在顺应客观规律的前提下充分发挥人的主观能动性；与客观事物发展相违背的"不为"，不要去干扰事物的自然发展，而是要顺其自然。

按照老子的思想和他的认识，对于最好的管理者，人们不知道有他的存在；对于其次的管理者，人们亲近他、赞扬他；对于再次的管理者，人们畏惧他；对于最差的管理者，人们轻蔑他。最好的管理者总是非常地悠然，很少发号施令，等到事情都办成了，大家会感到"我们本来就是这样的"，这就实现了"无为而治"。

四、兵法经营——孙子的兵家竞争战略思想

《孙子兵法》是中国也是世界上最古老的军事理论著作，被国外誉为"东方兵学鼻祖""世界第一兵书"。这部兵法，在中外历史上不仅为战将所喜爱，也为商战者所推崇。虽然商业竞争的最终目的不是去毁灭你的对手，但商业竞争与军事战争有极多相似之处，管理者们可以从中学到很多有关如何成功经营的思想。

《孙子兵法》中提出的"未战庙算"是经营管理中重要的谋略思想，其认为打仗取胜的关键在于"庙算"（庙即祠堂；算即筹算），在于运筹帷幄之中，决胜千里之外，强调不打无准备、无把握之战。应用到管理上就是要强调科学决策的重要性，企业要在竞争中立于不败之地，要以智谋取胜，以正确的决策、科学的管理取胜，只有通过细致全面地"庙算"，才能作出正确的判断和对策。"凡事预则立，不预则废"，企业竞争要从战略的角度来计划和谋算，多算则胜，少算则不胜。

2.1.2 西方早期管理思想

西方文化起源于希腊、罗马，在文学、艺术、哲学、数学、物理学、天文

学、建筑等方面都对人类作出了辉煌的贡献。这些古国在国家管理、生产管理、军事、法律等方面也都曾有过许多光辉的实践。但随着奴隶制的衰落和基督教的兴起，这些古文化逐渐被基督教文化所取代。在基督教圣经中所包含的伦理观念和管理思想，对以后西方封建社会的管理实践起着指导性作用。

随着资本主义的发展和工厂制度的形成，旧的基督教教义与资本主义精神发生了冲突，于是产生了基督教新教。在基督教新教义的鼓励下，经商和管理日益得到社会的重视，有愈来愈多的人来研究社会实践中的经济与管理问题。其中，最早对经济管理思想进行系统论述的学者，首推英国经济学家亚当·斯密。他在1776年出版了《国民财富的性质和原因的研究》一书，系统地阐述了劳动价值论及劳动分工理论。

斯密认为，劳动是国民财富的源泉，各国人民每年消费的一切生活日用必需品的源泉是本国人民每年的劳动。这些日用必需品供应情况的好坏，决定于两个因素：一是这个国家的人民的劳动熟练程度、劳动技巧和判断力的高低；二是从事有用劳动人数和从事无用劳动人数的比例。他同时还提出，劳动创造的价值是工资和利润的源泉，并经过分析得出了工资越低利润就越高，工资越高利润就越低的结论。揭示出了资本主义经营管理的本质。

斯密在分析增进“劳动生产力”的因素时，特别强调了分工的作用。他对比了一些工艺和一些手工制造业实行分工前后的变化，对比了易于分工的制造业和不易分工的农业情况，说明分工可以提高劳动生产率。他认为，分工的益处主要有：

第一，劳动分工可以使工人重复完成单项操作，从而提高劳动熟练程度，提高劳动效率。

第二，劳动分工可以减少由于变换工作而损失的时间。

第三，劳动分工可以使劳动简化，使劳动者的注意力集中在一种特定的对象上，有利于创造新工具和改进设备。

他的上述分析和主张，不仅符合当时生产发展的需要，而且也成了以后企业管理理论中的一条重要原理。

在斯密之后，另一位英国人查尔理·巴贝奇发展了斯密的观点，提出了许多关于生产组织机构和经济学方面的带有启发性的问题。巴贝奇原来是一名数学家，后来对制造业发生了兴趣。1832年，他在《论机器和制造业的经济》一书中，概述了他的思想。巴贝奇赞同斯密的劳动分工能提高劳动效率的论点，但认为斯密忽略了分工可以减少支付工资这一好处。巴贝奇对制针（普通直针）业做了典型调查，他把制针业的生产过程划分为七个基本操作工序，并按工序的复杂程度和劳动强度雇佣不同的工人，支付不同的工资。如果不实行分工，整个制造过程由一个人完成，那就要求每个工人都有全面的技艺，都能完成制造过程中技巧性强的工序，同时又有足够的体力来完成繁重的操作。工厂主必须按照全部工序中技术要求最高、体力要求最强的标准来支付工资。由此，巴贝奇提出了“边际熟练”原则，即对技术水平、劳动强度定出界限，作为报酬的依据。

在他们之后，在生产过程中进行劳动分工的做法，得到了迅速发展。到了20世纪，大量流水生产线的形成，使劳动分工的主张得到了充分体现。

巴贝奇认为工人同工厂主之间存在利益共同点，并竭力提倡利润分配制度，即工人可以按照其在生产中所作的贡献，分到工厂利润的一部分。他也很重视对生产的研究和改进，主张实行有益的建议制度，鼓励工人提出改进生产的建议。他认为工人的收入应该由三部分组成，即：其一，按照工作性质所确定的固定工资；其二，按照生产效率及所作的贡献分得的利润；其三，为提高劳动效率而提出建议所应给予的奖励。提出按照生产效率的不同来确定报酬是具有刺激作用的制度，是巴贝奇作出的重要贡献。

这一时期的著名管理学者除了斯密和巴贝奇之外，还有英国的空想社会主义者罗伯特·欧文，他经过一系列试验，首先提出在工厂生产中要重视人的因素，要缩短工人的工作时间，提高工资，改善工人的住宅。他的改革实验证实，重视人的作用和尊重人的地位，也可以使工厂获得更多的利润。所以，也有人认为欧文是人事管理的创始人。

上述各种管理思想是随着生产力的发展，适应当时的工厂制度发展的需要产生的。这些管理思想虽然不系统、不全面，没有形成专门的管理理论和学派，但对于促进生产及以后科学管理理论的产生和发展，都有积极的影响。

2.2 古典管理理论时期

早期管理思想实际上是管理理论的萌芽，管理理论比较系统地建立是在19世纪末20世纪初，这一期间所形成的管理理论，被称为“古典管理理论”。古典管理理论主要包括科学管理理论和古典组织管理理论两大部分，其中科学管理理论主要源于美国泰罗的“科学管理”，而古典组织管理理论则包括法约尔的一般管理理论和德国韦伯的行政组织理论等。这些理论成为现代管理学的先驱，对现代管理理论有很大的影响。

2.2.1 泰罗的科学管理理论

科学管理理论的诞生是管理发展史上的重大事件，是管理走向科学的第一步，正是由于科学管理理论的产生，才能使管理逐渐发展成为一门学科。科学管理理论是由美国的弗雷德里克·泰罗首先提出的，并在他和他的追随者的不断努力下形成一个理论体系。因此，在很多管理学著作中，泰罗被称为“科学管理之父”。

泰罗出生于美国费城的一个富裕的律师家庭，从小就醉心于科学研究和实验。他 18 岁进入钢铁厂当工人，任过技工、工头、车间主任、总工程师等职，长期、亲身地对生产现场活动的观察，使泰罗认识到：落后的管理是造成生产率低下、工人“磨洋工”和劳资冲突不断的主要原因。于是，他开始在车间里用科学方法纠正这种状况。最著名的科学管理实例是泰罗的生铁装运实验，通过实验，他确定做每一件工作的最佳方法。然后，选择适当的工人并培训他们严格按最佳方法进行工作。为了激励工人，他主张采用刺激性工资计划。最后，泰罗取得了生产率为 200%甚至更高的效果。他根据自身的管理实践经验，总结出四项科学管理原则：

(1) 建立一种严格的科学方法，专门研究工人工作的每一个组成部分，并以此来替代老的单凭经验的做法。

(2) 科学地挑选工人，对工人进行培训和教育，使之成长。

(3) 管理人员与工人之间应诚心诚意地进行合作，以保证一切工作都能按照新的科学原则去做。

(4) 资方和工人之间应进行明确地分工。要明确资方和工人各自的工作和职责，由管理人员承担的工作，应该是比工人更能胜任的新型工作，而不像过去那样几乎所有的工作和大部分的责任都要推到工人身上。

泰勒认为：科学管理也不过是一种能使工人取得比现在高得多的效率的一种适当的、正确的方法而已。这种方法并不会大量增加比工人现在的负担更大的负担。这就是说，科学管理是使工人不用增加劳动而能增加工效的一种方法。

2.2.2　法约尔的一般管理理论

在泰罗及其追随者以提高生产效率为重点进行科学管理研究的同时，法国则诞生了关于整个组织的科学管理的理论，被后人称为“一般管理理论”。该理论的创始人是亨利·法约尔，他被誉为“欧洲伟大的管理学先驱”。他提出的一般管理理论对西方管理理论的发展具有重大影响。法约尔在管理学上的主要贡献是把企业经营划分为六类不同的活动，提出了管理的五大职能和管理的 14 项原则，从而确立了管理普遍性的概念和一个全面的管理理念。

一、企业经营活动的分类

法约尔认为，企业规模无论大小，简单还是复杂，它的各种活动都可以划分为六大类：技术活动（指生产、制造、加工等活动）、商业活动（指购买、销售、交换等活动）、财务活动（指资金的筹措和运用）、会计活动（指货物盘存、成本统计、核算等）、安全活动（指设备维护、职工安全等活动）和管理活动。各种人员应按照他在管理等级中所处的地位和所承担的活动具备相应的能力。在工人这一级，技术能力是最重要的，但随着职位的上升，对人员的技术能力要求降低，对管理能力的要求则提高，并且随着企业规模的扩大，管理能力显得更加重要，而技术能力的重要性则随之减少。

二、管理的五大职能

法约尔指出，管理是一种普遍存在于各种组织的活动，这种活动对应着计划、职能、指挥、协调和控制等五种职能。他对这五大职能进行了详细地分析和讨论：

（1）计划：对有关事件进行预测，并以预测结果为根据，拟订出一项工作方案。

（2）组织：为各项劳动、材料、人员等资源提供一种结构。

（3）指挥：使组织为达成目标而行动的领导艺术。

（4）协调：连接、调和所有的活动和力量，使组织的各个部门保持一致。

（5）控制：根据实际执行情况对计划和指示进行检查。

三、管理的一般原则

法约尔认为，管理的成功不完全取决于个人的管理能力，更重要的是管理者要能灵活地贯彻管理的一系列原则。

他在《工业管理与一般管理》中提出了 14 项原则。

1. 劳动分工

劳动专业化是各个机构和组织前进和发展的必要手段。由于减少了每个工人所需掌握的工作项目，故可以提高生产效率。劳动的专业化，使实行大规模的生产和降低成本有了可能。同时，每个工人作业范围的缩小，也可使工人的培训费用大为减少。

2. 权力和责任对等

法约尔认为，权力是下达命令的权力和强迫别人服从的权利。权力可区分为管理人员的职务权和个人权力。他特别强调权力与责任的统一，有责任必须有权力，有权力就必然产生责任。

3. 纪律

纪律的实质是遵守公司各方达成的协议，要维护纪律就应做到：（1）对协议进行详细说明，使协议明确而公正；(2) 各级领导要称职；(3) 在纪律遭到破坏时，要采取惩罚措施，但制裁要公正。

4. 统一指挥

一个员工在任何活动中只应接受一位上级的命令。违背这个原则，就会使权力和纪律遭到严重的破坏。

5. 统一领导

为达到同一目标而进行的各种活动，应由一位首脑根据一项计划开展，这是统一行动、协调配合、集中力量的重要条件。

6. 个人利益要服从整体利益

整体利益大于个人利益的总和。一个组织谋求实现总目标比实现个人目标更为重要。协调这两方面利益的关键是领导阶层要坚定并做出良好的榜样。协调要尽可能公正，并经常进行监督。

7. 报酬要公平

报酬必须公平合理，尽可能使职工和公司双方满意。对贡献大、活动方向正确的职工要给予奖赏。

8. 集权

集权就是降低下级的作用。集权的程度应视管理人员的个性、道德品质、下级人员的可靠性以及企业的规模、条件等情况而定。

9. 等级链

等级链即从最上级到最下级各层权力连成的等级结构。它是一条权力线，用以贯彻执行统一的命令和保证信息传递的秩序。

10. 秩序

秩序即人和物必须各尽其能。管理人员首先要了解每一个工作岗位的性质和内容，使每个工作岗位都有称职的职工，每个职工都有合适的岗位。同时还要有条不紊地精心安排物资、设备的合适位置。

11. 平等

即以亲切、友好、公正的态度严格执行规章制度。雇员受到平等地对待后，会以忠诚和献身的精神去完成他们的任务。

12. 人员稳定

生意兴隆的公司通常都有一批稳定的管理人员。因此，最高层管理人员应采取措施，鼓励职工尤其是管理人员长期为公司服务。

13. 创新精神

即不依靠上级指示而独立行动的能力。给人以发挥主动性的机会是一种强大的推动力量，必须大力提倡、鼓励雇员认真思考问题，具备创新的精神，同时也应使员工的主动性受到等级链和纪律的限制。

14. 合作精神

员工的融洽、团结可以使企业产生巨大的力量。实现集体精神最有效的手段是统一命令。在安排工作、实行奖励时不要引起嫉妒，以避免破坏融洽的关系。此外，还应尽可能直接地交流意见等。

法约尔指出这些管理原则是灵活的，不是绝对的。管理原则的数目可以有多有少，只要被实践证明是有价值的法则和程序，都会成为原则的一个组成部分。

2.2.3 韦伯的行政组织理论

行政组织理论是科学管理的一个重要组成部分，它强调组织活动要通过职务或职位而不是个人或世袭地位来设计和运作。这一理论的创始者是德国社会学家马克思·韦伯，他从社会学的研究中提出了所谓的“理想的”行政组织，被后人称为“组织理论之父”。

韦伯研究的重点是大型组织和大规模企业的管理问题。他认为，越是庞大的社会经济组织，越需要严密精细的管理。而对大型组织进行严密精细管理的关键在于建立一种理想的行政组织。所谓理想的行政组织，就是管理活动通过职位而不是个人或“世袭”来进行。这种组织具有分工明确、等级清晰、规章制度详尽等特征。在他看来，运用这种理想的行政组织模式，就可以实现小规模企业向大规模企业管理的过渡。

韦伯提出的理想的行政组织模式如下：

(1) 明确的分工。明确规定每一个成员的权力和责任，并且把这些权力和责任作为正式职责而使之合法化。

(2) 清晰的等级关系。各种职位均按权力等级组织起来，形成一个指挥链或自上而下的等级系统。

(3) 正式的规章制度。为了确保一贯性并规范权力雇员的活动，管理者必须倚重正式的组织规则。

(4) 非人格化。组织成员之间的关系，只是一种职位关系，避免掺杂个人思想感情或个性的影响。

(5) 人员的正规选拔。组织成员通过公开考试进行选择，有严格的选择准则。

(6) 职业导向。行政人员不是他所管辖的那个企业的所有者，他们是专职人员，领取固定薪金却寻求自身在组织中的职业发展。

韦伯认为，权力是任何一个组织存在的前提和基础，如果没有某种形式的权力来指导组织，组织就无法实现其目标，而权力能消除混乱，带来秩序。

泰罗的科学管理理论、法约尔的一般管理理论和韦伯的行政组织理论，虽然他们的研究侧重点各有不同，但是却有共同的特点：首先，把人看成“经济人”，认为人的一切行为都是为了获得物质利益，忽视对人的需要及行为的研究，基本上是一种见物不见人的管理；其次，着重研究组织内部的管理问题，没有涉及组织与外部环境的联系，属于一种封闭系统的管理。由于这些共同的局限性，这三大管理理论被称为古典管理理论。

2.3　现代管理理论的多元化时期

第二次世界大战以后，随着科学技术的迅猛发展，生产和组织规模急剧扩大，生产力水平和生产社会化程度不断提高，管理理论引起了人们的普遍重视。许多学者和实际工作者在前人的理论与实践经验的基础上，结合自己的专业知识，从不同角度和层面，运用不同方法和手段对管理问题进行研究，形成了许多新的管理理论和学说。美国管理学家哈罗德·孔茨于 1961 年和 1980 年分别在美国管理学理论权威杂志《管理学术月刊》上发表论文，对当时管理学界出现的理论现象进行了系统地归纳、梳理与评述，他将管理理论的各个流派称为“管理理论丛林”，认为至少可以划分为十个学派。

2.3.1　管理过程学派

管理过程学派又称为作业学派，该学派早期的代表人物是亨利·法约尔，后来的主要代表人物是美国管理学家孔茨和奥唐奈。由于该学派的特点是把管理理论与管理人员从事工作的过程联系起来，所以称为管理过程学派。该学派认为，不论组织的性质如何，所处的环境如何，管理人员的职能都是相同的。因此，该学派首先研究的是管理职能，并将这些职能作为管理理论的基础，如法约尔把管理划分为计划、组织、指挥、协调、控制等五项职能。之后，各管理学家对管理职能的划分虽不完全一致，但也大同小异。

孔茨与奥唐奈把管理解释为“通过别人使事情做成的职能”。管理人员的职能有计划、组织、指挥、协调、控制五项，并按此来分析研究管理理论。管理人员并不是按顺序执行这五项职能，而是同时执行的。这些职能中的每一项都对组织的协调有所贡献，他们对这些职能按以下几个基本问题进行分析：一是这个职能的性质和目的是什么；二是它的结构上的特性是什么；三是它如何执行；四是在它的领域里，主要的原则和理论是什么；五是在它的领域里，最有用的技术是什么；六是执行这一职能有什么困难；七是完成这一职能的环境是怎样造成的。

管理过程学派认为，一切最新的管理思想都能纳入上述结构中去。管理理论就是围绕这样的结构，把通过长期的管理实践积累起来的经验、知识综合起来，提炼出管理的基本原则。这些原则对于改进管理实践是有明显价值的。同时，孔茨等人还认为，管理理论要吸收社会学、经济学、生理学、心理学、物理学和其他学科的技术和知识，它们都是与管理工作有关的。但不能把这些学科的所有领域都包括到管理理论中去，因为科学的进步要求把知识分门别类，有所区别。

2.3.2 行为科学学派

行为科学的定义，在国内外文献中有各种不同的解释。概括来讲，有广义和狭义两种解释。广义的理解是：行为科学是包括类似运用自然科学的实验和观察方法，研究在自然和社会环境中人的行为的任何科学。已经公认的行为科学的学科有心理学、社会学、人类学和其他学科中类似的观点和方法。狭义的理解，就是把行为科学理解为运用心理学、社会学等学科的理论和方法，来研究工作环境中个人和群体的行为的一门综合性学科。

随着经济的发展和科学的进步，有着较高文化水平和技术水平的工人逐渐占据了主导地位，体力劳动也逐渐让位于脑力劳动，单用古典管理理论和方法已经不能有效地控制工人以达到提高生产率和利润的目的。因此，一些管理学家和心理学家开始从生理学、心理学、社会学等学科的角度出发研究企业中有关人的一些问题，如人的工作动机、情绪、行为与工作之间的关系等，他们还研究如何按照人的心理发展规律去激发其积极性和创造性。于是行为科学便应运而生了。

行为科学研究基本上可以分为两大时期，前期以人际关系学说为主要内容，它以梅奥的霍桑试验开始，后期以行为科学研究为主要内容。它分为个体行为理论、群体行为理论和组织行为理论。

一、个体行为理论

个体行为理论包括两大方面内容：一方面是有关人的需要、动机和激励方面的理论，包括内容型激励理论、过程型激励理论和行为改造型激励理论；另一方面是有关企业中的人性理论，主要包括美国社会心理学家道格拉斯·麦格雷戈提出的“X－Y 理论”，它围绕人的本性来研究人类行为规律及对管理的影响。

二、群体行为理论

群体是由两个或两个以上组成并通过人们彼此之间相互影响、相互作用而形成的。群体可分为正式群体和非正式群体。群体行为理论主要研究群体发展动向的各种因素及这些因素的相互作用和相互依存关系。

三、组织行为理论

组织行为理论主要包括领导理论、组织变革理论、组织发展理论。领导理论又分为三大类，即领导性格理论、领导行为理论和领导权变理论。

行为管理思想的产生改变了人们对管理的思考方法，它使管理者把员工视为是需要予以保护和开发的宝贵资源，而不是简单的生产要素，从而强调从人的需求与动机的相互关系和社会环境等方面，研究管理活动执行结果对组织目标和个人成长的双重影响。

2.3.3　社会协作系统学派

社会协作系统学派的创始人切斯特·巴纳德，是美国高级管理人员和管理学家，他于 1927 年至 1948 年期间一直担任美国贝尔电话公司的总经理。在长期的管理实践中，他运用社会学系统论的观点来分析研究高级管理人员的职能。在分析研究中，他把组织特性与人类特性有机地结合在一起，为组织理论的创新和发展作出了很大贡献，在管理学界享有很高的地位。

一、组织的性质

巴纳德认为组织是两个或两个以上的人有意识协调的活动和效力的系统。他认为任何一个组织，都要遵循系统的效力原则和效率原则。系统的效力是指组织系统协作的成功力量，当一个系统协作得很成功时，它的目标就能够实现，那么这个协作系统就是有效力的。故系统的效力是系统存在的必要条件。所谓系统的效率，是指系统成员个人目标的满足程度。如果协作系统成员的个人目标得不到满足，他们就会认为这个系统是没有效率的，他们就会退出系统。

二、组织的要素

巴纳德把组织划分为正式组织和非正式组织。他认为，正式组织作为一个协作系统，无论其级别高低和规模大小，均包括三个基本要素：一是共同目标，这是组织存在的基本要素；二是协作的意愿，这是实现组织目标不可缺少的要素；三是信息的联系，它是将共同目标与协作意愿连接起来的桥梁和纽带。

三、组织的权力

巴纳德主张一个组织不能单纯地依靠少数几个人的权力命令来行事，必须取得组织内全体人员的支持与合作，否则就会像集权的国家那样，脱离人民和社会的支持，最终必将垮台。这就是巴纳德提出的权力接受理论。

四、非正式组织

非正式组织是指没有正式的组织结构，也没有明文规定的共同目标，它产生于同工作有关系的联系中，有一定的共同看法、习惯和准则。巴纳德认为，非正式组织可能对正式组织产生不利影响，但也会产生积极影响：其一，有些不便于在正式组织解决的问题，或难以确定的事情、意见及建议等，在非正式组织却变得容易解决；其二，通过对协作意愿的调节，能够维持正式组织内部的团结；其三，能够提高个人的自尊心，缩短人们心理上的距离。因此，他认为非正式组织是正式组织不可缺少的部分，非正式组织的活动使正式组织更有效率并促进其效力。

2.3.4 决策理论学派

决策理论学派主要的代表人物是伯特·西蒙、詹姆斯·马奇等人，其主要代表作有《管理决策新科学》等。该学派是以统计学、系统论和行为科学为基础发展起来的一种现代管理理论。它强调决策和决策者在管理中的作用，认为决策贯穿于管理的整个过程，决策一旦失误，企业的生产效率越高，造成的损失也就越大。因此，企业必须采用一套制定决策的新技术，以实现决策的科学化，减少决策失误。决策学派主要的观点有以下几个方面。

一、管理就是决策

决策理论学派对管理的定义最为简洁，认为“管理就是决策”。决策贯穿于管理过程的始终，要提高管理人员的管理水平，首要的是提高他们的决策水平。确实，无论是计划、组织还是协调、控制，各项管理活动的开展都离不开决策，决策是管理活动的基本要素，决策的正确与否对企业的生存和发展有至关重要的影响。正确的决策能够使企业迅速发展壮大，错误的决策则会使企业蒙受严重损失。

二、决策过程

该学派认为，决策过程的各个阶段本身就是一个复杂的决策过程。这个过程往往分为四步：第一步是“情报活动”，主要是探查环境，寻求决策的条件；第二步是“设计活动”，也就是创造、制订和分析可能采取的行动方案；第三步是“抉择活动”，即从可利用的若干方案中选出一条特别行动方案；第四步是“审查活动”，即对选择的行动方案进行分析和评价。这其中每一步本身又是一个复杂的决策过程。

三、决策的标准

决策者处于一个复杂动态的开放系统中，不可能是一个有意识寻求最优化的“理性的人”，也不可能拥有决策所需要的全部可行方案，这就决定了任何一个决策者在决策时，不可能达到“最优化”的决策目标，只能是选择比较切实可行的满意目标。因此，西蒙认为“令人满意”才是决策的标准。也就是指管理者在进行决策时，应当只考虑与决策问题有关的情况，而不考虑其他一切可能出现的复杂情况，采用“令人满意”而非“最优化”的准则，以便作出令人满意的决策。

2.3.5　经验主义学派

经验主义学派的主要代表人物有彼得·德鲁克、欧内斯特·戴尔、威廉·纽曼等。该学派把管理看作经验性很强的实务，认为科学管理和行为科学都不能完全适应企业发展的实际需要，应该从企业管理的实际出发，收集各类企业管理的成功经验与失败教训，并把这些经验加以概括和理论化，从而为企业经理人员从事管理活动提出更为实际的建议和方法。

一、管理的定义

经验主义学派十分重视对管理成功经验的总结，强调管理理论的实用性，认为管理是管理人员的技巧，是一个特殊的、独立的活动和知识领域。但在对管理概念的认识上，却存在着不同的意见，主要包括以下几种认识：

德鲁克认为，管理只与生产商品和提供各种经济服务的工商企业有关。管理学是由管理一个工商业的理论和实际的各种原则组成的。管理的技巧、能力、经验不能移植并应用到其他机构中去。

纽曼认为，管理就是把个人或团体的努力引导到某个共同的目标。管理者的主要职责是以最少的资源耗费来实现预定的目标。他指出，企业的经理人员往往是在自身所管理的具体领域中显示出优秀才能的人。但是有些人在其所管理的专业领域中并没有杰出的才能，同样也可以成为一个能干的经理，这就证明管理活动有其特殊的内容。

二、经理承担重要职责

该学派认为经理人员承担着别人无法替代的两项特殊的任务。第一是调动各种有效的资源，即要充分发挥人力资源的作用，并注重从系统的角度动态地考虑问题。第二是协调当前和长远的利益，需要经理确立组织目标并决定达到目标的要求，然后把它传递给与实现目标有关的人员：进行组织工作；进行鼓励和联系工作；对企业的成果进行分析，包括确定标准，并对企业所有的工作进行评价，使员工得到成长和发展。

德鲁克指出，经理人员的任务就是激励、指挥和组织别人去做工作。他需要做的就是把自己的思想传达给别人，并找到别人在想什么的技巧。

三、目标管理的管理方法

目标管理指通过目标的制定和执行，使员工发现工作的兴趣和价值，从工作中满足其自我实现的需求。首先，由各级管理人员共同参与，制定组织的整体目标；其次，将整体目标进行逐级分解，变成部门目标和个人目标，并根据承担的任务，规定职责范围；最后，根据部门和个人的目标完成情况对其进行考核和评价。目标管理的最终目的是更好地激励员工，而不是进行控制。

2.3.6　管理科学学派

管理科学学派是由运筹学家创建的，他们自称为"管理科学家"，这样就出现了管理科学学派。他们认为管理基本上是一种数学程序、概念、符号以及模型等的演算和推导。该学派认为，如果管理工作、制定决策是一个合乎逻辑的过程，那么就可以利用数学符号或关系式来描述。也就是说，在研究和解决管理问题时，要着重强调合理性、定量分析和准确衡量。

2.3.7　系统理论学派

系统理论学派的主要代表人物是弗里蒙特·卡斯特、詹姆斯·罗森茨韦克。该学派认为管理者要把其所在的组织看作一个开放的系统，因此要研究组织内外对管理活动有重大影响的环境或情景因素，从而找到各种管理原理和理论的具体使用场合。

系统理论学派运用控制论、系统论、协同论等知识，从系统概念出发，将工商业系统定义为一个由相互联系而共同工作的各个要素，为达到目标而组成的系统。该学派认为：一是整体优于部分，系统分析要服务、围绕、聚焦于整体利益；二是利用感受器，即先进的运转系统所包括的某种控制手段，通过感受器调节使系统达到均衡并趋于稳定的状态；三是系统管理的模型，包括目标和价值子系统、技术子系统、社会心理子系统、结构子系统、管理子系统；四是从工业生态学到系统生态学，即以决定系统行为为特性的结构作为依据，利用数学模型和计算机技术，对复杂的系统行为进行模拟和研究的理论。

2.3.8　权变理论学派

权变理论学派是 20 世纪 70 年代在美国形成的一种管理理论。该学派认为，世界上不存在最好的、能适应一切情况的、一成不变的管理理论、方法和模式，每一种管理理论和方法的提出都有其具体的适应性。这就是说管理者在管理实践中，要根据所处的内外部环境条件和形势的发展变化随机应变，依据不同的具体情况，寻求最适宜的管理方法和模式。权变理论学派主要的观点如下：

(1) 权变管理就是把环境对管理的作用具体化，并使管理理论与管理实践紧密地联系起来。

(2) 在某种环境条件下，要采用与之适应的管理原理、方法和技术，这将有利于组织目标的实现。例如，如果在经济衰退时期，组织在供过于求的市场中经营，采用集权的组织结构，就更适合达到组织目标；如果在经济繁荣时期，在供不应求的市场中经营，那么采用分权的组织则可能会更好。

(3) 环境变量与管理变量之间的函数关系就是权变关系，这是权变管理理论的核心内容。

总之，权变理论的最大特点：一是把组织看作社会系统中的分系统，要求组织各方面的活动都要适应外部环境的变化；二是强调根据不同的具体条件，采取相应的组织结构、领导方式和管理机制。

2.3.9　社会技术系统学派

这是较新的学派，该学派认为，要解决管理问题，只分析社会系统是不够的，还必须分析研究技术系统对社会系统的影响，以及对个体心理的影响。组织的绩效甚至管理的绩效，不仅取决于人们的行为态度及其相互影响，还取决于人们工作所处的技术环境。管理者的主要任务之一就是确保社会系统与技术系统的相互协调。该学派特别注重工业工程、“人—机工程”等方面问题的研究。

2.3.10　信息沟通学派

信息沟通学派同决策理论学派关系密切，主张把管理人员看成一个信息中心，并围绕这一概念形成了管理理论。该学派认为，管理人员的作用是接收信息、贮存信息和传播信息，每一位管理人员的岗位犹如一台电话交换台。强调计算机技术在管理活动和决策中的应用，强调计算机科学同管理思想和行为的结合。

2.4　当代管理理论的繁荣时期

2.4.1　学习型组织

企业组织的管理模式问题一直是管理理论研究的核心问题之一，而对未来企业组织模式的探索研究，又是当今世界管理理论发展的一个前沿问题。1990年，美国麻省理工学院教授彼得·圣吉所著的《第五项修炼》出版，书中提出企业应建立学习型组织，其含义是在面临变化剧烈的外部环境时，组织应力求精简、扁平化、弹性应变、终生学习、不断自我组织再造，以维持竞争力。学习型组织正是人们从工作中获得生命的意义、实现共同愿望和获取竞争优势的组织蓝图。

彼得·圣吉提出了以“五项修炼”为基础的学习型组织理念。

一、自我超越

自我超越是学习型组织的精神基础，需要不断认识自己，认识外界的变化，不断赋予自己新的奋斗目标，并由此超越过去、超越自己，迎接未来。

二、改善心智模式

改善心智模式是自省的过程，如果个人和组织不了解自己的心智模式，会对自己的一些行为无法认识和把握。心智模式是指根深蒂固于每个人和组织之中的思维方式和行为模式，它影响着个人或组织如何了解这个世界，以及如何采取行动。所以，我们时刻要把镜子转向自己，先修炼自身的心智模式。

三、建立共同愿景

建立共同愿景相当于人们最想做的事或想实现的理想。如果有任何一项理念能够一直在组织中鼓舞人心，凝聚一群人，那么这个组织就有了一个共同的愿景，就能够长久不衰。

四、团队学习

团队学习的有效性不仅在团队整体中会产生出色的成果，而且其个别成员学习的速度也比其他人的学习速度快。

五、系统思考

系统思考是学习型组织的重要部分，主要是要求人们转变对研究对象的基本假定，即由简单系统转为复杂系统，由线性系统转为非线性系统，由直接关系转为间接关系，由单向作用转为相互作用；从注重部分转为注重整体，从强调适应环境转为主动创造环境，从被动反应转为主动参与。在思考问题过程中，要利用控制理论的正反馈、负反馈和延迟概念来理解和解决现实生活中出现的各种问题，针对组织发展的不同模式，采取不同的管理策略。

2.4.2 企业流程再造

企业流程再造理论的创始人是迈克尔·哈默和詹姆斯·钱皮，企业再造也译为“公司再造”“再造工程”，它是 1993 年开始在美国出现的关于企业经营管理方式的一种新的理论和方法。企业再造是为了在衡量绩效的关键指标上取得显著改善，从根本上重新思考、彻底改造业务流程。其中，衡量绩效的关键指标包括产品和服务质量、顾客满意度、成本、员工工作效率等。为了能够适应新的竞争环境，企业必须摒弃已成惯例的运营模式和工作方法，以业务流程为中心，重新设计企业的经营、管理及运营方式。我们可以从以下三点来理解企业再造：

（1）企业再造是要依据现有环境的变化，从根本上重新思考原有的管理理论和管理思想，即对长期以来企业在管理中依据古典管理理论、管理理论丛林等管理理论所形成的分工思想、等级制度、规模经营、标准化生产和官僚体制等进行重新思考。企业进行再造，就是要先决定自己应该做什么以及怎么做，而不能在既定的框框中实施再造。

（2）企业再造是一次彻底的变革。企业再造不是对组织进行调整修补，而是要进行脱胎换骨式的彻底改造，抛弃现有的业务流程和组织结构以及陈规陋习。

（3）企业再造从重新设计业务流程着手。在一个企业中，业务流程决定组织的运行效率，是企业的生命线。企业再造之所以要从重新设计业务流程着手，是因为原有的组织造成业务流程的低效率，不能满足顾客的要求。

从上面的分析中，我们可以看出，企业再造与以前的渐进式变革理论有本质的区别。企业再造是全面检查和彻底翻新原有的工作方式，通过重新设计业务流程而建立一个新型组织。

2.4.3　知识管理

知识管理是网络新经济时代的新兴管理思想与方法，是由工业经济向知识经济演进的新的世界经济形势下企业作出的战略性反应。知识管理是指企业通过有计划、有目的地构建企业内部知识网络进行内部学习、构建企业外部知识网络进行外部学习，有效地实现显性知识和隐性知识的相互转换，并在转化过程中创造、运用、积累和扩散知识，从而最终提高企业的学习能力、应变能力和创新能力的系统过程。

知识管理的基础活动是对知识的识别、获取、开发、分解、使用和存储。一般的研究认为，要有效地开展知识管理，应抓好以下环节。

一、设立知识主管

知识主管不仅要负责企业有关技术、教育培训、信息管理、市场分析等方面的管理工作，也要承担起把人力资源的不同方面同信息、市场分析乃至企业的经营战略等协调统一的工作。

二、构建知识仓库

知识仓库的功能是通过对信息知识的收集与整理，可以使信息流更加有序和便于认知，加快内部信息和知识的流通，实现组织知识的无阻隔传递和共享。

三、知识交流与共享

设立知识主管和建立知识仓库的最终目的还是为了加快知识的传播速度和效率，促进知识的交流和共享。公司的领导层要把集体知识共享和创新视为赢得竞争优势的支柱。富有学习性的组织，其成员并不吝于公开其经验，而领导者也会带动员工进行积极的创造性对话。只有团队成员共享知识和信息，才能激发团队知识的合力效应，产生巨大的经济效益。

四、建立知识联盟

知识联盟是以学习和创造知识作为联盟的中心目标，联盟有助于一个公司学习另一个公司的专业能力；有助于两个公司的专业能力优势互补，创造新的交叉知识。知识联盟可以帮组公司扩展和改善它的基本能力，有助于从战略上更新核心能力或创建新的核心能力。

2.4.4 虚拟组织

虚拟组织是指两个以上的独立的实体，为迅速向市场提供产品和服务，在一定时间内结成的动态联盟。它不具有法人资格，也没有固定的组织层次和内部命令系统，而是一种开放的组织结构。企业之间形成的这种利益共享、风险共担的合作伙伴或战略联盟已成为企业管理的一股强劲的潮流，合作、竞争正日益成为企业经营战略的新的核心。

虚拟组织的虚拟性和快速反应的特点，决定了它具有极强的竞争优势。想要构建自己的虚拟组织包括以下几个方面：一要培育、保持和提高企业的核心能力；二要产品共同开发，利润共享；三要有一支拥有核心竞争力的团队。

2.4.5 精益生产方式

精益生产就是及时制造，消灭故障，消除一切浪费，向零缺陷、零库存进军。它是美国麻省理工学院在一项名为“国际汽车计划”的研究项目中提出来的。它们在做了大量的调查和对比后，认为日本丰田汽车公司的生产方式是最适用于现代制造企业的一种生产组织管理方式，并将其称为精益生产，以针对美国大量生产方式过于臃肿的弊病。精益生产综合了大量生产与单件生产方式的优点，力求在大量生产中实现多品种和高质量产品的低成本生产。

精益生产方式的实质是管理过程，包括人事组织管理的优化，大力精简中间管理层，进行组织扁平化改革，减少非直接生产人员；推行生产均衡化同步化，实现零库存与柔性生产；推行全生产过程（包括整个供应链）的质量保证体系，实现零不良；减少和降低任何环节上的浪费，实现零浪费；最终实现拉动式准时化生产方式。

2.5　21 世纪管理和管理学的发展趋势

人类社会进入 21 世纪以后，随着知识经济的到来和全球化进程的不断加快，世界各国的经济都面临着巨大的冲击，传统工业经济时代的管理模式和管理观念也面临着全新的挑战，世界各国都在对传统管理理论及实践进行着反思与创新，新的管理科学的思想变革开始出现。

2.5.1　21 世纪管理环境的变化

一、全球化带来的管理环境的变化

21 世纪以来，信息的发展、科技进步步伐的加快以及世界市场的不断扩大，极大地推进了全球化进程，全球化在与知识经济的融合中呈现了一种日益增强的发展趋势。具体说来，全球化带来的管理环境变化体现在以下几个方面：

（1）竞争加剧。发达国家与发展中国家对资源和市场的竞争空前加剧，贸易平衡问题更加引人注目。

（2）政局变化。不同国家和地区以及国际上不同利益集团的争夺加剧了政府更迭的频率，企业界对外投资方向的选择更加审慎。

（3）劳动者多元化。这是一种在相同的组织工作环境中有各种不同身份的人一起工作的状态和趋势，包括人口多元化和文化多元化两个方面。其中，人口多元化是指组织中的员工具有各种群体特征。人口特性包括年龄、性别、宗教、身体状况等因素；文化多元化是指组织中的员工属于不同的文化或亚文化群体，它给组织管理者带来的直接影响是必须注意怎样避免侵犯人权和文化冲击，如何理解谈判方式的差异等。

二、互联网时代带来的管理环境的变化

20 世纪末以来，信息社会快速发展，全球进入信息化和互联网时代。这一趋势与全球化相呼应，给管理带来了空前的变化和巨大影响，主要体现在下面几个方面：

（1）信息和信息技术产业的发展尤其是互联网的广泛使用，为管理创新奠定了技术基础。网络技术的发展与完善，不但为不同行为主体之间进行多层

次、多角度沟通，相互激发创新智慧提供了广阔的空间，也创造了有利于培养创新意识、增强创新能力、参与创新活动的精神环境，大大消除了知识的生产、传播及其应用所受到的时空限制。

（2）电子商务的兴起改变了消费者的消费形式和企业经营方式。信息化发展催生了电子商务这种新型商务形式，它既改变了消费者的消费方式，使网上购物成为一种时尚，同时也改变了企业经营方式，网络营销也应运而生。

三、可持续发展带来的管理环境的变化

20世纪是经济大发展的世纪，但人类为此也付出了惨重的代价：资源枯竭、生态失衡、环境污染、气候反常、自然灾害频发，这一切不但有悖于人类发展经济的初衷，而且威胁到人类自身的生存与发展。严酷的现实引发了人们的反思，可持续发展作为一种新的发展观应运而生。

可持续发展是指人类能动地调控“自然—社会—经济”复合系统，在不超越资源与环境承载能力的条件下，促进经济持续发展，保持资源永续利用，不断提高生活质量，既满足当代人的需求，又不损害后代人满足需求的能力。这种新的发展观强调可持续经济、可持续生态、可持续社会的有机统一。其中，生态可持续是基础，经济可持续是条件，社会可持续是目的。简而言之，保持生态平衡，在资源环境承载能力允许的条件下发展经济，实现经济、环境、生态和谐是为了人类的生存发展和世世代代的幸福生活。

2.5.2　21世纪管理面临的挑战

一、全球化背景下管理面临的挑战

在经济全球化背景下经营的企业，要树立牢固的全球性观念，制定全球性经营战略，企业可能要通过扩大出口、特许经营、国外直接投资以及组建合资公司和战略联盟等方式实现其国际化战略目标。这样，企业管理者将面临新的环境、新的挑战，主要包括以下几个方面：

（1）要适应和了解新的政治法律环境。管理者在开展国际化经营的过程中，不仅要关注国家和地区的政治局势是否稳定、政府更迭是否频繁、是否存在遭受恐怖袭击的危险，还要广泛了解其法律法规体系以及有关的国际法和国际协定。

（2）要熟悉新的经济环境。管理者在开展国际化经营过程中，不仅要认识到不同国家和地区之间在经济体制方面的差异，还要了解其经济发展水平、经济增长速度、经济结构与产业状况、财政政策与货币政策、产业政策、收入水平及收入分配政策、汇率及通货膨胀的变化。

（3）要适应和熟知新的文化环境。管理者要在其他国家有效地开展管理活

动，需要对所在国的社会文化环境进行深入研究并深刻了解，准确把握民族文化对雇员与工作相关的价值观、价值取向的影响，并在自己的管理方式中体现出对当地特有文化的认可与包容。即使在本国开展国际化经营管理活动，管理者在多元文化的组织环境中也要能够适应具有不同文化背景的人的偏好和工作方式。

（4）要树立新的全球观念。随着全球化进程的不断推进，各国之间的关系越来越密切，相互依存度越来越高，国界变得越来越模糊，因此，组织面对的是日益广阔的全球市场，消费者、竞争者、合作者越来越多元化，积极开展国际化经营已经成为组织发展的必由之路。

二、互联网背景下管理面临的挑战

（1）虚拟组织结构的产生与发展向传统管理方法提出了挑战。互联网的广泛使用导致组织结构的创新，虚拟组织的产生使得一些相互间很少见面甚至素不相识，而且具有不同专业知识背景的人，通过网络联系在一起，为共同的企业目标而工作。因此，对这些人怎样实施有效管理，成为新的课题。与之相适应地，网络化管理、网络道德建设成为企业管理的新形式和新内容。

（2）构建学习型组织成为引导企业走向成功的必由之路。在瞬息万变的未来社会，竞争演化为速度与效率的较量，要迅速抓住转瞬即逝的商机，需要企业有快速的反应力和应变力。为此，企业必须把效率作为衡量组织功能的首要标准，充分利用网络的优势，不断强化学习型组织的功能，全面提高组织成员的素质，并相应地简化工作程序，适度授权，构建灵活、有弹性、高效的组织机构。

三、可持续背景下管理面临的挑战

进入 21 世纪，可持续发展理念深入人心，不但各国纷纷制定并实施可持续发展战略，社会公众也越来越关注支撑经济社会发展的主体——企业在可持续发展中的行为表现，强烈要求企业改变传统的经营理念与方式，实施有利于可持续发展的经营战略，在构建节约型社会、发展循环经济中发挥应有的作用。在这种背景下，企业唯有适应新的形势变化进行战略调整，才能获得持续发展，否则，其发展的空间会越来越小，甚至会因其经营不利于可持续发展而被淘汰。

首先，在宏观上，企业要遵守相关的法律法规，承担相应的责任和义务。在可持续发展理念下，企业有责任、有义务作遵守相关法律法规的典范，要减少资源尤其是不可再生资源的消耗，充分利用先进的科学进步成果，循环使用、厉行节约，同时通过研发，寻找可替代的资源；要改善环境，积极采取措施防治污染，减少污染物或废气排放。

其次，在微观上，要牢固树立人本管理观念。一方面是对消费者的人本意识。在以消费者为中心的21世纪，任何一个企业都必须把消费者满意作为首要目标，制定相应标准，对企业经营管理以及生产、技术、营销、服务等各个方面，或者说企业流程进行全方位的改善和再设计，为消费者提供能够满足其多种需要的健康、安全的产品和服务。另一方面是对员工的人本意识。21世纪最重要的战略资源是人力资源，员工是知识创新的主体，也是创新知识的运用者，所以员工是企业生存与发展的根本。为了更好地满足员工的心理需求，企业要通过尊重人、关心人、培养人、信任人，为员工的成长及其自身价值的实现创造条件，不断提高其对企业的满意度。同时，对员工的激励要以绩效评价和赋予更重大的责任与管理权限为主。

2.5.3 21世纪管理学变化的趋势

一、战略管理

随着全球化时代的发展，社会生产日趋复杂，社会环境变幻莫测，组织与环境联系日益紧密，管理所涉及的因素日益增多、日趋复杂，组织间的竞争日趋激烈，组织能否制定和实现正确的战略构想，关系到组织的兴亡。

就企业而言，过去企业家往往追求企业战略的稳定性、长期性，期望对企业的发展施以长远地影响。但事实证明，多变的技术革新浪潮，意想不到的环境变化，往往使追求“稳定性”的企业措手不及。企业要适应全球市场的激烈竞争，必须对自己的发展有一个战略规划，要在彻底了解和准确把握企业内部条件和外部环境变化的同时，结合本企业的特点，制定出最佳的企业战略。企业如果没有科学的战略目标、长远打算，只顾眼前和一时的成就，便不可能持续发展，更不可能在竞争中取胜，企业唯有运筹帷幄，深谋远虑，才能不断发展壮大。

二、由硬管理向软管理转化

企业文化建设是从企业“软环境”方面塑造企业形象，注重管理的伦理道德、价值观和行为方式的变革。企业文化是以价值体系为主要内容的群体精神支柱、思维方式、行为约束等聚集的合力，它对物质生产起促进和导向作用，是企业的灵魂。现代企业的竞争是技术竞争，是质量竞争，但归根到底是人才的竞争，人才的竞争又取决于人的意识、观念和素质，这些差异形成不同的企业文化。通过对企业文化理论的研究，激发人们的事业心和责任感，激发职工的积极性和创造性，形成共同经营宗旨、共同价值观、共同道德行为取向，产生共同语言和集体荣誉感。

企业再造理论强调从硬、实的方面构建企业管理新模式。有效的管理学者提出流程管理的新办法，对流程规划、设计、构造、调控所有环节系统管理，企业管理理论应将“硬环境”和“软环境”有机结合。

三、人本管理的思想兴盛

随着信息时代的到来，组织中最缺乏的不是资金和机器，而是高素质的人才。组织中人的作用，在组织中越来越显出重要作用。这就促使管理部门日益重视人的因素，管理工作的中心也从物转向人。传统管理和现代管理的一个重要区别，就是管理中心从物本管理到人本管理。

在管理方式上，现代管理更强调用柔的方法，尊重个人的价值和能力，通过激励、鼓励人，以感情调动职工积极性、主动性和创造性，最充分地调动所有员工的工作积极性，以实现人力资源的优化及合理配置。

四、管理信息化将主导管理变革

随着以微型电脑、激光技术、新型材料、生物工程和新能源开发为中心的新科技革命的兴起与发展，生产技术、社会需求以及市场竞争等日新月异、瞬息万变，在这种情况下，信息进入重要资源的行列。丰富而准确的信息，是正确而迅速决策的前提，一个企业能否在激烈的竞争中得以生存和发展，它的产品和服务能否跟上时代的要求，首先在于该企业能否及时掌握必要和准确的信息，能否正确地加工和处理信息，能否迅速地在员工之间传递和分享信息，特别是能否把信息融合到产品和生产服务过程之中，融合到企业的整个经营与管理工作之中。

组织对信息管理的能力，将集中表现在不仅需要有强大的信息网络和信息收集能力，更为重要的是要有出色的信息分析、传递和利用的能力。对信息的管理是现代管理的一个突出特点。随着信息技术的推广应用和信息资源的不断开发利用，管理信息化正在往广度和深度发展，这导致信息管理在整个管理中地位的提升。信息管理渗透于和体现在各种管理，无论是政府管理还是企业管理的一切方面和全部过程。可以说，现代企业和组织若无信息管理，也就谈不上任何管理了。

本章重点知识归纳

1. 管理活动伴随着人类社会的发展开始，从世界几大文明古国已有的文字记载来看，人类的管理实践已有几千年的历史。

2. 中国早期管理思想博大精深，本章主要介绍代表了四种管理思想：德治、法治、无为而治和兵法经营。

3. 最早对经济管理思想进行系统论述的学者，首推英国经济学家亚当·

斯密。除此之外，西方早期管理思想的代表人物还有查理·巴贝奇和罗伯特·欧文。

4. 古典管理理论主要包括科学管理理论和古典组织管理理论两大部分，其中科学管理理论主要源于美国泰罗的“科学管理”，而古典组织管理理论则包括法约尔的一般管理理论和德国韦伯的行政组织理论。

5. 第二次世界大战以后，管理理论引起人们的普遍重视，许多学者从不同角度研究管理学，形成了“管理理论丛林”。

6. 在当代管理理论的繁荣时期，主要产生了“学习型组织”“企业流程再造”“知识管理”“虚拟组织”“精益生产方式”管理理论。

7. “战略管理”“人本管理”“硬管理向软管理转化”“信息化管理”等管理理论将成为21世纪管理学的发展趋势。

思考题

1. 东西早期的管理思想有哪些?
2. 古典管理理论时期的主要思想有哪些?
3. 现代管理理论的多元化时期主要有哪些理论?
4. 当代管理理论的繁荣时期出现了哪些管理理论?
5. 简述21世纪管理学的发展趋势。

本章讨论案例

万里长城

我国北方辽阔的土地上，东西横亘着一道绵延起伏、气势雄伟、长达一万多里的长墙，这就是被视为世界建筑史上一大奇迹的万里长城。万里长城是我国古代一项伟大的防御工程，它凝聚着我国古代人民的坚强毅力和高度智慧，体现了我国古代工程技术的非凡成就，也显示了中华民族的悠久历史。长城是中国也是世界上修建时间最长、工程量最大的一项古代防御工程。

自公元前七世纪开始，延续不断修筑了2 000多年，分布于中国北部和中部的广大土地上。如此浩大的工程不仅在中国就是在世界上，也是绝无仅有的。与罗马斗兽场、比萨斜塔等列为中古世界七大奇迹之一。

万里长城是中国古代管理思想的一大杰作。在管理上，沿线设九个镇，每个镇设总兵，上受兵部指挥，每镇之下分级设“路”“关”及城堡、墩台。这是一个多级管理系统，结构似“金字塔形”，命令自上而下层层下达，遇有敌情，信息由烽火台到城关守备，到各种军校首领、总兵，一直报到朝廷。建造如此复杂的工程，需要严密的管理系统。可见，万里长城的建造、建造中的管理、长城的使用以及设施、机构的配备，充分体现了系统管理的思想。

讨论：

1. 谈谈你对中国古代管理思想的认识，这对现代的企业管理有何启示？

2. 如果你是公司的首席执行官，你会采用哪种管理理论指导你的管理活动，说说理由？

3. 你认为未来对管理影响最大的挑战是什么？

第 3 章　企业环境与组织设计

通过本章学习，你应该能够：

1. 分析影响企业发展的一般环境因素与具体环境因素。
2. 运用五种竞争力量模型进行组织环境分析。
3. 运用波士顿矩阵进行组织经营分析。
4. 掌握组织结构设计的原则与方法。
5. 把握按照组织职能设计的要点。
6. 学会运用组织整体优化的方法。

在社会发展中，对企业活动产生影响的因素较多，有政治、经济、技术、社会文化、自然环境等。环境对组织的生存发展及对管理的决定与制约作用，要求管理者必须重视环境因素，能动地适应环境，谋求内部管理与外部环境的动态平衡。

3.1　影响企业的环境因素

企业发展离不开环境。管理科学把组织看成一个由许多子系统形成的系统，而这个系统又是环境大系统中的一个子系统，它与环境系统进行各种资源的交换。作为管理者，就要使组织内部的子系统互相协调，同时又要使组织系统适应环境，获得生存和发展。

3.1.1　影响企业的一般环境因素

影响企业的一般环境因素包括自然环境、经济、政治、社会、技术环境等，具体分析如下。

一、经济环境

经济环境是指社会整体的发展形势和景气状况。社会宏观经济的发展状况和趋势，常常成为组织决策的重要依据，其对组织的影响主要表现为从资金来源、人员供给、市场需求等方面影响着组织的投入和产出，从而制约管理活动的进行。如国家的经济制度、经济体制与经济政策，政府对各类组织活动的干预程度，直接决定着管理的社会属性，并对整个管理产生影响。如果国家宏观经济政策实施紧缩，企业融资就会发生困难，从而影响生产的投入。再如社会的经济规模与发展水平，包括国民生产总值、国民收入、制造业产值及其增长趋势、国家的城市化发展程度、国际收支状况等，直接决定着一些组织的经营状况，进而对管理提出不同的要求。

经济环境对组织的影响是最为直接的，对管理的影响也是最大的。管理者应有宏观视野，善于分析和把握所在国家或地区的国民经济运行情况和发展态势，国家产业政策，以及国际经济情况和发展态势等内容。

二、政治环境

政治环境是指一个国家的政治制度、执政党的纲领、政府的方针政策，以及国家的法律法规所构成的对组织的影响因素。政治环境的好坏影响着宏观政治经济形势，从而也影响着组织活动的开展。世界上不同的国家有着不同的政党体制，如多党制、两党制、一党制等，不同的政党体制、不同的政党有着不同的哲学思想和奋斗纲领，其对政府的政策必然会产生不同的影响。而国家的政策，关系到资源状况、居民的收入水平、消费与市场需要、组织内部制度与政策以及人员心理等，这些对组织的管理均有重要的影响作用。再如法律是由国家制定并以国家强制力保证实施的各种行为规则的总和。法律和法规对组织的活动起着制约的作用，规定了组织可以做什么、不可以做什么。

政治环境对组织的影响是不容忽视的，组织的管理者，如果对政治不关心，缺乏政治敏锐性，就很难驾驭组织，捕捉机遇，谋取成功，促进发展。

三、社会环境

社会环境是指组织所在国家或地区的社会中人们的处事态度、价值取向、教育程度、风俗习惯等构成的环境因素。社会因素一般是指一个社会在长期的发展中，虽未明确成文，却是无形中制约着每一个人习惯的因素。由于社会组织是由人组成的，而且，人既是管理者又是管理对象，这就决定了社会组织及其管理离不开人与人之间的关系，离不开人们的社会心理因素。社会上的各种人文环境及心理氛围必然对社会组织的成员及管理产生广泛而深刻的影响。如教育水平与人口素质，包括国家的教育制度和结构、教育的普及程度、教育与社会的结合程度、国民对教育的态度、人口结构等方面。一个国家的教育水平往往与其经济水平是统一的，教育水平的高低也反映人们的文化素养，从而影响着组织在发展水平，乃至人才的需求。再如社会心理，包括人们的价值观念，对物质利益和物质分配的态度，对新事物的态度、对经营和风险的态度，以及民族心理、民族意识等。这些社会心理因素决定着人的是非观念、善恶观念、主次观念等，决定着人的行为。

管理者必须高度重视这些社会环境的影响，并能主动地通过思想教育、激励与沟通，做好适应、协调工作，并因势利导，使其能为实现组织目标服务。

四、技术环境

技术环境主要指组织所在国家或地区的技术进步状况，以及相应的技术条件、技术政策和技术发展的动向与潜力等。当今无论是国内，还是国际，出于领先的企业，无不是靠先进技术取得优势的。技术环境已成为组织环境中的关键因素。技术环境对组织管理的影响是显著的，它对组织业绩的影响主要表现在促进组织劳动生产力水平的提高，变革组织的运行方式和管理方式上。如企业新技术、新产品的开发，新的管理方法和手段的应用等，都是离不开不断发展的客观技术环境因素的。如技术因素从劳动力、劳动资料和劳动对象等三个方面影响着组织劳动生产力的提高。先进技术的采用，可以使组织的人员技术素质得到提高，可以增强组织的物资技术基础，从而提高组织的经济效益。

五、自然环境

自然环境一般是指非人为因素所形成的环境条件，主要包括自然资源、地理位置、地形、气候等因素。自然地理环境的差异，以及对自然地理环境的利用程度和利用效益的差异，其对组织活动会产生不同的影响，关系到资源取得的成本高低、利用资源进行生产与经营的方便条件、优势与效益等。如自然资源状况，包括资源的分布、质量以及可使用性，比如石油、矿藏、森林资源、土地资源、水力资源等。自然资源状况的发展变化会给组织造成一些环境威胁和市场机会。因此，管理者应关注自然环境方面的动向，如某些自然资源短缺或即将短缺；国际市场石油价格变动；环境污染程度的变化；政府对自然资源管理的干预等。再如地理位置、地形、气候等因素，不同国家和地区的地理差异通常是对组织投资环境重要的评估因素，例如对企业而言，地势、气候、高度，湿度、温度都是影响产品与设备的使用和性能的气候特征，影响投资效率。

3.1.2 影响企业的具体环境因素

这里的具体环境因素是指对组织目标的实现有直接影响的外部环境因素。对大多数组织而言，其具体环境因素主要包括资源供应者、服务对象、竞争对手、政府管理部门和社会特殊利益代表组织。这些因素对组织的影响更为具体，直接关系着组织目标的实现以及实现的程度。

一、资源供应者

资源供应者是指向组织提供各种资源的人或单位。这里所指的资源不仅包括设备、人力、原材料、资金，也包括信息、技术和服务等。对大多数组织来说，金融部门、政府部门、股东是其主要的资金供应者，学校毕业生分配部门、劳动人事部门、各类人员培训机构、人才市场是其主要的人力资源供应者，各类媒体、咨询服务机构、政府部门是主要的信息供应者。由于组织在其运转的每一个阶段中，都依赖于供应者的资源供应，一旦主要的资源供应者发生问题，就会导致整个组织运转的减缓或中止。这种影响主要表现在组织能否有稳定的资源供应渠道，以保证组织活动的顺利进行。如企业原材料供应的可靠性，直接影响着企业产品的质量和生产的连续性。

二、服务对象

服务对象是指组织为其提供产品或劳务的人或单位。如企业的客户、商店的购物者，都可称其为相应组织的服务对象。顾客是组织赖以生存的基础，任何组织之所以能够存在，是因为有需要该组织服务对象的存在，如果一个组织失去了其服务对象，该组织也就失去了其自身存在的基础。如一个企业如果其生产的产品无人问津，就必然走向破产。组织的服务对象是影响组织生存的主要因素，组织业绩最终要表现为能否很好地满足顾客的需求，使组织具有一个广泛而稳定的顾客群体。

三、竞争对手

组织的竞争对手是指与其争夺资源、服务对象的人或组织。任何组织，都不可避免地会有一个或多个竞争对手。这些竞争对手不是相互争夺资源，就是相互争夺服务对象。基于资源的竞争一般发生在许多组织都需要同一有限资源的时候，最常见的资源竞争是人才竞争、资金竞争和原材料竞争。基于顾客的竞争一般发生在同一类型的组织之间，或许这些组织提供的产品或服务方式不同，但它们的服务对象是同一的，就同样会发生竞争。例如航空部门与铁路运输部门之间、铁路与公路运输部门之间就可能为争夺货源和乘客而展开竞争。竞争也不仅限于国内，随着经济全球化的发展，国内的各类组织不仅面临着来自国内组织的竞争，而且将直接面临来自国外组织的竞争。没有一个组织在管理中可以忽视竞争对手，否则就会付出沉重的代价。竞争对手是管理者必须对其有所了解并及时作出反应的一个重要因素。

四、政府管理部门

政府管理部门主要是指各级政府及其相应机构，如工商行政管理部门、税收部门、卫生防疫部门等。政府政策是指政府部门制定的包括经济、财政与税收政策以及各种重大的管理规定和法规等。政府管理部门拥有特殊的权力，可制定有关的政策法规、规定价格幅度、征税、对违反法律的组织采取必要的行动等，而这些对一个组织可以做什么和不可以做什么以及能取得多大的收益，都会产生直接的影响。如政府的法规直接规范着企业的经营行为；国家经济政策的调整，可能直接涉及企业的经营发展方向等。

五、社会特殊利益代表组织

社会特殊利益代表组织是指代表着社会某一部分人的特殊利益的群众组织，如妇联、工会、消费者协会、环境保护组织等。这些组织虽然没有像政府部门那么大的权力，但却同样可以对各类组织施加相当大的影响。如消费者协会借助各种舆论对生产质量低劣产品的企业进行曝光，可以导致企业生产经营陷入困境；环保组织的呼吁可以促使政府制定法规，约束企业的生产经营行为等，可以通过直接向政府主管部门反映情况，通过各种宣传工具制造舆论以引起人们的广泛注意。

3.2 企业环境分析

组织企业分析是企业管理必不可少的内容。没有环境就没有企业。组织制定战略决策，实施战略管理，从根本上说，就是要依据自身的环境，为自己获得生存和发展的空间。

3.2.1 五种竞争力量模型

哈佛大学波特教授提出的行业结构分析模型，也称五种竞争力量模型，是组织在制定战略过程中对行业竞争环境进行分析的重要工具。这种分析思想主要是针对企业组织而言的，但其分析原理对于许多其他类型的组织是有借鉴意义的。

波特认为，影响行业内竞争结构及其强度的主要有潜在竞争者、供应商、客户、替代品生产者以及行业内现有竞争对手等五种环境因素，如图 3－1 所示。

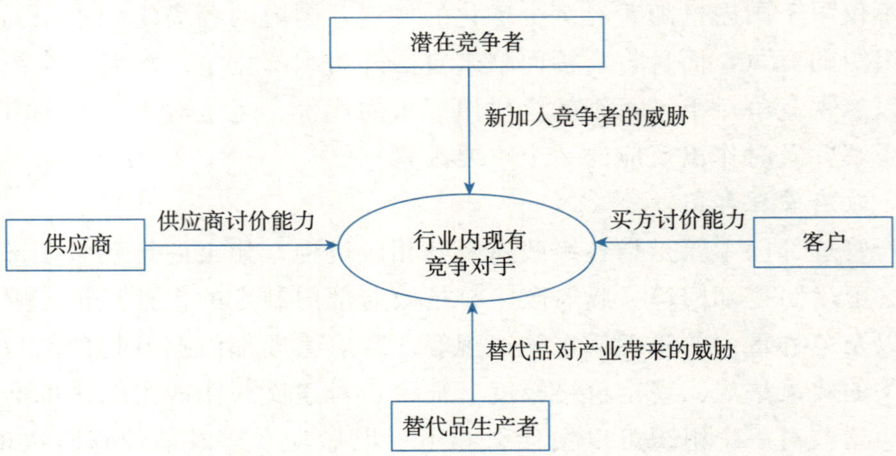

图 3－1 五种竞争力量模型

下面对波特的五种竞争力量模型进行具体分析。

一、行业内竞争者的竞争程度

大部分同行业中的企业，相互之间的利益都是紧密联系在一起的，各个企业的竞争战略，其目标都在于使得自己的企业获得相对于竞争对手的优势，所以，在实施中就必然会产生冲突与对抗现象，这些冲突与对抗就构成了现有企业之间的竞争。

行业内竞争激烈的程度往往取决于这几个因素：企业间的实力是否相当；市场增长的快慢；固定成本的高低；产品差异程度；退出市场障碍的大小等。

行业内企业间的竞争往往是五种竞争力量中最重要的一种。企业只有制定出比竞争者更具竞争优势的战略，才能获得成功。

二、潜在竞争者的威胁

新进入者进入某个行业，能给该行业注入新的活力，促进市场竞争，但也给原有企业造成压力，影响原有企业的市场和竞争地位。对于一个行业来说，潜在竞争者威胁的大小既取决于行业特点所决定的进入难易程度，又取决于现有企业可能作出的反应。进入某个行业难易程度的大小主要受到这几个因素的影响：进入行业必须达到的规模经济；新行业所需要的资金成本；产品差异化程度；资源供应与销售渠道；原有企业的反应等。

三、替代品的威胁

从广义上说，一个行业中所有的企业都在与生产替代品的其他行业进行竞争，例如人造纤维与天然织物、人造橡胶与天然橡胶、金属与塑料等的竞争。这种源自替代品的竞争会以各种形式影响行业中现有企业的竞争战略。替代品所导致的竞争激烈的程度往往取决于这几个因素：替代品的性价比；生产替代品的企业所采取的经营战略；用户的转换成本等。

四、供应商的议价能力

企业生产经营所需的许多生产要素都是从外部获得的。提供这些要素的卖方（供应商）的讨价还价能力也影响着企业的生产经营活动。卖方讨价还价能力的大小主要取决于这几个因素：卖方集中程度；有无其他供货来源及转向其他供应商的成本高低；企业是不是供应商的重要客户等。

五、买方的议价能力

买方总是企图压低价格，要求较高的产品质量，并索取更多的服务项目，从而获得更多的利益。这会影响行业中现有企业的盈利能力。买方讨价还价能力的大小主要取决于这几个因素：买方集中程度；有无其他供货来源；企业产品在用户产品形成中的重要程度等。

根据上面对于五种竞争力量的讨论，企业竞争性的分析应该有全方位的意识，要把各种影响企业竞争力的因素系统地加以考虑，这样才可能制定出更为有效的竞争战略和策略。

3.2.2 波士顿矩阵

依据组织在行业中的发展状态，确定发展战略，业务（或产品）组合分析法是一种重要的分析工具，其由美国波士顿咨询公司提出，因此也称波士顿矩阵。这种分析方法认为，企业在确定各类业务发展方向时，应考虑企业在市场上的相对竞争地位和业务增长情况。相对竞争地位往往反映为企业的市场占有率，业务增长情况往往反映为该类业务的市场增长率。

将市场增长率和相对市场占有率分别按一定的水平划分为高低两种状况，从而在坐标中形成四个象限，可以将企业所有业务分为四种不同类型，如图 3-2 所示。然后根据每种类型业务的不同特征，选择相应的对策。

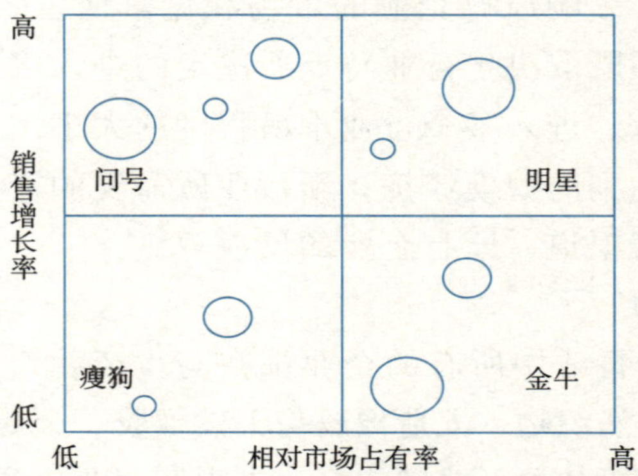

图 3-2 业务（或产品）组合分析法

在图 3-2 中，圆圈分别代表企业的各项业务，圆圈在图上的位置表示各项业务的市场增长率和相对市场占有率，而圆圈的大小则表示各项业务销售额的大小。

一、“问号”业务，即高增长/低竞争地位的业务

这类业务通常处于最差的现金流状态。一方面，所在行业市场增长率极高，企业需要大量的投资支持其生产经营活动；另一方面企业市场份额较低，能够生成的资金较少。因此，企业对于此类业务的投资需要进一步分析，判断使其转移到“明星”业务所需要从的投资量，分析其未来是否盈利，研究是否值得投资的问题。

二、“明星”业务，即高增长/强竞争地位的业务

这类业务处于迅速增长的市场，具有很大的市场份额。在企业的全部业务中，“明星”业务在增长和盈利上有着极好的长期机会，但它们是企业资源的

主要消费者，需要大量的投资。为了保护或扩展明星业务在增长的市场中占据主导地位，企业应在短期内优先供给它们所需要的资源，支持他们继续发展。

三、"金牛"业务，即低增长/强竞争地位的业务

这类业务处于成熟的低增长市场中，市场地位有利，盈利率很高，本身不需要投资，反而能为企业提供大量资金，用以支持其他业务的发展。

四、"瘦狗"业务，即低增长/弱竞争地位的业务

这类业务处于饱和的市场当中，竞争激烈，可获利润极小，不能成为企业主要资金的来源。如果这类业务还能自我维持，则应缩小经营范围，加强内部管理。如果这类业务已彻底失败，企业应当及时采取措施，清理业务或退出经营领域。

波士顿矩阵将企业不同经营领域内的业务综合到一个矩阵中，具有简单明了的特点。企业可以通过波士顿矩阵判断自己各经营业务的机会和威胁、优势和劣势，判断当前的主要战略问题和企业未来的竞争地位，从而为企业确定自己的总体战略提供分析依据。

3.3　组织工作与组织结构设计

组织工作是对现代社会人们从事的各种社会活动进行组织、协调的过程，是指通过设计和维持组织内部的结构和相互之间的关系，把目标、人、财、物、信息等在一定时间和空间进行合理调配，使人们为实现组织目标而有效协调工作的过程。

3.3.1　组织工作的任务

组织工作是管理的重要职能，其在管理中具有不可忽视的地位和作用，对提高组织生存与发展的能力有着极其重要的影响。

一、规定组织中每个人的责任

现代组织是众多人在分工协作的基础上共同劳动的产物，组织中的每个人都应围绕组织的共同目标各负其责。组织工作的任务就在于通过组织结构的建立，明确组织各部门各单位的划分，明确每个组织成员的职责范围。

二、规定组织成员之间的关系

现代组织中人们的劳动都有着紧密的联系，这里面既有上下级之间的权力命令关系，也有着横向的分工协作关系。组织工作的任务就在于通过组织结构和权责关系的确立，使组织成员之间明确相互之间的关系，以便人们的共同劳动能够协调地进行。

三、调动组织中每个成员的积极性

组织作为共同劳动的产物，其整体效能的发挥有赖于组织每个成员积极性的发挥。组织工作的任务就在于使组织成员明确自己的目标和责任，明确自己在组织中的地位，从而增强对组织的凝聚力。

3.3.2 组织工作的一般原则

建立和完善组织结构，健全组织机制，应遵循以下基本原则。

一、战略目标导向原则

战略目标导向原则是指组织结构的建立和工作的开展，要有明确的目的，要以实现组织战略为基本着眼点。战略是组织全体员工在一定时期内共同活动所要达到的最终目的，并规定着组织活动的基准和方向。战略的有效实施，取决于组织结构的合理性和效能。组织工作要善于根据战略的要求，将组织的各种业务工作进行分工和组合，划分部门和单位，以便有助于员工明确自己的工作目标和岗位要求，为实现战略目标作出各自的贡献。

二、顾客满意原则

顾客满意原则是指组织结构的层次与部门的划分，指责和权限的分配，管理规范的确立要以顾客满意为基本出发点。在激烈的市场竞争环境中，能否在需要的时间内，为顾客提供质优价廉的产品和服务，以赢得市场，取决于组织是否具有以顾客为中心的业务流程，而业务流程的运转是以与之相适应的组织结构为支撑的。因此组织结构的设计和运作也要以顾客满意为评价标准，要始于顾客需求，终于顾客满意。

三、有效管理幅度原则

管理幅度是指一个上级领导直接指挥的下属人员的人数。由于一个人的精力和体力是有限的，这就决定了管理者的管理幅度是有限的。管理幅度过小，会导致机构臃肿，人浮于事，造成人力资源的浪费；管理幅度过大，会造成管理人员的工作过多，易导致工作的失控。有效的管理幅度是组织结构设计应考虑的重要因素。有效管理幅度，一方面取决于管理者的素质和能力；另一方面取决于管理者所从事的管理工作的范围和性质。一般高层管理者从事着组织的战略决策与管理工作，管理幅度应小一些；中层和基层管理者从事执行性管理职能较多，因而管理幅度可大一些。

四、分工与协调原则

组织的大量信息和复杂的管理工作，需要分门别类进行专业管理，专业分工有利于提高管理工作效率和水平。但是仅有分工是不够的，组织各个部门既要有专门的职责范围，每个部门的工作又必须在其他部门的协调配合下才能顺利完成。组织各部门和各环节彼此相互联系、相互配合，专业管理的作用才能发挥出来，组织才能正常运转。组织工作贯彻专业分工和协调配合的原则，一方面要合理划分组织各个专业职能部门的范围，分工应适应组织外部环境的变化，切实反映组织活动的客观需要和组织现有条件的可能；另一方面要明确专业分工之间的相互关系，明确上下管理层次之间、左右管理部门之间的协调方式和控制手段，这样才有利于从组织上保证目标的实现。

五、相对稳定和适时调整与变革原则

组织内的部门设计、分工以及部门间的协作关系应具有一定的稳定性，组织人员安排也要保持相对稳定。组织结构的稳定，有利于组织正常运转和协作关系稳固；人员的稳定，有利于各项工作持续正常地开展，也利于专业化、标准化的管理。组织适时调整与变革，主要是对组织机体与外部环境的适应关系而言。它要求根据环境的变化，相应地调整组织结构的内部构成，合理专业分工，强化组织功能，从而增强组织的适应能力。

3.3.3　组织结构设计工作的内容

组织结构设计工作，具有涉及面广，内容繁杂的特点，其对组织未来运行的效率和效果有着重要的影响。为保证组织结构设计的成功，其工作必须科学、有步骤地进行。如图 3－3 所示。

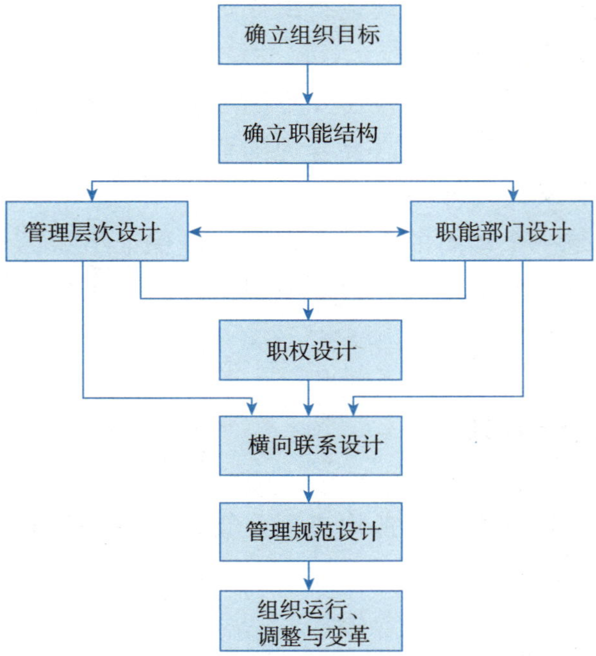

图 3－3　组织结构设计程序

组织结构设计的一般工作内容包括以下几点：

一、明确组织目标

组织结构设计的首要环节，是要明确组织的目标和总体发展战略的要求，认清组织所在的外部环境及自身条件，明确组织结构设计要解决的问题及要达到的目的，确定组织结构设计的基本思路与原则。

二、确定职能结构

分析组织为实现目标和任务，使管理和业务流程顺利运作所需要的各项管理业务职能，在分解和合并的基础上，确定组织的职能业务工作体系。

三、确定组织结构框架

根据实现组织目标的要求，以及相应的职能业务工作体系的要求，确定组织自上而下的纵向管理层次结构、横向职能管理部门结构，以及反映纵向管理层次之间、横向职能部门之间和纵横两套结构之间权责关系的权力关系结构。

四、确定组织结构内部的协调方式和控制手段

根据组织结构系统性的要求，为保证组织结构整体效能的发挥，确定组织内部上下管理层次之间、左右职能部门之间的相互关系、联系方式和协调控制手段。

五、确定组织运行的标准

根据组织结构正常运转的要求，制定组织结构内各项管理业务的工作程序、工作标准和工作方法，用以规范组织成员的工作行为。

六、确定组织的人员结构

组织结构内不同性质的工作，需要不同才能的人来承担，为了使部门人员能够协调一致的工作，必须根据需要合理配置组织成员。

七、组织运行、反馈与修正

组织结构设计是一个动态的工作过程，其应保证组织结构的正常运转，并在运转过程中能够及时反馈信息，根据组织结构内外条件的变化，及时作出修正与调整。

3.4 组织结构设计方法

组织结构设计，是对组织的运作流程及管理业务进行总体设计，以确定组织各项管理职能及其结构。

3.4.1 职能结构设计

组织设计是设计组织框架的基础和前提，只有先理清组织的运作流程及各

项职能，才能科学地划分管理层次、部门及其结构。职能设计应建立在组织目标体系的基础之上，组织的目标体系主要包括以下三个部分：

（1）总体目标，反映组织基本功能的目标；

（2）职能目标，对完成组织总体目标应从事哪些工作的规定，本质上反映了实现组织整体功能应具备的工作职能；

（3）工作目标，是对为完成组织总体目标而开展的各项职能工作应达到什么程度的规定。

上述三类目标是逐层分解的关系，如图 3－4 所示，总体目标规定了组织的发展方向；职能目标规定了组织内部各职能的工作性质；工作目标则规定了各职能的职责任务。因此，组织结构实质上反映了组织目标体系的要求。

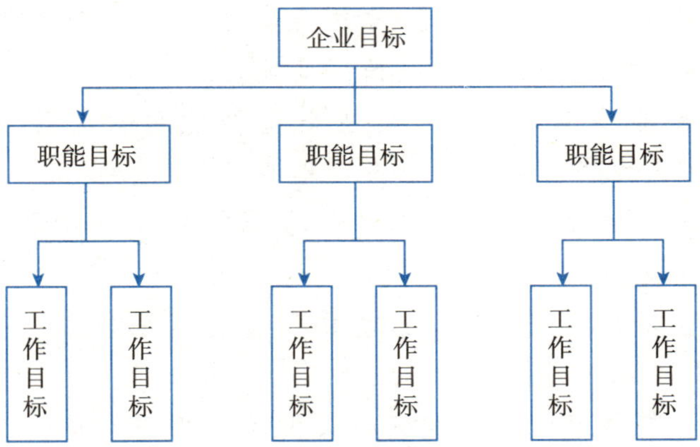

图 3－4　组织目标的分解

职能目标设计应注意以下两方面的问题：

（1）职能目标的形成应是由粗到细的分解过程，经过分解，可能形成多级的职能目标体系。例如，一个在国内外市场上从事生产经营活动的企业，其粗略的职能目标可分为国内市场和国际市场两个方面，若组织的生产规模大，则可进一步将职能目标细分，如按地区或按产品将国际市场或国内市场的职能目标进一步细化。

（2）职能目标的粗细应适度。职能目标的划分可有两种基本方式，即专业性划分方式和综合性划分方式。专业性划分方式是建立在专业化分工的基础之上，把职能目标进行较细的划分。细分的优点在于能够提高管理专业化水平和管理工作的效率，但是细分过度，会导致机构的膨胀，造成部门间沟通的复杂化，导致协调困难。综合性划分方式是指在管理职能目标细分的基础上，再根据职能目标之间的相互关系加以综合分类，从而形成一套较为综合性的少量的职能目标，每一职能目标又包含较为广泛的工作内容。综合性划分方式有利于管理机构的简化，有利于各项管理工作之间的协调，但是综合过度，会导致目标不明确，工作效率的降低。

知识链接

企业管理职能分类

1. 按管理范围和权限分类，企业管理职能可分为对外的经营职能和对内的生产管理职能两大类。

2. 按管理层次划分，企业管理职能可分为高层（决策层）、中层（管理层）和基层（作业层）三个层次的职能。

3. 按管理工作过程的不同阶段分类，企业管理职能可分为决策、计划、指挥、协调、控制、监督、反馈等职能。

4. 按管理专业分工来划分，企业管理职能可分为计划管理、技术管理、营销管理、人力资源管理、财务管理等职能。

5. 按业务工作的性质划分，企业管理职能可分为专业性、综合性和服务性职能。

6. 按照在实现企业战略任务过程中的重要性划分，企业管理职能可分为关键职能和非关键职能。

7. 按制定和贯彻落实企业经营决策的不同作用划分，企业管理职能可分为决策性、执行性和监督保证性三类。

8. 按照对生产活动有无直接指挥关系划分，企业管理职能可分为直线职能和参谋职能。

3.4.2 管理层次设计

管理层次是指组织在纵向分级管理的基础上形成的组织层次。组织有着众多的员工，组织领导者不可能面对每一个员工进行指挥和管理，这就需要设置管理层次，在各管理层次上进行逐级指挥和管理。

一、管理层次的划分

一个组织往往有多个管理层次，它既存在于组织的直线指挥系统中，如工厂、车间、工段、班组等组织层次的划分；也存在于组织的职能参谋系统中，如厂部、专业职能部、职能科室等组织层次中。一般而言，组织的管理层次可分为高层管理层、中层管理层和基层管理层，不同管理层次在组织中的地位不同，其职能和权限也不同。这在第1章已作过介绍，这里不再重复。

二、管理幅度的确定

管理幅度是指一个上级管理人员直接指挥的下级人员的人数，其对组织结构的最终形成有着重要的影响，如图 3－5 所示。一般来说，在一定的组织规模条件下，管理者管理幅度的多少，在很大程度上制约着组织层次的多少。管理幅度与组织层次的关系是反比例关系，即在组织成员数量一定的条件下，管理幅度加大，组织层次就会减少；反之，管理幅度缩小，组织层次就要增加。

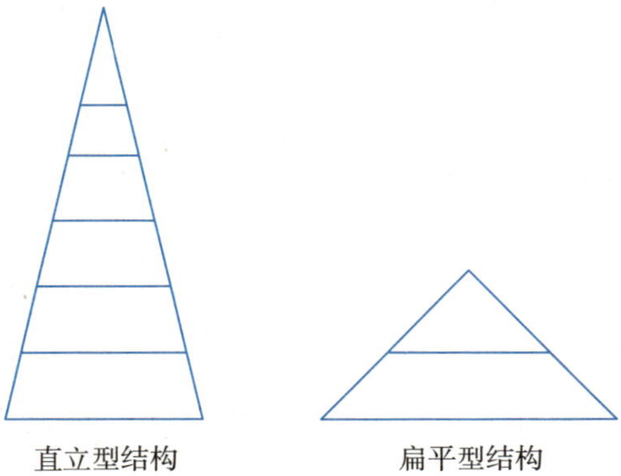

图 3－5　管理幅度与组织层次的关系

对一个组织而言，管理幅度过大或过小都是不好的。首先，若管理幅度过小，则会导致组织层次过多，这会有明显的缺点：一是要大量增加管理人员，导致管理费用的增加；二是会导致上下级关系的复杂化，致使信息沟通迟缓，易失误；三是要导致计划工作和控制工作的复杂化；四是不利于下属人员积极性的发挥。管理幅度大，组织层次少的组织，一般能够克服上述缺陷，具有减少管理人员和费用，信息沟通迅速，易于管理的特点。其次，若管理幅度过大，也有其不利之处，一是管理人员管理的下属越多，则对下属提供的具体指导就会越少；二是可能由于管不过来，而导致对下属管理的失控。

一个组织的管理层次设置多少个为好，各个层次的管理幅度究竟以多大为宜，要受多种因素的综合影响。一般的影响因素有：领导者的能力、下属人员的素质、上级对下级授权的明确程度、计划的完整程度、组织政策的稳定程度、考核标准的明确程度、信息沟通的效率、组织的凝聚力等。

【案例】

梁山泊英雄排座次

梁山泊英雄好汉到梁山后的第一件事就是排座次。梁山的组织结构很有特色：地位是由座次决定的，职能则是由个人的特长决定的。梁山职能分为临时职能和固定职能两部分。所有能战斗的头领分为马军、步军和水军三类，比如马军五虎上将豹子头林冲、霹雳火秦明、双鞭呼延灼、大刀关胜、双枪将董平；步军头领包括黑旋风李逵、行者武松、花尚鲁智深等；水军统领是阮氏三雄等人。他们平时负责操练和统辖军队，战时则组成临时的任务组，采取点将的方式指派任务。梁山的固定职能都是根据人物特长来定。整个梁山就是一个由权力、职能（包括固定职能和临时任务组）构成的完善的大型“企业”。

如果我们把梁山看成一个大公司，通过它的成长可以看到公司创业过程中的几件事：

(1) 长本事。要在梁山这个公司中发挥作用，必须自己有一定的本事，没有特长就没有位置。

(2) 交朋友。在长本事的过程中要交朋友，为将来一起合作建立信任基础，梁山公司里每人都有一帮朋友。

(3) 扯大旗。把所有的人聚在一起排座次后，就要立一个纲领、建一个宗旨来增强号召力。

(4) 拉队伍。这包括定结构、定职能、分配权力，不断扩大队伍、扩张势力。

(5) 闯天下。有了队伍之后，组织要从外部得到资源，创建成果，才能保持稳定和发展。比如梁山打祝家庄、曾头市、大明府，闯东京，征辽国，征方腊，它通过这个来实现组织的价值并保持组织的稳定发展。

(6) 谋战略。梁山在这件事上是有一定问题的，梁山只反贪官不反皇帝，接受招安，把一切事情交给朝廷，任由人摆布，最后导致了悲惨的结局。

从管理的角度看梁山的高层管理团队也很有特色。以宋江为核心的这个团队里面，有抡板斧的李逵，他脾气较暴躁，好动粗，但特别忠于宋江，好几次说到东京杀了皇帝让宋江坐天下，一旦有谁要反对宋江，他就会瞪起眼睛，所以这是一个有勇气的角色；另一个是军师吴用，他总是扮演幕后咨询、出主意的角色，事情分析得很透彻，安排得也很好；还有一个是宋江自己，心软有同情心，讲仁义，关心兄弟们的生活，名声在外。还有一些敢承担责任、关键时候敢于下手的，比如林冲、武松。所以梁山领导团队的角色分工很齐整，大事来时，有依靠个人魅力号召下属的，有出主意的，也有勇于冲锋的，而且一旦下属出问题也有扮黑脸的。简单概括起来就是有勇、有谋、有德、有力，这样“四有”的团队管理力量当然很强。

3.4.3　部门结构设计

部门结构是按照水平专业化分工的原则，将每个管理层次划分为若干个管理单位。部门化是建立组织结构的基本途经，其在组织管理中具有重要意义。

一、职能部门化

职能部门化是指按管理职能划分管理单位，即将具有相同管理职能的人集中在一个部门工作，如企业将组织结构划分为研究开发、生产、销售、财务等部门。见图 3－6。这是部门划分中最为广泛采用的一种方法。它的优点在于能充分反映专业化分工的原则，有利于提高各职能部门的工作效率，有利于提高管理人员的专业化水平。它的缺点在于部门的局部利益有可能导致部门间的协调困难，从而降低组织整体效能的发挥。

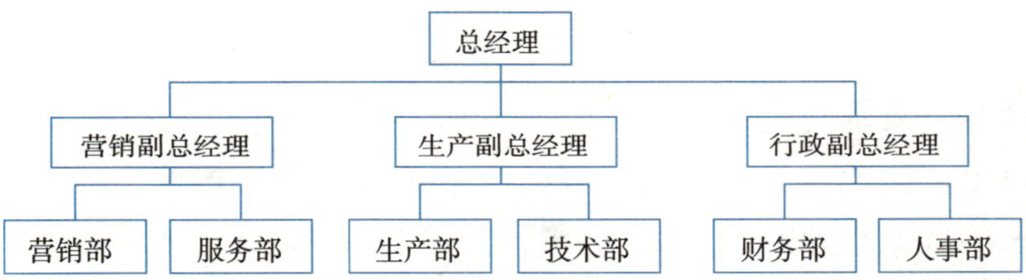

图 3－6　按职能划分部门

二、产品部门化

产品部门化是指按行业或产品划分管理单位。即根据一个产品或一类产品建立部门，把涉及该产品的所有生产经营活动组织在一起，并给予相应的责权。见图 3－7。它的优点是符合专业化生产的原则，有利于发挥各类专业技术力量的特长，提高产品专业化生产的工作效率和效益，其缺点是需较多的具有全面管理能力的人才，总公司与产品部门的职能机构设置重叠，加大管理成本。

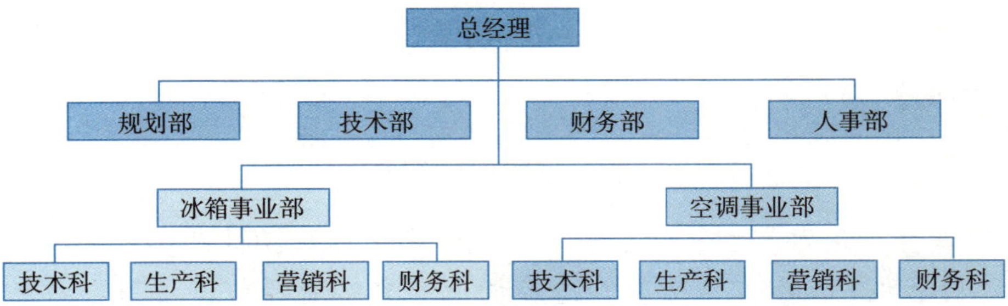

图 3－7　按产品划分部门

三、地区部门化

地区部门化是指按照地理位置划分管理单位，即在组织活动涉及的地区范围较大时，按地理位置划分若干个部门，以便各部门能够根据本地区的特点，有针对性地开展经营活动。见图3-8。它的优点在于可以谋求地方化经营的效果，使组织更好地了解市场，接近顾客，适应市场。它的缺点在于组织的管理难度大，管理人员与费用增加。

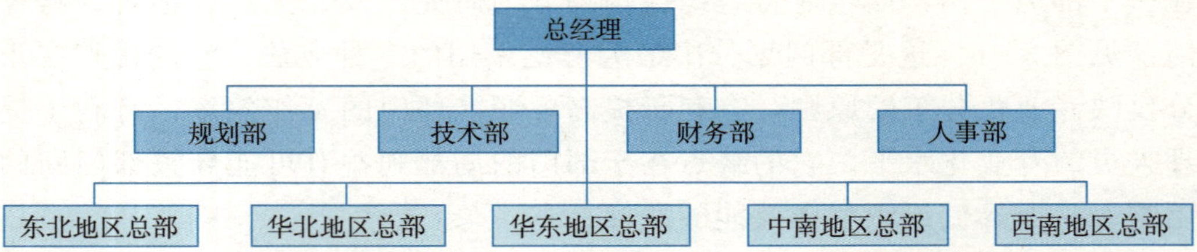

图3-8　按地区划分部门

四、服务对象部门化

服务对象部门化是指按组织不同的服务对象划分管理单位。即针对具有不同性质要求的服务对象，分别设置部门，以便于各个部门能更好地满足服务对象的要求。如按不同的顾客类别划分，可以有效地迎合不同顾客的要求，为不同的顾客提供分门别类的服务。

五、工艺过程部门化

工艺过程部门化是指按照生产技术工艺特点划分管理单位，即将具有相同工艺特点的人员、设备、工作业务集中在一个部门内，以便提高工艺专业化水平，提高工作效率。

部门划分的各种方法，最终都是为了实现组织的目标。每种方法都有其优缺点，每个组织的横向部门结构都可能是多种方法的综合。组织结构设计时，应综合考虑，慎重选择。

【案例】

部门是如何划分的

一家以物业经营为主要业务的企业，目前有写字楼租户272家，公寓租户426家，商场租户106家。公司在总经理下设有物业部、市场部、财务部、人事部、公关部、业务发展部等部门。物业部下设置了写字楼管理部、公寓管理部、商场管理部以及其他配套部门。

讨论：

整个公司和物业部内部的组织结构设计分别采取了何种部门化或部门划分形式？试分析这种方法的好处和弊端。

3.4.4　职权结构设计

职权结构是与组织的管理层次结构和部门结构相对应的。职权结构将不同类型的职权合理分配到各个层次和部门，明确规定组织上下级之间和同级之间的权力关系，为组织各部门认真履行职责，实现组织目标提供保证。

一、职权的划分

组织内部的各种职权按其性质划分，主要有直线职权、参谋职权和职能职权，三种职权由各种不同类型的人所拥有，并在管理中有着不同的作用。

第一，直线职权是指上级指挥下级工作的权力，表现为上下级之间的命令权力关系。直线职权主要存在于组织内的各个层次及各个部门中有着上下级领导与被领导者之间关系的场合，是指由上级领导者为达到目标而负有直接责任的权力。直线职权主要表现为命令和指挥的职权。

第二，参谋职权是指在组织活动中的顾问性、服务性、咨询性、建议性的权力。参谋职权一般是组织的职能部门及组织其他成员所普遍拥有的权力。组织中的任何成员都具有参谋职权，他们可以就组织发展中存在的问题发表自己的意见，而组织职能参谋系统的成员则是专职的参谋人员。参谋职权的行使旨在协助直线职权有效地完成组织目标。

第三，职能职权是指组织的职能参谋机构和人员在高层管理的授权下，允许其在一定的职能工作范围内，向下一级直线部门或其他部门和人员发布命令、提出要求的权力。如企业中的生产计划调度部门对各生产单位下达生产计划指令，财务部门要求各部门遵守财务管理规定等。职能职权的实质是组织的直线主管人员将本属于自己的一部分直线职权分离出来，授予了职能参谋机构和人员。这种授权适应了现代组织管理复杂化、专业性强、领导工作负担重、部门和层次增加等对管理工作提出的要求，有利于发挥专业管理职能的作用，减轻直线领导人员的工作负担，加快信息传递的速度，提高管理工作效率。

职权划分应该保证组织内部管理指挥的集中统一。若统一性遭到破坏，就会出现多头领导、多头指挥，管理将产生混乱。因此职权设计中必须处理好直线职权、参谋职权和职能职权的关系。

第一，直线职权与参谋职权的关系可概括为："参谋建议、直线命令。"确定这一关系主要是为了在组织的活动中贯彻命令统一性的原则。在组织活动中，若是所有的职能部门都拥有直线命令的权力，就会出现政出多门，多头领导的局面，从而导致管理上的混乱。因此在组织中只有各层次的直线人员才应拥有直线职权，掌握命令和指挥的权力。而参谋人员所拥有的参谋职权，只是建议权而不是指挥权，参谋人员提出的建议只有被直线人员采纳后，作出决定，并由直线人员向下发布命令后才能有效。

第二，职能职权的授予应注意把握一定的限度。高层管理人员将一些职能职权授予一些部门和个人，使这些部门和个人拥有了对下级直线组织的指挥权力，当这些职能职权扩大到一定程度时，就可能使下级管理人员失去对本部门工作的控制。因此，从维护权力的统一性而言，职能职权在组织中应限定其职能范围和作用的层次范围。

二、集权和分权

不同组织在管理层次之间的权力分配上有着不同的要求和表现，从而构成了组织权力系统的不同类型。组织权力系统的基本类型可以根据决策权的集中与分散程度划分为集权型与分权型两种基本类型。

1. 集权型组织

集权型组织是把组织的决策权限较多地集中在组织最高领导层的一种组织形式。此类组织决策权一般由高层领导掌握，中下层管理人员只有一般业务决策权，上级对下级的控制较严，一切行动听上级指挥；组织具有统一对外经营、统一核算的特点。其优点是利于集中领导，统一指挥，提高职能部门的管理专业化水平和工作效率。缺点在于限制了中下层人员积极性的发挥，延长了信息沟通的渠道，使组织缺乏对环境的灵活性和适应性。

2. 分权型组织

分权型组织是把组织决策权限适当分散在组织中下层的一种组织形式。此类组织的重大决策权仍由高层领导掌握，但中下层可有一般的决策权，上级对下级的控制较少，以考核目标为主，不干预其日常工作过程，使下级能够在一定的权限范围内，自主地决定问题，自行履行工作职责；中下层在一定程度上有对外独立经营、独立核算的权力。分权的依据主要以职能、地区或产品划分，其优点在于可充分调动中下层人员的积极性，使高层领导免于陷入日常事务，组织对市场环境的适应性强，其缺点在于不利于部门间的协调，管理难度大。

集权与分权反映了组织领导层在权力分配上的两种不同做法，在相同的组织技术条件下，集权制还是分权制的组织体制往往反映出不同的管理效果。因此必须正确地认识和把握好集权与分权的关系。

首先，应认识到集权与分权都是开展组织管理活动所必不可少的手段。一方面集权是组织行动统一性的要求。组织有着统一的目标，要使组织成员的行动达到协调一致，则集权下的统一命令和指挥是必不可少的。另一方面也应看到分权是组织分工的必然要求。组织成员的共同劳动是以分工为基础的，要为组织成员创造履行分工职责的条件，这就要求给予下级履行职责的充分权力。

其次，应认识到集权与分权是相对的，而不是绝对的。在组织中若是集权过度，领导者权力集于一身，独断专行，其结果常常会妨碍组织成员工作的正常开展，制约人们积极性的发挥。另外也应看到分权过度，乱派权力，任其下属各行其是，其结果则会导致管理上的失控，造成组织的混乱。因此，正确处理好集权与分权的关系，应注意把握好集权与分权的适度。集权的程度应以不妨碍下属履行职责，有利于调动积极性为准；分权的程度则应以下级能够正常履行职责，上级对下级的管理不会失控为准。

最后，还要考虑多种因素对集权与分权的制约。集权与分权程度要受多种因素的影响，其中主观方面受组织领导者的个性特征的影响，但更重要的是客观因素的影响，如决策的风险程度、下级人员的素质、组织政策的统一性要求、控制系统的健全程度，以及组织环境的不同特点、组织规模的大小、各管理职能的不同要求等因素。

【案例】

权力分配的原则

曾任美国通用汽车公司董事长和总经理的艾尔弗雷德·斯隆在任职期间，提出了“政策制定与行政管理相脱离”“分散经营和协调控制相结合”的组织管理体制。这种体制的总体精神是：集中保证整个公司的巩固和成功所必需的重大政策和规划的决策权，在此前提下，实行最大程度的职权分散化。

讨论：

这种组织体制的好处是什么？如何保证这种职权分散化下的有效控制？

3.4.5　横向协调设计

管理作为一个整体系统，各个组成部分之间必然有着相互联系和相互制约的关系，各部分之间只有在相互协调的基础上，才能发挥各自的效能，以及组织的整体效能。因此，搞好部门间的协调，是组织结构设计的重要内容。

一、组织结构的协调

组织结构的协调是指针对组织结构自身的缺陷，而需要进行的协调。在组织活动中，常常出现由于组织结构设计不合理导致的问题，如由于管理层次或部门划分的不合理，导致出现管理真空或管理重复；由于缺少保证横向联系的部门和人员，从而无人解决因部门分工而产生的矛盾；或者由于机构设置和职权关系存在自身缺陷，妨碍了横向关系的协调等此时就需要进行调整。

涉及组织结构的协调方式，一般需要对组织结构作出调整。常见的方式有：

（1）设置联络员、临时性或永久性的任务小组或委员会，保证主管部门之间的横向联系和协调；

（2）建立职能部，将工作联系较为密切的职能科室划归职能部领导；

（3）建立事业部，把以某类业务有关的所有部门集中统一领导；

（4）建立矩阵结构，围绕某项任务的完成，将职能部门进行纵横交错的组织等。

二、组织运行的协调

组织运行的协调是指针对组织的动态工作过程出现缺陷，而需要进行的协调活动。如在组织活动中，由于工作流程不科学、管理标准不合理，或者管理规范不全，常常导致工作人员的业务活动得不到必要的指导和约束，工作的主观随意性强，从而造成工作的混乱，此时就要作出调整。涉及组织运行的协调，目的在于调整和改善组织的动态工作过程，并不涉及组织结构的调整。一般常见方式有：

（1）明确岗位工作标准，制定科学的管理工作规范，以利于各部门统一标准，协调配合。

（2）定期召开工作例会，提出和研究解决工作中存在的矛盾和问题。

（3）跨部门直接沟通，部门之间直接联系解决问题。

（4）联合办公和现场调度等。

三、人际关系的协调

人际关系的协调是指为了防止或解决人际关系缺陷，而需要作出的协调活动。在组织活动中，管理人员是组织结构和组织运行的主体，如果人员之间的人际关系不合，如互相抱有成见，彼此存在误解等，就会使部门之间的横向联系受阻。因此良好的部门之间的协调，还有赖于良好的人际关系的支持。人际关系方面的协调对于组织的运转具有一种长期的、潜在的“润滑”作用。一般常见方式有：

（1）推行大办公室制，实行集体办公，加强员工之间和部门之间的沟通，创造和谐的环境和氛围。

（2）建立员工联谊组织，组织跨部门的横向联谊活动，增进员工之间的感情。

（3）为各级人员建立疏通反映意见的正式渠道。

（4）建立基层运营组织，成立各种自我管理的委员会，实现基层自主管理，培养员工的管理能力，增进他们之间的交流与感情。

（5）倡导人际关系和谐的组织文化等。

3.4.6　组织优化

现在，国内外各种类型的组织（包括企业、事业单位、政府部门和学校）都在进行深化改革。改革的最终目标是追求组织优化。但是，组织优化是一个不断追求卓越的过程，而不是一次性的任务，公司要维持其在当今竞争激烈的市场环境中生存和发展，就必须不断优化，追求卓越。

一、组织优化概述

实践证明，仅仅依靠简单的在组织中某一个或某几个部门的优化组合是不可能提高组织竞争能力的。一个部门优化的业绩很有可能是以其他部门中尚未被人察觉的损失为前提的。因此，即使所有部门各自做到优化，组织业绩并不一定能得到提高，而相反很可能是下降的。这就需要组织从整体的角度来思考如何提高组织的竞争力与经营业绩。

突破传统职能型的模式，以过程的方式来审视组织的经营活动是组织优化的一大特点。为了充分理解经营过程并确定改进的机会，我们就需要对管理过程进行分析。过程分析会涉及质量管理中的 ISO9000 系列的质量体系，分析的同时参照全面质量管理原则建立起来的质量标准（如美国国家质量奖标准、欧洲质量奖标准）或组织自有的标准进行自我评审也是十分必要的。

经过过程分析和自我评审，下一步就可以确定改进的机会，其中可能需要组织进行人力开发、人员培训和教育。对于确定出来的改进机会，肯定是具有不同的过程特点，因此就需要确定各自的改进方式。对于那些运行得相当不错的过程要进行持续的渐进性改进，而对于那些被认为进行得很糟的过程就必须对它们进行激进性的改进，包括彻底审查和重新设计等。当然，所有过程都必须经过业绩的衡量，衡量的结果将反馈到管理过程和战略制定中去，以利于新一轮的提高。

二、组织优化的内容

组织的经营过程再设计、组织结构的改变和协调机制的调整应该都服从一个共同的目的：实现组织经营管理的最优化。组织优化的内容主要包括以下几点。

1. 经营过程优化

经营过程可以广义地理解为做任何事情的过程。这里的“事情”可以根据所遇到的或设想的具体情况而定，如人事安排、后勤服务、行政管理、新产品开发等。经营过程就是在客体的支持下，经过主体的工作得以完成的。过程就是将投入转变为产出。投入的是客体（包括物质和信息），经过主体（包括人和机器）的工作，完成转变过程，将投入变成产出。产出可以是产品或服务，它们是客体经过转换过程之后产生的结果。一般来说，大部分产品都是有形的、可以存储和运输；而大部分服务则是无形的，不可存储或运输。转换过程是客体和主体工作的结合，所以说客体和主体工作是所有经营过程的两个基本要素。

2. 组织结构优化

任何组织结构都包括三个方面，即工作过程结构、组织框架结构和组织边界结构。经营过程的改变会同时引起所有这三个方面的改变。工作过程结构的简化肯定会引起组织框架结构的改变。组织框架结构的变化趋势是由纵向结构向横向结构改变。经过再改造后，公司的组织结构会变得更加精练和扁平化。根据组织的特点和具体情况，优化边界结构可以采用如下一些做法：

（1）缩小边界。如库存外包，公司通过一个系统将它所有的贸易和产品信息提供给各个独立的销售代理商，将其库存管理完全交给推销商，使本公司实现无库存管理。学校的后勤工作社会化也是缩小组织边界的一个例子。

（2）扩大边界。如公司根据自己的实力和具体需要，兼并零部件制造公司，这就是常见的一种扩大边界的做法。

（3）边界融合。采用这一做法可以有多种不同形式，如与供货商建立起密切的伙伴关系；将企业经营过程与外界活动集成起来，特别是售后服务过程，因为这些过程只有通过与外界的进一步密切合作才能真正简化和集成。

3. 经营管理优化

任何组织的管理都可以分为三个领域：战略、战术和运营。组织经营管理整体最优化的含义就是要使这三个领域的管理有明确的分工，又有科学和有效的相互配合和协作的关系。

（1）高层管理人员的工作。在战略中发挥领导作用，决定着“我们将是什么”，即企业的发展方向。在这一领域他们的主要工作有：依据当前公司的主要业绩制定战略任务和愿景规划，并确定实现这些任务和规划的实施路径和具体步骤；亲自参与公司管理体制的制定和实施，并根据需要不断修改；参与顾客、合作伙伴和社会的活动；激励、支持和肯定公司人员的工作，关心和参与人员管理。负责对关键业绩的评价和论证，并将结果得到的信息、发现的问题、得到的启示，反馈到战略部门，推动中层和基层学习和创新，实现公司战略的提高。

（2）中层管理人员的工作。根据高层制定的任务和规划，制定具体的工作方针和战略；根据方针和战略的需要进行人力资源规划、管理和培训；根据工作方针和战略进行信息、知识、设备、物料等的资源管理，并发展与供货商、顾客等的外部合作和合伙关系，力求提高资源利用的效率和效益。他们的这些工作直接影响着基层的运营过程，决定着“我们将如何做”，也就是决定着公司未来的运营状况。负责对顾客结果、人员结果和社会结果的监督和审定。在这些过程中发现的问题是对公司整体工作的运行情况的“报警”，这些方面的问题发现得越早，解决得越及时，越有利于公司关键业绩的实现和提高。

（3）基层管理人员的工作。他们根据中层制定的工作方针和战略、提供的人力资源、信息、物质资源和与外界的关系，进行具体运作。他们的工作体现了“我们正在如何做”，即公司现有的运营状况。

本章重点知识归纳

环境对组织的生存发展及对管理的决定与制约作用，要求管理者必须抓好环境管理，能动地适应环境，谋求内部管理与外部环境的动态平衡。

组织一般环境因素是指可能对企业的活动产生影响但其影响的相关性及其程度并不十分清楚的各种因素，一般包括政治、经济、技术、社会文化、自然环境等因素。具体环境因素是指对组织目标的实现有直接影响的外部环境因素，主要包括资源供应者、服务对象、竞争对手、政府管理部门和社会特殊利益代表组织。

组织环境的竞争性分析是组织环境分析时必不可少的内容，主要有组织环境分析的五种竞争力量模型、组织经营分析的波士顿矩阵。

组织工作的原则：战略目标导向原则、顾客满意原则、有效管理幅度原则、分工与协调原则、相对稳定和适时调整与变革原则。

组织结构设计需要遵循结构、职能、层次、职权等原则，职能职权不一样，也就有不同的设计方法。

组织优化是一个不断追求卓越的过程，任何一种组织优化都包括三个方面，即经营过程优化、组织结构优化和经营管理优化。

思考题

1. 简述影响企业的各种环境因素。
2. 如何运用五种竞争力量模型对组织环境进行分析？
3. 如何运用波士顿矩阵对组织经营进行分析？

4. 组织结构设计的原则与方法是什么？

5. 组织职权设计的要点有哪些？

6. 简述组织主题优化的必要性与方法。

本章讨论案例

西门子公司的组织管理创新

西门子公司是德国也是欧洲最大的电气工业公司，同时也是世界上最大的电气电子公司之一，享有“电子帝国”的美称。

为扩大企业的生产规模，适应日益激烈的市场竞争，西门子公司实行了职能与业务相结合的组织管理体制。公司首先进行组织机构调整，公司董事会下设人事部、财务部、企业生产部、研究与开发部、销售及市场拓展部五大职能部门，并组成总管理部。根据公司的经营业务，公司分设六大业务部门；电子元件部、动力工程及自动化部、电气设备部、通信和信息部、医疗设备部、数据与信息系统部。公司董事会只决定公司的重大决策，公司的行政管理业务由公司单设的职能部门管理，统归总公司指挥和领导。公司的总管理部负责向下面的六大业务部门提供有关研究和技术发展、销售和市场拓展、企业管理、人事管理、财务管理等方面的意见，并协助公司的管理层落实有关政策。各业务部门负责各相关产品的业务，并负责一切有关发展、生产、销售和市场拓展等活动。各控股公司的业务，与总公司下的职能部门直接挂钩。公司的国外业务由国外地区公司代表机构协调，并与总公司的销售和市场拓展部门合作。

公司增设业务部以后，虽然开始了初步的分散管理，但是企业的大部分权力仍然过分集中在董事会及总管理部，不利于企业的发展。为了使管理体制更紧凑、更灵活、管理费用更少，并且要适应企业内外的变化，如市场和成本的变化等，西门子公司不断对公司的部门结构和管理体制进行调整。首先是缩小中央组织机构，加强董事会的领导，以提高工作效率。由董事会和监事会推选出以海因茨·卡斯克等10人组成的执行董事会，该执行董事会首先应该对公司的总体发展战略负责，并提出公司的目标和方针、政策。

基于公司发展的需要，总公司及下属公司的业务部门由原来的7大部门改为15大部门，即工业装备工程部（ANL）、驱动及标准化产品部（ASI）、汽车技术部（AT）、自动化部（AUT）、数据和信息技术部（DI）、输电和配电部（EV）、半导体部（HL）、能源部（KWU）、医疗设备部（MED）、公共通信系统部（OEN）、用户通信系统部（PN）、无源元件和电子管部（PR）、外围和终端仪表部（PE）、电子防御设备部（SI）、交通技术部（VT）。另外还有两个独立的经营部门：电机部件部（EC）和广播电视工程系统部（AV）。

进入新世纪，西门子公司的新领导又对公司的组织机构进行了调整。调整后的业务部门是：能源部（KWU）、输电和配电部（EV）、工业装备和工程系统部（ANL）、驱动及标准化产品部（ASI）、自动化部（AUT）、用户通信系统部（PN）、公共通信系统部（OEN）、网络系统部（VS）、广播电视系统部（AV）、交通技术部（VT）、汽车技术部（AT）、医疗设备部（MED）、半导体部（HL）、无源元件和电子管部（PR）、西门子利多富信息系统股份公司（SNI）、欧司朗股份有限公司、西门子家用电器股份有限公司。

讨论：

1. 西门子公司组织结构大调整的原因是什么？
2. 西门子公司组织结构调整的特点是什么？

第 4 章　计划

通过本章学习，你应该能够：

1. 了解计划的含义。
2. 掌握计划在管理中的重要性。
3. 了解计划的多样性、复杂性。
4. 掌握计划的基本内容、步骤、方法。

俗话讲：凡事预则立，不预则废，这个“预”也就是“计划”。计划职能是管理活动的首要职能，它是管理活动的起点，是确定管理目标的首要步骤，因此，计划职能对于管理活动具有至关重要的作用，与其他管理职能有密切的联系。只有确定了组织和部门的目标，主管人员才能围绕着计划规定的目标，去从事组织、领导以及控制工作等活动，以达到预定的目标。所以，从提高组织的效益来说，计划工作是十分重要的。

4.1　计划概述

计划是管理的首要职能，既是管理活动的出发点，又是管理活动的归结点。计划通过信息收集和分析事先明确管理的目标，并设计出一整套保证目标实现的方案。计划显示了组织存在的目的性。对于一个管理者来说，计划既是其从事管理工作必需的一种行事习惯，也是一种管理能力，即做出一份计划必需的能力。对组织的存在和运行而言，计划不是万能的，但没有计划则是万万不能的。

4.1.1　计划的定义

计划有广义与狭义之分。广义的计划包括计划的制订、执行和检查三个不可或缺的工作环节；狭义的计划则是指制订计划。

计划的存在使组织运行在目标指引和活动既定的基础上，计划降低了组织运行的不确定性风险，提高了实现组织目标的效率。传统的管理观念认为，计划应尽可能稳定；当代的管理观念认为，在计划期内，与计划目标和方案制定有关的一些因素可能发生重大变化，足以使原定计划失去合理性，因此要不失时机地对计划进行修订，更多地强调计划的灵活性。

计划工作让组织的目标明确化、方案具体化，为组织各部门及个人在一定时期内需要做什么、如何做指明了方向和可行的途径，并事先筹划好人力、财力、物力等资源供应，因而使组织的各项活动都能有序地展开，提高了组织运行的效率。

4.1.2　计划的基本特点

计划的基本特点可以概括为五个方面。

一、未来性

计划强调事先，是针对未来的。未来充满了不确定性，计划就是要尽可能降低这种不确定性，实现既定的组织目标。因此，计划建立在预测基础上，要用动态的眼光分析问题，确定可行的行动方案。计划的未来性为制订计划者指明了思维的正确方向，即思考企业未来的目标以及思考如何实现企业未来的目标。

二、首要性

在管理过程中，其他职能都是为了支持、落实、保证计划的实现，往往是先有计划，才有组织和控制。计划是管理者第一需要完成的管理工作。如果在计划工作中得出可能导致项目不可行的结论，则其他行动都将是没有必要的。

三、目的性

计划是组织目的性的要求。计划是为了实现组织目的而制订的，不是为了计划而计划。计划中确立的目标本身反映了组织的性质和目的。因此，每项计划都应根据组织的性质和目的来制定组织的目标和实施方案，以保证组织目标的顺利实现。

四、普遍性

计划的普遍性表现在两个方面：一是指各项管理工作都要根据已制订的计划来安排具体的工作活动，计划是一切行动的指南，计划渗透于各项管理活动中。二是指计划作为一项管理职能，是一切管理者无法回避的职能工作。无论处于哪一层次、哪个部门的管理者，都需要制订计划。

五、经济性

计划的经济性也表现在两个方面：一方面是指计划作为一种事先的筹划，本身就有对各种资源的统筹安排、综合利用、提高资源使用效益的作用；另一方面计划工作本身也要开支费用，所以经济性又指本着少花钱多办事的原则，开展计划工作。

4.1.3 计划的重要性

没有计划的管理，一定是没有效率的，即没有计划就没有管理。

一、计划是目标实现的保证

通过计划工作，为组织制定出未来的目标和行动方案，就可以使组织的各项活动都围绕着组织的目标和既定方案进行。在计划中，组织的整体目标将会被分解成各个部门、各个环节的目标，并最终在组织中建立起一个相互关联的目标体系。与此同时，组织中的各个部门、各个环节将根据各自分解来的目标确定各自的行动方案。这些目标和方案之间相互配合、协调，以各自方案的实施及目标的实现保证组织整体目标的实现。

二、计划是管理活动的纲领

计划是管理的首要职能，是一切管理活动的纲领。只有依据计划，才能使组织运行按时间、有步骤地有序进行。离开了计划，其他管理职能（组织和控制）的作用就会减弱甚至不能发挥，整个组织当然也就难以进行有效的管理。所以说，计划是组织运作的依据，组织的指挥、协调、沟通等各项活动都是围绕计划方案进行的。组织的各项活动结果有可能达到了组织预期的目标，也有可能与预期的目标存在着一定的偏差。这时，组织只有发挥管理的控制职能才能消除这种偏差。要进行控制首先要有个标准。计划所确立的组织目标体系是进行控制的基本标准之一。没有计划目标，就没有标准；没有标准，就难以评估，也就无所谓控制。所以，计划是控制职能的基础。

三、计划有助于合理利用一切资源，实现高效优化

计划强调综合平衡，强调统筹兼顾，强调协调优化，以便于提高组织各项活动的效率。计划用共同的目标、明确的方案统一了组织运行中众多独立和分散的活动，用明晰的工作流程规划了工作节奏，用深思熟虑的科学决策代替仓促草率的经验判断。组织如果没有以计划工作为基础，组织内部的各个部门、各个环节就会陷入各自为战的混乱之中，浪费资源，降低组织运行效率，影响组织目标实现，组织也不可能为未来的变化做好准备。计划能通过经济核算，合理地利用信息、人力、物力和财力等要素资源，因而能有效地防止可能出现的盲目性和紊乱，使管理工作取得最佳效益。

4.2 计划的类型

计划的普遍性意味着计划以多种形式存在于组织管理的各个层次和各个部门。长期计划与短期计划之间是相互配合的，战略计划与战术计划及作业计划

是互相协调的。战略计划往往具有长期性、综合性，短期计划常常是战术计划或作业计划。

4.2.1 按计划制订者的层次划分

一、战略计划

战略计划是对组织重大的、全局性的、长期的工作任务的筹划。如企业战略通常涉及企业的成长（或发展）战略、竞争战略等。战略计划一般由组织中的高层管理者制订。不同类型或规模的组织，战略计划的复杂性和制订难度也不一样。一些大规模的组织（如大型企业）或环境因素不确定性较高的组织（如新技术企业），可能因为高层管理者自身不具备把握未来变化的能力，而往往委托专业机构（如管理咨询机构）完成战略计划制订工作。战略计划具有以下特点。

1. 方向性和长期性

战略计划往往涉及较长的计划周期，一般为3～5年。正因为如此，战略计划实际上规划了一个组织的未来，它要回答组织存在的意义是什么、组织的使命是什么、组织将来要达到一个什么样的长期目标、朝哪个方向走才能实现这一目标等问题。战略计划的实现，表明组织的发展进入了新的境界。

2. 概括性和弹性

由于战略涉及的周期较长，期间变数较大，战略计划对未来的规划只可能是粗线条的、原则性的和概括性的。战略计划不可能详细，必须要有一定的应变空间，以应对实际情况的变化。

3. 单值性

战略针对的是组织未来长期发展的问题，一旦出错，就会全盘皆输，所以，战略计划的失误造成的损失对组织而言有可能是致命性的。战略计划不具备可复制性，一般只能使用一次。

二、战术计划

战术计划是指导组织如何具体运作的计划，也可以称之为实施计划，是实现战略计划的具体安排。战术计划一般涉及的是局部的、部门的或阶段性的具体工作，通常由组织中的中层管理者负责制订。战术计划具体规定了组织各部门及其内部在一定时期内需要完成什么（what）、何时（when）完成、何地（where）完成、用哪种（which）资源完成、如何（how）完成、由谁（who）负责。战略计划以问题为中心，战术计划以时间为中心，作业计划以操作为中心。战略计划对战术计划和作业计划有指导作用，战术计划和作业计划则是实现战略计划的保证。战术计划一般按年度分别拟订。

三、作业计划

作业计划是操作执行性的计划，它确定了组织各机构和部门更具体的目标和工作内容，如工作流程、任务分派和资源调配等，一般由基层管理者制订。

作业计划的制订首先要以战略计划和战术计划为依据，以保证战略计划和战术计划的实现为目的。同时，作业计划还应在上层计划允许的范围内，根据自身条件和客观情况的变化灵活安排。

4.2.2 按计划的时间界限划分

一、长期计划

长期计划一般是指 3 年或 5 年以上的远景规划设想，是纲领性、轮廓性的计划。由于计划期限较长，不确定因素较多，有些因素是人们事先难以预料的，所以它只能以综合性指标和重大项目为主，并且必须有中、短期计划来补充，以使计划目标具体化。

长期计划主要回答两方面的问题：一是组织的长远目标和发展方向是什么；二是怎样达到组织的长远目标。

制订长期计划要遵循远粗近细原则。长期计划是组织未来 3～10 年的远景（期）规划，一般要采用纲要形式粗略地对组织前景予以描绘；对 3 年左右的中长期规划，则要粗细得当、突出重点，如商业机构的中长期规划就一般要给出各项技术、产品、市场、财务、效益、规模等方面的规划指标；对 1 年左右的短（近）期规划，则需进一步细化，除了总体规划外，一般应有相应的分项专业规划。

二、中期计划

中期计划一般是指 1 年以上、3 年以下的计划。中期计划来自长期计划，并按长期计划的执行情况和预测的具体条件的变化而进行编制。中期计划是对长期计的分解，是长期计划的具体化，为短期计划指明了方向，具有衔接长、短期计划的作用。

三、短期计划

短期计划一般是指 1 年以内的计划，比中期计划更具体，能够满足具体实施的需要。

短期计划、中期计划、长期计划三者之间并没有严格的时间跨度规定。长期、中期、短期的判断要根据具体情况而定。

4.2.3 按计划的对象划分

计划的对象是指计划所涉及的执行部门和任务。据此，可以把计划划分为综合计划、局部计划和项目计划。

一、综合计划

综合计划是指对组织各方面的活动所作的全面规划和安排。综合计划可以是战略性的，如组织发展规划；也可以是战术性的，如年度生产经营计划编制中就需要有综合经营计划。综合计划往往涉及多方面内容和多个组织部门，也被称为整体计划。

二、局部计划

局部计划限于指定范围的计划，内容专一，涉及部门不多，是综合计划的一个子计划。如企业中的销售计划、融资计划、设备维修计划等；政府中的财政计划、维稳计划等。

三、项目计划

项目计划是指针对组织的特定课题制订的计划。通常会指定组织中的某个部门或机构作为项目计划的执行主体，也可以抽调组织资源组成新项目小组来执行项目计划，如软件开发、办公楼设计、产品开发、饭堂扩建、网球场翻修、扶贫等项目计划。项目计划多为一次性的，如应急计划、危机公关计划等。

4.3 计划的制订过程

计划的成果表现为一些文本，这些文本虽然也需要坐在书桌前书写出来或者用电脑打出来，但这并不意味着计划工作是坐在办公室里想想就可以完成的。制订计划意味着管理者需要做大量的工作。这些工作包括在计划的基本过程之中。不同的计划，复杂程度不一样，对这一过程中不同环节所要求的详尽程度也不一样，但不论是什么样的计划，其制订过程都应包括以下步骤：机会估量、目标确定、方案寻拟与评估、方案选定、拟订引申计划、用预算量化计划。

4.3.1 机会估量

机会估量是对与组织相关的环境因素在未来可能出现的变化加以估计，在判断这些变化对组织意味着到底是机会还是挑战的基础上，结合组织条件进行初步探讨。对管理者而言，机会的估量就是通过对组织外部环境及其变化的研究和预测，明确外部环境可能提供的机会和威胁；通过对组织内部条件的分析，弄清本组织的优势和劣势，对未来的情况作出预测。有时候，“问题”就是机会，或者说机会来自组织面临的危机之中。机会估量的主要工作包括以下内容。

一、调查情况，收集信息

调查是为了收集信息。调查首先要明确的是调查对象和调查主题。对具体组织而言，调查对象和调查主题是与其相关的各种环境因素及其变化趋势。一般来说，组织的环境因素包括政治、经济、社会和技术等宏观因素，和顾客、股东、供应商、销售商、竞争对手、债权人、政府相关部门、社会公众等利益相关者微观因素。不同的组织对不同的环境因素重视程度不同。调查就是要收集与组织密切相关的环境因素的过去和现在的信息，并对其未来的变化进行预测和判断。调查和预测都必须采用科学方法才能取得理想的结果。

信息收集的方法有一手信息收集法和二手信息收集法。一手信息是通过调查的方法从被调查对象那里直接得到资料。二手信息是通过查阅相关信息发布中心、网站、报纸、杂志、研究报告、论文等收集调查对象的资料。对这些资料的准确性需要做一些核实和勘验工作，而且有些是需要付费才可以得到的。值得强调的是，对于二手信息，不论付费与否，在引用时都需要注明其出处。

（1）按调查的范围，调查的方法可分为普查法和抽查法。普查法，即对调查对象进行普遍调查。当调查对象不多或调查对象在一个地区比较集中时，可采用此法。抽查法，即抽样调查，就是从调查对象总体中抽查一部分，然后推算总体状况。当调查对象太多而无法普查时，可用此法。多数调查属于抽样调查。

（2）按调查的方式，调查的方法可分为直接调查法、观察法和实验法等。

直接调查法是面对调查对象直接收集信息的方法。包括当面询问、会议调查、发函调查、电话调查。四种调查方式各有优缺点，应结合使用。

观察法是在调查对象不知情或被告知的情况下通过观察其行为反应收集信息的方法。如企业常常在推销会、交易会、经销店、门市部、柜台等销售现场观察顾客的反应，听取顾客的意见，了解顾客对其产品或服务的态度。

实验法是在设定条件下通过测试调查对象的反应收集信息的方法。如企业为了确认同类产品下的不同花色、品种、规格等受欢迎的不同程度，就将它们分别在同一市场投放，进行试销，记录顾客反应，掌握一些数据，判断顾客对不同特征产品的欢迎程度，以便最终确定哪些产品该投产、产多少，哪些产品该减产或停产等。

二、进行预测

预测是根据调查得来的资料，通过分析研究，对相关因素的未来状况作出估计和判断。简言之，预测就是根据已知推断未知；根据过去和现在推断未来。预测要说明的问题是：将来会怎样，即在一定条件下，如果不采取措施和行动，估计将会发生什么样的变化。

1. 预测的类型

按内容不同，预测可分为社会未来预测和技术经济预测。社会未来预测主要包括人口预测、自然资源预测、社会事业发展预测等。技术经济预测又分为技术预测和经济预测两大类。技术预测是研究与技术发明、技术应用有关的一系列问题。经济预测是对和经济活动相关的各种指标，如国民收入、价格、需求、供给、汇率等目前水平和未来变化趋势的判断，它是为制定经济发展规划、产业规划、经济政策服务的。一般企业的经济预测主要是市场预测、销售预测、原材料预测、设备投资预测和人力预测等。

按时间不同，预测可分为长期预测、中期预测和短期预测。一般在 5 年以上的属于长期预测；中期预测的时间在 3 个月到 2 年；短期预测的时间在 3 个月以内，一般是一周或一个月。微观预测以中、短期预测为主，宏观预测以长期预测为主。不同期限的预测要采取不同方法。中、短期预测常用时间系列法，长期预测常用因果关系法。

2. 预测的步骤

科学的预测是一个逻辑严谨的分析过程。这一过程包括以下步骤：第一步，提出课题和任务。根据组织的要求、一般的情报基础和创造性思维，提出预测的课题，规定目标和任务、对象、基本假设，确定研究方法、结构和组织工作等。第二步，调查、收集和整理资料。把与预测对象有关的过去的、现在的资料尽量收集齐全。此外，还要大量收集背景材料及国内外同类预测研究的成果。第三步，建立预测模型。对于计量经济模式分析，应建立表示因果关系的模型；对于时间系列分析，则应通过抓住主要变动的成分找出数学模型。第四步，确定预测方法。可采取几种预测方法，以互相验证。第五步，评定预测结果。对预测结果再次征询专家意见，以检验预测结果，并进一步检验预测模型。第六步，将预测结果交付决策。

4.3.2　目标确定

目标确定主要是根据预测的结果，确定组织在一定时期内所要达到的成果。组织的目标是一个体系。这一体系由组织的整体目标及其分解而来的部门目标、长期目标与短期目标、战略目标与战术目标等构成。这一步骤还要明确说明达成目标的基本方针，说明制定战略、政策、规则、程序和预算等任务的工作重点。

目标本身是计划的一种表现形式，所以确定目标本身就是一项计划工作。它同样要经历计划工作过程的所有步骤，因而可以把它看成一个大循环中的小循环。

一、目标的特点和要求

1. 确立目标应立足组织宗旨与价值观

确立的目标应对组织宗旨有明确的意义，并与之所包含的价值观相一致，这是对计划目标的基本要求。价值要求意味着组织需要确立与之相关的各种价值指标，如科学价值、经济价值及社会价值指标，并进行综合权衡，构成价值系统，以此作为评价标准。价值要求要贯彻到建立近期、中期与远期，整体与局部，战略与战术等各种计划的目标体系之中。

2. 目标应该明确、可度量、可实现及具有相关性、时限性

明确，即目标的表达应是单义的，使执行者能够明确地领会其含义。可度量，即目标的各种指标应尽可能明确、具体，并尽可能定量化。对于不能直接量化的目标，也应尽可能地间接量化。可实现是指其通过努力是可以实现的，目标不可过高或过低。相关性是指目标往往由多个相关联的指标加以描述。时限性是指任何目标都应该有实现的时间限定。这就是所谓的 SMART 原则。

3. 分清主次

组织目标是一个包含多部门、多层次的系统。该系统中的多个目标之间是协调一致的。但有时候它们之间也可能会发生矛盾，甚至是相互冲突。在这处情况下，一般应遵循两条原则：第一，在满足决策需要的前提下尽量减少目标的个数，因为目标越多，选择的标准就越多，选择方案越多，选择的难度就会越大。第二，要分析各个目标的重要程度。不同目标的优先顺序不同将导致不同的行动内容和资源分配的先后顺序。因此，应恰当地确定优先目标，分清主次，先集中力量实现重要目标。

4. 搞清楚目标的约束条件要求

目标可以分为有条件目标和无条件目标两种，凡给目标附加一定条件者称为有条件目标，而所附加的条件则称为约束条件；不附加任何条件的决策目标称为无条件目标。无条件目标一般不多见。目标的约束条件一般分为两类：一类是客观存在的限制条件，例如一定的人力、物力、财力条件；另一类是主观要求，例如目标的期望，以及不能违反国家的政策、法令等。凡是有条件目标，只有在满足其约束条件的情况下达到目标时，才算真正实现了目标，不顾约束条件，即使达成目标，后果也可能适得其反。在确定目标时一定要说明目标的约束条件，否则，就降低了目标的明确性和具体性，不利于以计划为标准的控制工作的进行。

二、确定目标的步骤

目标是为组织解决问题服务的，所以首先必须认清所要解决的问题的性

质、特点、范围，找到问题的症结所在及其产生的原因。寻找问题症结的办法是以差距的形式把它反映出来，即通过分析内部和外部情况，把需要和现实之间所有的差距摆出来，进而抓住关键性的差距，并找出产生差距的原因。

决策者之所以要订立决策目标，是因为发现现实与要求之间存在着差距，并且这种差距达到不能满意的程度，才值得付出代价去消灭或缩小它。决策者在决策时应全面考虑各个方面的需求和可能，应当估计是否有条件来实现这个目标，否则目标将成为空想。

对于初步设想的目标，仍需要进行正反两面的论证，然后审慎地把目标确定下来。

4.3.3　方案寻拟与评估

目标确定后，就要根据目标拟订各种可能的方案并对这些方案加以评估。

拟订方案阶段的主要任务是，对信息系统提供的数据、情报进行充分的系统分析，并在这个基础上制定出多种备选方案；评估方案则意味着对各种方案所涉及的条件、时间、步骤、资源、费用等因素进行相互比较，指出每种方案的优缺点。

可行的方案是实现目标的具体方法，它将详细回答所谓 5W1H 的问题，即做什么（what）、为什么（why）、由谁去（who）、去哪儿（where）、什么时间（when）、怎样做（how）。管理者的主要任务是尽可能寻求所有可行的备选方案，保证备选方案的全面性和多样性，以便提供尽可能广阔的思考和选择余地。

从理论上说，拟订可行方案应做到既不重复又不遗漏。因为如果所拟订出来的各个可行方案之间在执行时会相互重叠交叉，就很难对各个方案的优劣进行独立的评价。而如果不能找出所有的可行方案，就可能会遗漏某些好的计划方案，从而影响所确定的计划方案的质量。但实际上由于认识能力、时间、经验和费用等原因，管理者并不可能找到所有的可行方案，而只能是拟出若干个比较有利于预期目标实现的可行方案以供评价。

4.3.4　方案选定

方案选定是从诸多备选方案中选定一个较优的方案作为未来需要执行的方案。选择一个好的方案是计划决策全过程中最核心、最关键的一步。

对备选方案的选择是对一个方案相对优劣的判断。这种判断涉及价值标准问题，即对同一个方案，采用不同的价值标准进行判断结论大不相同。其次是选择方法问题。

4.3.5 拟订引申计划

引申计划，即由各个业务部门和下属单位拟订细节计划。完成选择之后，计划工作并没有结束，还必须帮助涉及计划内容的各个下属部门制订支持总计划的引申（派生）计划，引申计划就是总计划下的分计划。几乎所有的总计划都需要引申计划的支持和保证，完成引申计划是实施总计划的基础。如资金筹措计划、劳动计划、人员培训计划、采购计划等。这些计划都要围绕着总计划来制订。

4.3.6 用预算量化计划

在确定计划的最后环节，要把计划包括的所有内容尽可能进行量化，这就是预算。预算需要用统一的价值衡量单位（通常是用货币）对计划中的各项指标进行量化估算。预算与计划的层次和构成是一一对应的。但有时，预算也会自成体系与计划相配合。因为预算要用货币计量，往往与组织管理中的财务核算相重叠，所以被看成财务管理的一部分。而实际上，预算是计划的一部分，其意义远远超出财务管理。

本章重点知识归纳

计划是管理的首要职能，既是管理活动的出发点，又是管理活动的归结点。

计划通过信息收集和分析事先明确管理的目标，并设计出一整套保证目标实现的方案。计划显示了组织存在的目的性。

计划有广义与狭义之分。广义的计划包括计划的制订、执行和检查三个不可或缺的工作环节；狭义的计划则是指制订计划。

计划的存在使组织运行在目标指引和活动既定的基础上，计划降低了组织运行的不确定性风险，提高了实现组织目标的效率。

计划工作让组织的目标明确化、方案具体化，为组织的各部门及个人在一定时期内需要做什么、如何做指明了方向和可行的途径，并事先筹划好人力、财力、物力等资源供应，因而使组织的各项活动都能有序地展开，提高了组织运行的效率。

计划以多种形式存在于组织管理的各个层次和各个部门。计划按不同标准，可以分为不同类型：长期计划与短期计划之间是相互配合的，战略计划与战术计划及作业计划是互相协调的。战略计划往往具有长期性、综合性，短期计划常常是战术计划或作业计划。

计划制订过程的步骤包括：机会估量、目标确定、方案寻拟与评估、方案选定、拟订引申计划、用预算量化计划。

思考题

1. 计划有哪些特点？
2. 计划的类型有哪些？
3. 计划有哪些基本内容？
4. 计划的制订过程包括哪些步骤？

本章讨论案例

计划让 S 公司插上成功的翅膀

S 公司是中国东部地区的一家企业，原有的计划管理水平低下，粗放管理特征显著，计划管理与公司实际运营情况长期脱节。为实现企业计划制订与计划执行的良性互动，在管理咨询公司顾问的参与下，S 公司开始推行全面计划管理。

首先，S 公司以全面协同量化指标为基础，将各年度计划分解为 4 个独立的、相对完整的季度计划，并将其与年度计划紧密衔接。在这个过程中，S 公司充分运用了动态管理的方法，即在公司年度计划执行过程中对计划本身进行三次定期调整：一是在第一季度的计划执行完毕后，对计划执行情况与原计划进行比较分析，同时研究、判断企业近期内外环境的变化情况，根据得出的结论对后三个季度计划和全年计划进行相应调整；二是在第二季度的计划执行完毕后，使用同样的方法对后两个季度的计划和全年计划进行相应调整；三是在第三季度的计划执行完毕后，仍然采取同样方法对最后一个季度的计划和全年计划进行调整。

S 公司根据近细远粗、依次滚动的原则又制订了季度计划，即每年年初都要制订一套繁简不一的四季度计划：第一季度的计划率先做到完全量化，计划的执行者只要拿到计划文本就可以一一遵照执行。第二季度的计划要至少做到 50％的内容实现量化；第三季度的计划至少要做到 20％的内容实现量化；第四季度的计划只要做到定性即可。同时，在计划的具体执行过程中对各季度计划进行定期滚动管理——第一季度的计划执行完毕后，将第二季度的计划滚动到原第一计划的位置，按原第一季度计划的标准细化到完全量化的水平。第三季度的计划则滚动到原第二季度计划的位置并细化到至少量化50%的内容的水平，依次类推。第二季度或第三季度计划执行完毕时，按照相同原则将后续季度计划向前滚动一个阶段并予以相应细化。本年度四个季度计划全部都执行完毕后，下一年度计划的周期即时开始，如此周而复始，循环往复。

其次，S公司以全面协同量化指标为基础建立了三年期的跨年度计划管理模式，并将其与年度计划紧密对接。跨年度计划的执行和季度滚动计划的思路一致。这样，公司就将季度计划、年度计划、跨年度计划环环相扣，前后呼应，形成了独具特色的企业计划管理体系，极大地促进了企业计划制订和计划执行相辅相成的功效，明显提升了企业计划管理、分析预测的水平，为企业整体效益的提高奠定了坚实的基础。

讨论：

结合所学的知识，分析S公司制订计划所采用的方法的优点。

第5章 决策

通过本章学习，你应该能够：

1. 了解决策的定义。
2. 认识决策在管理过程中的地位和作用。
3. 区分不同类型的决策。
4. 掌握决策应遵循的原则与方案优选的标准。

决策在管理活动中的重要性无论怎么强调都不过分。原因不仅是因为决策几乎渗透于管理活动的全过程，更在于决策正确与否是管理成败的关键。决策活动是一个完整的过程，其中包括识别问题或机会、设计和拟订备选方案、比较评价备选方案、选择方案、实施方案以及评价与反馈等主要步骤。其中，西蒙提出的方案优选标准是满意标准。管理中的问题千差万别，所以决策也就多种多样。应该说，每一种决策方法都有其科学的一面，同时也存在一定的局限性。把握决策类型的特点，掌握科学决策方法是提高决策正确性及决策效率的重要保证。

5.1 决策的内涵

在现代社会中，决策的优劣关系到组织的兴衰成败，提高决策的科学性和准确性对组织的经营和发展是至关重要的。

5.1.1 决策的定义

“决策”是指人们在行动之前，作出决定的意思。人们任何有目的的行动，都有一个如何决策的问题，决策是否正确，是其行动成败的关键。

在组织管理工作中，决策就是组织为了实现某一特定目标，从两个以上的可行方案中，选择一个最优的并组织实施的全过程。也就是在组织对其内部条件及其有关的外部因素进行综合的科学分析之后，确定组织活动的目标，并选择最佳的行动方案，然后付诸实施的全过程。

决策自古有之，在人类历史上，不乏著名的决策范例。但是，那时候的决策，多属于政治和军事方面的，而且这种决策，从本质上讲，是依靠个人经验来决断的，是一种经验决策，它与小生产方式相适应，与现代科学决策有着根本的不同。

科学决策是现代管理理论的组成部分，它是在20世纪才出现并逐渐得到发展的。美国管理学家赫伯特·西蒙创立了决策理论，且以西蒙为首形成了管理理论的一个新学派，即决策理论学派。

西蒙对决策理论的贡献主要是：（1）突出决策在管理中的地位；（2）对决策原理提出了许多新见解，如用“满意标准”来代替传统的“最优标准”；（3）既强调在决策中采用定量方法、计算技术等新的科学方法，又重视心理因素、人际关系等社会因素在决策中的应用。决策理论的产生是管理理论本身发展的自然结果，也是资本主义经济发展对管理理论的要求。

5.1.2 决策的地位和作用

决策在管理活动中占据着非常重要的地位。美国卡内基梅隆大学教授、第十届诺贝尔经济学奖得主西蒙认为：“管理就是决策。”这一论断使决策在管理中的地位和作用跃然而出，尽管我们不能就此从字面上把管理和决策两个概念等同起来，但是，很显然，西蒙之所以声称“管理就是决策”，其目的和本意是强调决策是管理的核心内容，决策贯穿于管理活动的全过程。

美国管理学教授斯蒂芬·罗宾斯指出：“决策对管理者每一方面工作的重要性是怎么强调也不过分的，因为决策几乎渗透于所有主要的管理职能中。”管理的各种职能活动是同决策密切联系的，如计划工作中，无论是确定发展的方向和速度，还是规定品种结构和产品质量，都需要作出周密的决策。在计划的执行、检查过程中，一旦发现偏离原定的要求时，必须采取合理措施加以纠正，这就要求及时作出决策。

管理学上有一句名言：对一个错误的决策，100个行动也无法挽救。决策不仅仅渗透于管理活动的各个方面，同时，其正确与否直接关系着管理活动的成败，关系着一个组织的生存与发展。不断地正确决策会引导组织走向成功，相反，连续的失误决策必然使组织毁灭（见图5-1）。

现实生活中许多正面的和反面的例子都已经证实，决策正确与否，是管理成败的关键。对于实际管理者而言，一旦决策失误，尤其是一些重大战略性决策的失误，往往导致全盘皆输的结局。国内外众多企业由盛到衰的过程，很大程度上从反面印证了科学决策在企业发展过程中的地位和作用。美国《财富》杂志根据对CEO失败原因的长期分析，认为这些企业家的失败有六大原因：其中之一就是决策的失误。相比之下，我国企业家在决策方面所犯的错误不仅

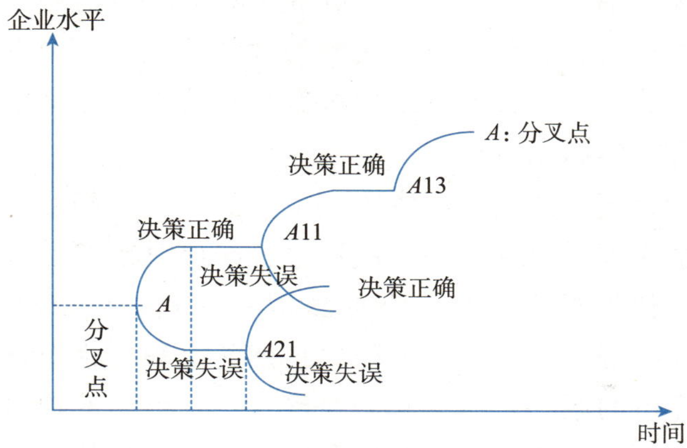

图 5－1　管理决策与分叉理论

远多于国外的 CEO，而且是致命的。正如一位企业家曾经说过的："中国失败的企业家 70%～80%都是投资失败，而投资失败的主要原因则是决策失败。"这些决策问题主要表现为：决策的独断和无制约、决策的随意性、一夜暴富的投机性。20 世纪末，大批红极一时的民营企业纷纷陨落，从巨人集团，到沈阳飞龙、三株集团、山东秦池、广东爱多，等等。这些企业曾经在中国市场上创造了一个个神话，取得了令人瞩目的成绩。但是仅仅在几年之间，它们就从人们的视线中消失了，其中最主要的原因就是决策的失误。飞龙的老总姜伟在总结自己失败的教训时，归纳出了"总裁的 20 大失误"，其中前三条分别是决策的浪漫化、决策的模糊化、决策的急躁化。三株的总裁吴炳新在总结经验教训时也就决策问题进行了分析，他认为，由于决策权过分集中、缺乏"智囊团"而使决策出现了一些失误，对公司影响很大。总之，一个个失误的决策，给我国的企业造成了无法估量的损失。所以，如何进行正确决策是企业必须解决的一大问题。

5.1.3　决策的原则

决策原则是决策者在决策过程中必须遵循的基本准则与行为规范，主要包括以下几点：

（1）信息充分原则。准确而齐全的信息是科学决策的前提、依据和基础。决策的科学性取决于决策者掌握的各种情报资料是否准确齐全。只有掌握了准确齐全的信息资料，并对它进行系统的筛选、归纳、整理和去粗取精、去伪存真、由此及彼、由表及里的加工制作，才可能制定出正确的决策方案。信息不明确、不真实、不对称只会导致错误的决策。从一定意义上说，决策的过程就是对信息收集、加工和整理的过程。

（2）对比择优原则。运用系统科学的理论和方法，对各个预选方案进行分析比较，本着利中取大、兴利除弊、化弊为利的原则，从中选出最优方案或组成新方案。因此，从一定意义上讲，决策就是从若干个方案中选择最优方案或综合成新方案并有效实施的过程。

（3）系统分析原则。任何一项决策都不是孤立的，都会牵涉许多其他方面的因素。现代科学决策所要处理的问题比过去任何时候都复杂，彼此之间盘根错节，互为因果。如果孤立、静止、片面地看待它们，那么就不能准确、全面、正确地认识和把握它们，也不能作出正确的决策。系统分析原则要求把决策对象看作一个完整的系统，研究它们在整个大系统中的地位和作用，弄清系统中各部分、各层次的主次关系、先后关系，达到系统的完整与平衡。这就要求领导在制定决策时必须要有系统观念，运用系统分析的方法对决策活动进行系统分析、系统设计和系统选择。

（4）灵活性原则。领导决策事关重大，没有过硬的原则保障必定会出现严重问题。然而，所作的决策、所处理的问题以及所依托的领导环境总是错综复杂、千变万化的，即情况时时都会有所不同。因而，领导主体在决策时不能只看其一不看其二，不能僵硬、绝对地看待事物，而应总揽全局，进行决策。这样才能在变化的形势中找到有利的位置和角度，从容地采取措施，逐步解决问题。领导决策不仅要有原则性，而且要有灵活性。

（5）可行性原则。可行性原则要求，一项正确的决策必须在现有的主客观条件下能够顺利实施。所以在决策过程中，必须要对现有的人力、物力、财力、科学技术能力以及可以借助的有关力量作出具体分析，对在实施决策过程中可能发生种种变化的前因后果作认真细致的预测、推论和严密分析。决策的可行性是衡量决策正确性的重要标志，领导决策必须切中要害、切实可行，凡是没有足够条件来保证实施的决策，都是不可行的。

（6）集体决策原则。现代决策的复杂性决定了决策对单个决策者来说是难以胜任的。因此，出现了决策者和决策研究者之间的分工与合作，以及从个人决策发展到集体决策的趋势。集体决策不是指简单的集体讨论，也不是少数服从多数的简单表决，而是由专家学者和管理工作者组成的智囊团，经过周密的调查、研究、对比、分析，提出有定量依据的、切实可行的方案。因此，集体决策原则也可以说是集体智慧的体现。

5.2 决策的基本内容

决策是管理活动中最频繁、最主要、最基本的一种主体性活动，也是一切决策中最重要的决策。决策是指领导者在领导活动中，为了解决重大的现实问题，通过采用科学的决策方法和技术，从若干个有价值的方案中选择一个最佳方案，以此实现管理目标的活动过程。

5.2.1 决策的条件

具体地说，领导决策应该具备以下几个方面的条件：

第一，决策要有明确的目标。决策是为了解决某一问题而作出的决定，它是有目标地面向未来的认识活动。没有目标，就无从决策；目标不明确，将会造成决策的失误。

第二，决策要能够付诸实施。决策是为了正确地指导人们认识和改造世界，它以实践为基础和目的，又是实践的准备和指导，制定决策后必然要付诸实施。

第三，决策要追求优化。以最少的消耗获得最佳的效果是领导决策追求的理想境界，不追求优化，决策就没有意义。

第四，决策是一种选择活动。决策是在若干个方案中选择一个最佳方案的过程。只有一个方案，就无从选择；没有选择，就无从优化。

知识链接

企业决策常见病

1. 独断决策：国内知名企业失败的主要原因

一些企业的决策往往由总裁垄断，即“总裁成了独裁”的代名词。一个人说了算，一个人包打天下，个人素质决定企业命运，可谓“成也萧何，败也萧何”。

2. 急进决策：企业不要重蹈“大跃进”覆辙

企业在发展顺利时，往往无法客观、全面地把握现实，决策常常比较冒进，决策目标不是建立在客观实际的基础上，而是主观想象的基础上，决策目标超过了企业自身的能力。

3. 跟风决策：人云亦云最终只能是害自己

不是全面衡量企业内外各方面的条件进行创新，而是简单模仿，望风而动，盲目跟进。

4. 空想决策：以主观设想为基础，失败在所难免

决策不是以客观事实为基础，而是以主观想象代替客观事实，先入为主，把自己习以为常的东西作为决策的基础，其失败在所难免。

5. 经验决策：没有放之四海而皆准的真理

企业遇到问题，只用老经验来解决问题，很多时候，过去成功的经验变成了未来失败的根源。

6. 迟滞决策：企业决策的反应迟钝症

企业的生存环境复杂多变，决策者必须时刻有高度的危机感，若对外界变化麻木不仁，视若无睹，或者轻视各种不利的变化，不及时采取相应对策，则可能祸至不远矣。

7. 感性决策：不见棺材不掉泪

很多企业领导决策的依据就是感觉、直觉。凭着“大概”“估计”“大致”“好像”等非理性判断，进行决策，这种决策方式必然会导致灾难性的后果。

5.2.2 决策的类型

依据特定的标准，我们可以将决策区分为不同的类型。了解各种不同类型的决策可能具有的共同点，有助于管理者把握决策活动的规律性，从而提高决策的效率和效果。

一、按照决策的性质不同，可以分为战略决策、战术决策和业务决策

(1) 战略决策是指与企业发展方向和远景有关的重大问题的决策。战略决策对组织而言是最重要的，通常包括组织目标与方针的确定、技术革新和技术改造、产品的更新换代等，这些决策涉及组织的方方面面，一般由企业的高层管理者作出，具有长期性、方向性、全局性的特点。

(2) 战术决策是为实现战略目标所采取的决策，也称为管理决策，主要涉及企业组织机构的设计和变更，各种规章制度的建立和改革，企业内部人力、物力、财力的协调与控制等。战术决策一般由企业的中层管理者作出，具有局部性、短期性的特点。

(3) 业务决策是为提高日常生产经营活动的工作效率而作出的决策。业务决策涉及的范围相对较窄，只对组织的局部产生影响。其主要内容有：1) 生产决策；2) 存货决策；3) 销售决策等。在企业外部环境相对稳定时，业务决策特别重要。但在企业外部环境不断变化时，战略决策就显得特别重要。

二、按照决策活动表现的形式不同，可以分为程序化决策和非程序化决策

（1）程序化决策是指常规的、重复的、例行性的决策，即当问题发生时，不必重新作出决策，可以按原来设立的方式进行的决策。例如，材料与工具出入库问题、工资发放问题等。由于这些问题经常地、重复地出现，解决对策可参照以往的经验，甚至可以把这些不断重复的工作方法编成固定的工作规则和程序，使这类工作有章可循。程序化决策往往由企业中、下层管理人员来执行。

（2）非程序化决策通常是指那种独一无二的、不重复发生且无先例可循的决策。在现实中，当管理者面对新的问题或机会需要进行决策时，他们对这一决策是否会带来预期的结果并不能确定，在此情形下，不可能形成处理相关问题的程序和规则，而必须尽可能收集相关信息，并借助个人的直觉和判断从各种被选方案中作出选择。

三、按照决策的方法不同，可以分为确定型决策、风险型决策和不确定型决策

（1）确定型决策是指一个方案只有一种确定的结果，即无论这个决策存在多少种备选方案，每一种备选方案都只有一种确定无疑的结果，决策只是将各个方案的结果进行比较，选择一个最好的方案。确定型决策是一种理想化的情形，现实中这种情形很少会出现。

（2）风险型决策是指由于存在不可控制的因素，一个方案有可能出现几种不同的结果，对每一种结果出现的概率可以预先作出估计。由于概率的估计可能是基于个人的经验与判断，所以存在一定的风险。例如，某企业计划生产一定数量的新产品，由于无法控制市场的变化情况，销售难以预测，因此，盈利与亏本这两种可能性都存在，到底生产还是不生产，很难作出决策，需要冒点风险，对该问题的决策就是风险型决策，风险型决策更接近现实情况。

（3）不确定型决策与风险型决策所面对的情况是相同的。不同之处是：该类型决策对各种可能的结果无法确定一个概率，只能靠决策者的经验和心理因素来确定。

在上述分类中，一般来讲，高层的、战略性的决策非程序化、不确性的特征较明显，决策中定性分析的程度较高；相反，基层的、战术性的决策与业务决策问题程序化、确定性的成分较突出，定量决策应用较多。

四、按照决策的主体不同，可分为群体决策与个人决策

群体决策就是指多个人一起作出决策。个人决策就是单独一个人作出决策。

相对于个人决策，群体决策具有以下特点：（1）能在更大范围内汇总信

息；（2）能提供更多的备选方案；（3）能得到更多的认同；（4）能更好地沟通；（5）能作出更好的决策；等等。但群体决策也存在一些缺点，如花费的时间与金钱较多，相互推诿、责任不清晰等。

5.2.3 决策的标准

什么是有效的和正确的决策？其判断标准是什么？对于这些问题，有三种颇具代表性的观点。

第一种是"科学管理之父"泰勒提出的"最优标准"。在泰勒看来，任何一种管理工作，都存在一种最佳工作方式，而追求最佳决策是管理者一项非常优秀的心理品质。事实上由于主客观条件的限制，并不总是能达到这样的结果。

第二种是西蒙提出的"满意标准"。从实际情况来看，满意往往成为决策所依据的标准，而不是所谓的最优标准。这是因为对管理者而言，要使决策达到最优，需要同时具备以下条件：

（1）能够获得有关决策的所有信息；

（2）能够判断所有信息的价值所在，并据此拟订出所有可能的备选方案；

（3）能够准确预测每一种方案在未来的执行结果。

但是，现实的情形通常是不可能完全满足上述条件。由于组织所处环境的复杂性和变动性，管理者不仅很难收集到反映这些情况及其变化的全部信息，即使对于收集到的有限信息，受管理者自身处理和利用信息能力的局限，他们往往也只能拟订出数量有限的方案而不是全部可能的方案。同时，由于任何方案在未来实施的过程中，都会受到各种不确定因素的影响和干扰，其实施结果并非完全可以控制。因此，现实中的管理者在有限理性的前提下，通常难以作出最优决策，只能遵循满意标准作出相对满意的决策。

第三种是美国管理学家哈罗德·孔茨提出的"合理性标准"。孔茨强调决策过程各阶段的工作质量最终决定了决策的正确性与有效性，而不是仅仅在于进行决策时采用了"最优"还是"满意"标准。合理性就是以符合目的为根本标准，其实质是强调各决策阶段的效果与工作质量。

5.2.4 决策的影响因素

任何决策都是在一定的条件下进行的，都会受到一些因素的影响和制约。一般来说，影响决策的因素主要有以下几个方面。

一、环境因素

环境对决策的影响表现为，推动决策和制约决策。首先，环境的变化使组织面临新的问题，为应付这些问题，需要决策；其次，管理者进行决策时，要考虑各种环境因素并受其制约，否则，决策就可能失误。

二、组织文化

组织文化影响着组织及其成员的行为和行为方式，它对决策的影响也是通过影响人们对组织、对改革的态度而发挥作用的。涣散、压抑、等级森严的组织文化容易使人们对组织的事情漠不关心，不利于调动组织成员的参与热情；团结、和谐、平等的组织文化则会激励人们积极参与组织的决策。因此，任何一个决策都会受到组织文化的影响。

三、决策者的个人因素

在决策活动中起决定作用的是决策者，决策者个人的能力、知识与经验、战略眼光、民主作风、偏好与价值观、对待风险的态度、个性习惯、责任和权力等都会直接影响决策的过程和结果。其中，决策者的个人能力以及对待风险的态度是决策成败的关键。该能力主要来源于渊博的知识和丰富的实践经验，一个人的知识越渊博、经验越丰富、思想越解放，就越乐于接受新事务、新观念，越容易理解新问题，也就能拟订出更多更合理的备选方案。

四、时间因素

美国学者威廉·R. 金和大卫·I. 克里兰曾提出了时间敏感型决策和知识敏感型决策的概念。时间敏感型决策是指那些必须迅速作出的决策，战争中军事指挥官的决策多属于此类。时间敏感型决策强调了时间对决策的影响，这种决策对速度的要求远甚于质量。例如，当一个人站在马路当中，一辆疾驶的汽车向他冲来时，关键是要迅速跑开，至于跑向马路的左边还是右边，相对于及时行动来说则显得比较次要。知识敏感型决策则对时间的要求不是非常严格，这类决策的执行效果主要取决于其质量，而非速度。

五、过去的决策

在管理实践中，现在的决策大多都是建立在过去决策基础之上的，过去的决策总是有形无形地影响现在的决策。这种影响有利有弊，利是有助于实现决策的连贯性和维持组织的相对稳定，并使现在的决策建立在较高的起点上；弊是不利于创新，不适应剧变环境的需要，不利于实现组织的跨越式发展。一般来说，过去的决策对现在决策的影响程度，取决于它们与决策者的关系，这种关系越紧密，现在的决策受到的影响就越大。

5.3　决策的程序与方法

现代企业管理之父德鲁克说：不论管理者做什么，他都是通过决策进行的。德鲁克甚至断言：管理始终是一个决策的过程。

5.3.1 决策程序

正确的决策是建立在科学程序基础上的，实践证明，决策虽然不一定按固定的程序实施，但不按程序决策，常常会导致决策失败。

一、发现问题——决策的开始

决策的第一步是认识决策的需要，因此，决策过程开始于一个存在的问题，或者是为了利用一个潜在的机会。

发现问题的困难在于，现实管理中的问题很少是显而易见的，有时候问题本身并不明显，导致问题产生的原因也可能是错综复杂的。由于问题的识别通常带有很强的主观性，在同一种状态下，有的经理人员可能认为是个“问题”，而另一个经理人员则可能认为是一种“满意状态”。所以，识别问题或者发现机会，对于管理者作出有效决策而言，既非常重要，也相当困难。

二、确定目标——决策的前提

目标体现的是组织想要获得的结果。决策目标是根据所需要解决的问题确定的。因此，必须把需要解决的问题的性质及其产生的原因分析清楚，目标才能确定。

决策目标的确定要符合一些要求：一是目标必须具体明确，不能含义不明；二是目标必须落实，并可以确定其责任；三是明确目标的约束条件；四是多目标问题的处理。当目标之间相互矛盾时，要以总目标为基准，进行协调。

三、拟订方案——决策的基础

在目标确定之后，就要探索和拟订各种可行的方案。为了更好地达到解决问题或充分利用机会的目的，需要设计出尽可能多的备选方案以供评价和筛选。如果备选方案只有一个便谈不上选择，也就无所谓决策了。管理专家们认为，没有推出不同的备选方案并对它们进行比较分析，是管理者作出错误决策的重要原因之一。

备选方案既可以是标准化和常规性的，这可以借助于过去的做法与经验，也可以是独特的和富有创造性的，这就要求管理者彻底放弃固有的思想观念，转而使用一种全新的思维方式，大胆设想，勇于创新。如可充分发挥智囊技术的作用，在国外常用“头脑风暴法”“对演法”“哥顿法”等。

四、方案选优——决策的关键

在拟订方案工作完成之后，就要对这些方案进行比较评价，从各种可供选择的方案中，权衡利弊，选择其一。因此，管理者必须具备评价各种备选方案的价值，也就是识别每一种备选方案的优点和缺点的能力。一些较差的管理决策产生的原因，可以追溯到对备选方案不良和错误的评价上。

要保证对备选方案进行正确的评价，最重要的是要能够确定出评价标准。西方学者认为，通常有四个基本标准可以用来对备选方案进行正反两个方面的评价，它们是：合法性、合乎伦理道德、经济可行性和实用性。当然，很多时候，管理者需要收集更多的补充信息，以保证评价的正确性。

五、典型试验——决策的试点

方案选定后，要进行典型试验，以验证其方案的可靠性。典型试验也称为"试点"，是一种科学的步骤，科学地进行，才有实际效果。为此，一方面被试验的点必须具有典型性条件，并严格按照决策方案实施；另一方面，简单地、走过场式地搞试点或有意给试点单位以优厚条件，以证明决策正确，均是错误的。如果试点成功，即可转入全面实施。否则，还必须反馈回去，进行决策修正。

六、普遍实施——决策的落实

通过上一阶段的试验，如果证实可靠，即进入决策执行阶段。这就是把决策目标落实到每一执行单位，明确各自的责任，并及时掌握执行过程中的具体情况。

七、跟踪控制——决策的检查

决策付诸执行以后，在执行过程中可能会发生这样或那样与目标偏离的情况，因此，必须注意跟踪检查。如果偏离了原定的目标，就应及时反馈并进行控制，不断修正方案，以便实现原定的目标。如果有的方案几经修订，仍达不到预期结果，就要对决策本身进行分析，发现问题，及时改正，重新进行跟踪决策。

决策是一个动态过程，不一定机械地按顺序一步接着一步地做，这中间会有反馈，这种反馈不仅存在于各个大步骤之间，而且在各个大步骤之内的各个小步骤之间也同样存在，结果就会形成大大小小的反馈环，以及大环套小环的复杂情况，如图 5－2 所示。

5.3.2 决策方法

一、群体决策

一般来看，群体决策具体包括两种形式：一是领导群体决策；二是群体参与决策。所谓领导群体决策不是指领导个人拍板决策，而是指一个领导集体共同进行决策，决策代表了领导集体的共同意志。群体参与决策是指较低层次的群体成员参与较高层次决策的情况，集中表现在群体成员参与领导决策的过程，并对决策的形式、内容和执行施加影响。

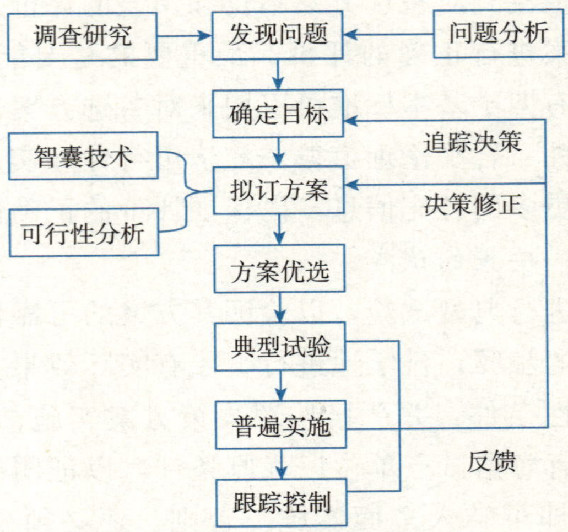

图 5-2 决策的程序

群体决策与个体决策各有其优缺点，它们在不同的管理情境下可以发挥各自不同的作用。在现代社会中，仅凭个人经验来拍板，决策的成功率已经越来越低，而群体决策常常要比个体决策可靠和正确。在群体活动中，有些时候需要进行个体决策，而更多的时候则需要进行群体决策。

与个体决策相比，群体决策有其利弊之处。我们可以从解决问题的准确性、创造性和效率等方面进行比较。

1. 群体决策的主要优点

第一，更完全的信息和知识。在群体决策条件下可以比个体决策获得更多的信息，并能更充分地运用知识与专长解决问题。尤其在多样化程度比较高的群体中，将会在决策时有更多的机会诱发、利用和处理信息，决策的创造性更高。群体成员参与决策，加强了多种信息的横向和纵向交流，能够更好地了解决策的内容和任务，有利于提高随后的工作效率。

第二，更多的备选方案。群体决策能够给决策过程带来异质性，这就为多种方法和多种方案的讨论提供了基础。群体成员的不同背景可以使群体具有个人难以具备的创造性、多种经验和不同的观点，在决策过程中可以集思广益，博采众长，互相启发，有助于产生更多的备选方案，并作出更多选择，提高了决策的正确性。

第三，更高的可接受性。决策本身并非目的，其关键在于决策方案能否按决策者的意图顺利实施。群体决策的结果更易得到所有成员的理解和接受，因而在群体成员中形成对决策方案的高承诺度，群体成员更愿意承担所决定的任务和接受所需要的变革。取得下属或群众的支持是使决策得以顺利实施的基础。

第四，更具有合法性。在多数国家和组织中，民主决策被认为更具有合法性。群体决策过程与民主思想是一致的，因此，其被认为比个人决策更合乎法律要求。群体决策避免了个人决策可能带来的独断专行和权力滥用，使决策更加民主化，能够更充分地反映受该决策影响的所有人的愿望和要求。

2. 群体决策的主要缺点

第一，责任不清。群体决策常常会造成责任分散。在决策过程中，个体喜欢分析情况、提出方案，但倾向于规避决策责任，有时会滥用表决权，将责任推给大家，造成决策结果无人承担的局面，特别是当决策失误或决策失败时。

第二，决策成本高。群体成员之间的相互作用、反复讨论往往导致低效率，有时会产生相当大的分歧甚至发生争吵。这样要达成一致意见就会耗费许多时间，从而限制了管理者在必要时作出快速反应的能力，而且群体决策所需的费用一般比个体决策要多。

第三，从众压力大。在一个群体中，个人由于担心受到其他成员的排斥或指责，思想往往会受到束缚。群体成员希望被群体接受和重视的愿望可能会导致不同意见被压制，在决策时使群体成员都追求观点的统一。特别是在由不同层级的人员组成的群体中，下级往往不能真正参与决策，甚至会表现出为迎合上级意图而不提出自己真实意见的倾向。

第四，少数人控制。少数成员因其特殊的身份、地位、权力或声望等因素，可能控制着决策的过程和意见的导向，对群体决策产生不良影响，群体决策有可能变成了个人决策，从而影响决策的质量。

上述缺点会影响群体决策的效果。不过，一般来说，群体决策失误的代价常常比个体决策低。从长远来看，群体决策的效率高于个体决策。

【案例】

群体决策的困境

按理群体在一起能够集思广益，应该发挥出超常的智慧，就像中国古话所说："三个臭皮匠，顶个诸葛亮。"但是绝大多数时候，臭皮匠就是臭皮匠，多少个臭皮匠也成不了诸葛亮。《第五项修炼》的作者彼得·圣吉，曾调查了4 000家企业，发现了一个现象：很多团队，个人智商都很高，120分以上，但团队智商却很低，只有62分。有位教授经常讲，在各国企业里，很多情况下是三个诸葛亮在一起，结果变成了一个臭皮匠，而不是三个臭皮匠变成了一个诸葛亮。

讨论：

为什么会出现这种现象？如何避免这种现象，以提高群体决策的效率和效果。

二、头脑风暴法

头脑风暴法（Brain-storming）是一种集体决策方法，其特点是，针对需要解决的问题，相关专家聚集在一起，在一种宽松的氛围中，敞开思路，畅所欲言，以形成多样化的决策思路和方案。该方法强调以下四个基本原则：

（1）勿评优劣：各自发表自己的意见，任何人不得对他人的建议发表评论或提出批评；

（2）畅所欲言：建议越多越好，而各种建议不必经过深思熟虑；

（3）大胆创新：鼓励独立思考和奇思妙想；

（4）集思广益：所有的建议都当场记录下来，留待稍后通过进一步讨论和分析加以补充和完善。

头脑风暴法是一种被广泛运用于群体决策的有效方法，其最大的特点在于鼓励创新思维。

三、德尔菲法

德尔菲法（Delphi Technique）又名专家意见法或专家函询调查法，是采用背对背的通信方式征询专家小组成员的决策意见，经过几轮征询，使专家小组的意见趋于集中，最后作出选择结论。所以，德尔菲法是一种利用函询形式进行的集体匿名思想交流过程。其基本步骤是：

（1）根据特定的问题，选择并确定一组具有相关经验的专家名单；

（2）针对问题仔细设计调查问卷，将问卷分发给所有专家，并要求每一个专家独立地、以匿名的方式完成问卷；

（3）收回问卷并对问卷的结果进行编辑和汇总，将第一轮问卷的结果反馈给所有专家，以激发他们的创意或促使他们调整和改变原来的看法。

（4）再次请求专家提出新一轮的意见或方案，并重复前面的步骤至第三轮、第四轮甚至更多，直到获得相对一致的意见。

与其他专家决策方法相比，德尔菲法有三个明显的特点：

（1）匿名性。即专家组成员不直接见面，只通过函件交流，这样就可以消除权威的影响。

（2）反馈性。即需要若干轮信息反馈，使得最终结果基本能够反映专家的想法和对信息的认识，所以结果较为客观、可信。

（3）统计性。即对诸多专家的意见进行统计学处理，并以概率的形式反映专家意见的集中度。

德尔菲法的优点主要是简便易行，具有一定的科学性和实用性，可以避免会议讨论时产生随声附和等弊病，同时也能较快形成易接受的结论，在一定程度上具有综合意见的客观性。

这种方法的缺点：一是由于决策主要依靠专家，因此，仍属专家们的集体主观判断；二是在选择合适的专家方面比较困难；三是决策速度太慢。

四、电子会议

电子会议（Electronic Meeting）是一种较新的群体决策方法，它是将群体法与计算机技术结合起来的一种方法。参与会议的所有人拥有一个计算机终端，通过大屏幕将问题显示给所有参会者，每一个成员都将自己的意见打在计算机屏幕上，个人意见和评论以及票数统计结果都适时显示在会议室大屏幕上，由此进行决策讨论。

电子会议的主要优点是匿名、诚实和高效。它鼓励群体成员大胆地表达自己的想法而不必担心会受到惩罚，同时也避免了闲聊和讨论偏题，并且不需要担心打断他人的“讲话”。电子会议的缺陷是，那些打字速度快的人使得那些打字速度慢的人相形见绌；电子会议方法缺乏面对面的口头交流所传递的大量丰富的信息。可以预见，随着电子技术的日益成熟，电子会议在群体决策领域中将得到越来越广泛的运用。

本章重点知识归纳

决策是领导者众多活动中最频繁、最主要、最基本的一种主体性活动，也是一切决策中最重要的决策。在现代社会中，决策的优劣关系到组织的兴衰成败，提高决策的科学性和准确性对组织的经营和发展是至关重要的。

领导决策是指领导者在领导活动中，为了解决重大的现实问题，通过采用科学的决策方法和技术，从若干个有价值的方案中选择一个最佳方案，以此实现领导目标的活动过程。

领导决策原则是决策者在决策过程中必须遵循的基本准则与行为规范，主要包括信息充分原则、对比择优原则、系统分析原则、灵活性原则、可行性原则、集体决策原则。

决策程序分为七个步骤：发现问题、确定目标、拟订方案、方案优选、典型试验、普遍实施、跟踪控制。

决策方法包括群体决策、头脑风暴法、德尔菲法、电子会议。

思考题

1. 什么是决策？
2. 决策的地位与作用是什么？
3. 决策的类型有哪些？
4. 决策过程中应遵循的原则是什么？
5. 决策方案优选的标准是什么？
6. 影响决策的因素有哪些？
7. 决策的程序是什么？
8. 决策的方法有哪些？

本章讨论案例

公司的会议

佳爽公司是近年来快速发展起来的一家饮料公司。几年前，经理王刚力排阻力，果断决策购买了国外淘汰的二手生产设备，使得佳爽饮料销路大开，公司也因此挤入国内同行业强手之林。

一天王经理通知各部门主管及负责人晚上8点在公司会议室开会，有重要问题讨论。晚上8点会议准时召开，王经理严肃地讲道："我有一个新的想法，我将大家召集到这里是想听听大家的意见和看法。我们公司比起4年前已经发展了很多，可是，相比国外同类行业的生产技术、生产设备，我们的差距还很大。我想，我们不能满足于现状，应该力争世界一流水平。当然，我们的技术、人员等诸多条件还差得很远，但是我想为了达到这一目标，我们可以先从硬件条件入手，即引进世界一流的先进设备，这样一来，就会带动我们的人员、技术等一起前进。我想这也并非不可能，4年前我们不就是这样做的吗？现在公司的规模扩大了，内外事务也相应地增多了，大家都是各部门的领导及主要负责人，我想听听大家的意见，然后再作决定。"

会场一片肃静，大家都清楚记得，4年前王经理宣布引进二手设备的决定时，有近70%的成员反对，尽管王经理详细介绍了他对市场、政策、公司技术人员、公司资金等内外环境的一系列调查研究结果，但仍有半数以上的人持反对意见，10%的人持保留态度。因为当时很多厂家引进设备后，由于存在设备不配套和技术难以掌握等问题，使高价引进的设备成了一堆闲置的废铁。但是王经理在这种情况下仍采取了引进二手设备的做法。事实表明这一举措使佳爽公司摆脱了当时由于设备落后、资金短缺所陷入的困境。因为当时二手设备的价格已经很低了，但在我国尚未被淘汰。因此，佳爽公司也由此走上了发展的道路。

王经理见大家犹豫不决的样子，便说道："大家不必顾虑，今天这一项决定完全由大家作出，我想这也是民主决策的体现，如果大部分人同意，我们就宣布实施这一决定；如果大部分人反对的话，我们就取消这一决定。现在大家举手表决吧。"

于是会场上有近 70%的人投了赞成票。

讨论：

1. 王经理的两次决策过程合理吗？为什么？
2. 如果你是王经理，在两次决策过程中应做哪些工作？
3. 结合本案例，请说明影响决策的主要因素有哪些？

第 6 章　领导

通过本章学习，你应该能够：

1. 正确认识领导者的责任与义务。
2. 掌握领导的不同风格与类型。
3. 学会领导授权的方法。
4. 认识领导创新的必要性与方法。

领导是管理工作的重要职能之一，领导职能贯穿于管理的整个过程之中。“领导”在日常使用中有两种含义，其一是指领导过程、领导活动；其二是指领导者。领导者作为领导活动的主角在组织发展中的作用十分重要。

6.1　领导概述

我们常说，“一群狮子被一头绵羊率领就会变成一群绵羊，一群绵羊被一头狮子率领就会变成一群狮子”，说明领导者的作用至关重要，尤其在变革的时代，领导是一个组织发展与衰败的关键因素。

6.1.1　领导者的责任和义务

在管理活动的整个过程中，领导工作也包含于其中，它是一个组织的管理者在管理过程中的行为活动，任何一个组织都离不开领导，否则组织将是一盘散沙，无法实现自己的目标与战略。领导者的责任和义务可以这样概括：

（1）计划和组织：制订短期计划，决定可用资源的分配和使用；将长期计划分解为短期的可行目标；开发可操作的政策和程序。

（2）决策：在无准备的情况下毫不迟疑地作出业务决策，授权对既定过程做微小的或重要的转向，以适应新的或特殊情况。

（3）关注指标：监督影响公司的内部和外部力量，包括绩效指标、公司的金融和资产、市场条件，以及文化、社会和政治氛围。

（4）监督：通过共同工作分析他们的长处和弱点，提供训练，发展技能，安排他们的工作，确立绩效目标，从而改进下属的绩效。

（5）协调：与公司内部的非直接控制的人们沟通，从而分享信息，实现先前既定的计划，解决问题和达到目标；与同级保持通畅的工作关系；缓解关键人物之间的分歧和冲突。

知识链接

美国管理协会在20世纪70年代曾花了五年时间，从4 000个在这期间取得成功的管理人员中挑选了1 782名进行研究，发现一个成功的管理者一般具有这20种能力：工作效率高；有主动进取精神，总想不断改进工作；逻辑思维能力强；富有创造精神；有很强的判断能力；有较强的自信心；能帮助别人提高工作能力；能以自己的行动影响别人；善于用权；善于激发别人的积极性；善于利用谈心做工作；热情关心别人，能使别人积极而又乐观地工作；能实行集体领导；能自我克制；能自行作出决策；能客观地听取各方面的意见；对自己有正确的评价，能以人之长补己之短；勤俭耐劳；具有灵活性；具有技术和管理方面的知识。

6.1.2　领导的有效性

在企业管理中，领导有效性是一个综合性概念，是领导水平的总体反映。它指通过领导活动实现企业预定目标的程度。由于不同企业或同一企业不同职位的领导活动内容复杂，形式多样，因而难于用固定、机械的同一标准衡量有效性的高低。一般意义而言，一个企业或群体的领导是否有效，可以从以下方面反映出来：

（1）下级的支持。下级员工主动而非被迫地支持领导者，不论这种支持是出自感情还是利益上的考虑。

（2）相互关系。领导与下级员工之间保持密切、和谐的交往关系，并鼓励群体成员之间发展亲密的、相互满意的关系，企业内部关系处于协调状态。

（3）员工的评价。绝大多数员工都能高度评价所在企业或群体，并以成为该企业或群体的一员而感到自豪。

（4）激励程度。员工因自身需要获得满足而焕发出较高的工作热情和积极性，个人的潜能得到充分发挥。

（5）沟通的效果。领导者与下级员工之间能够及时、顺畅地沟通信息，并以此作为调整领导方式、协调相互关系的依据。

（6）工作效率。在领导者的引导、指挥和率领下，企业的各项资源得到合理配置，生产经营活动得以高效率的进行。

（7）目标的实现。领导活动的效能或效果最终要通过是否实现企业的预定目标，以及实现的程度反映出来，其中既包括经济效益目标，也包括社会效益目标。

领导活动是领导者、被领导者和环境三方面因素相互影响、共同作用的过程。这一过程能否有效进行，直接取决于三方面因素的契合或适应程度。因此，提高领导有效性的关键，在于最大限度地促成领导者、被领导者与环境之间的相互适应和协调。具体来说，可以采取以下两种基本途径：一是根据领导者的素质特性，选择和配置与之相适应的被领导者及组织环境；二是根据现有员工状况和企业条件，采取适合特点与要求的领导作风和领导方式。

【案例】

来自下属的威胁

朱杰是一家公司财务部经理。他手下有9名会计人员和办事员。最近他招聘了一位商学院最优秀的毕业生赵斌。

在一段不长的时间后，办公室中的每个人都觉得赵斌是一个友善、开朗的人，易于相处，而且对会计也相当在行。不多久，赵斌就成了这些同事的朋友。朱杰注意到，许多会计人员开始将他们出现的疑问和问题向赵斌征询意见。而他似乎总有解决的办法，并且很乐意花时间帮助他人。他个人的一切工作也完成得十分出色。

赵斌工作独立性很强，他的到来使朱杰的工作轻松多了。只是在涉及本部门外要求的决策时，他才会来询问朱杰。在某种意义上说，朱杰很为这里情况的变化感到欣慰。但有两件事使他担忧。一是，部门内有些人员甚至开始同赵斌谈个人的事情。朱杰比赵斌大20岁，他觉得在这些方面他更有经验。二是，赵斌在本部门以外也交不少朋友，尤其是同公司的两位资深经理有很好的关系。对此，朱杰感到很不安。他想赵斌在职务上超过他只是早晚的事。

朱杰决定采取行动。他开始寻找机会在同事面前批评赵斌。当有人有问题或疑问找赵斌时，他就会提醒他们说我是你们的直接上司。而且，朱杰会想法更改或贬低赵斌的建议。没多长时间，办公室的人都了解到这一信号。朱杰的策略终于奏效了，赵斌辞职走了。但一段时间后，朱杰部门的其他三个会计人员也提出了辞职，整个部门陷入了混乱之中。

讨论：

在何种程度上赵斌对朱杰构成了威胁？

6.1.3　领导职能

领导职能是指领导的活动及其功能。关于领导的职能，斯蒂芬·罗宾斯指出，“每个组织都包含人，于是指导和协调这些人就成为管理工作，这就是管理的领导功能。当管理者激励下属、指导别人的活动、选择最有效的沟通渠道或解决成员之间的冲突时，他们就卷入了领导工作。”哈罗德·孔茨和海因茨·韦里克指出：“当我们分析有关领导方面的知识时，我们将重点集中在人的因素、激励、领导和信息沟通等四个方面。”

这说明，领导的职能是同人打交道，处理各种人际关系；同各种事情打交道，决定各种事务；同时间打交道，保持高效率。这其中处理人事事务是核心内容。也有人认为，领导的职能就是“出主意，用干部”，也涉及人事事务工作。

处理人事事务的具体手段是激励、沟通与协调。因此，领导职能的主要内容应当是激励、沟通、协调。激励是指一个人去做某事的愿望，并以行为能力满足个人的需要为条件。激励能够促使员工努力工作。沟通是意义的传递与理解，沟通使人们之间的分歧与误解得以消除。协调是指使组织成员的思想和行动保持一致的行为。组织内部的协调是组织目标实现的重要保证。

领导的主要活动就是从事激励、沟通与协调，做好了这些工作，就做好了大部分领导工作。此外，领导还要运用权力，鼓励积极因素，限制消极因素，同时以身作则，做好奖励、处罚与示范工作。

知识链接

成功领导者应具有的10点特质

1. 成就欲强烈，把工作当成乐趣和兴奋点，对其关注和追求超过对金钱报酬和职位晋升的关注和追求；

2. 敢于承担责任，干劲大，希望迎接工作的挑战；

3. 尊重上级，认为上级水平高、经验多，能够帮助自己上进和提高，与上级关系好；

4. 组织能力强，把混乱的事组织得很有条理；

5. 决断力强，能在较短的时间内对各种备选方案加以权衡迅速作出决断；

6. 思维敏捷，有较强的预测能力，能从有限的材料中预测出事物的发展动向；

7. 自信心强，对自己的能力有充分的自信，目标坚定，不受外界干扰；

8. 极力避免失败，不断接受新任务、树立新目标，驱使自己前进；

9. 讲求实际，重视现在，而不大关心不肯定的未来；

10. 忠于组织，忠于职守。

6.1.4 领导风格

领导并不是以同样的方式表现他们的领导角色，这些不同的领导风格对团体成员的工作绩效和工作满意度有着不同的影响。领导风格区分为三种：

（1）专制方式，即由领导规定团体目标、安排活动、制定工作步骤、分配工作任务，他们不参与团体活动，但可以通过个人的表扬与批评来控制团体成员的活动。

（2）民主方式，即由团体成员和领导者共同参与政策、活动以及工作步骤的讨论和决策，充分发挥各成员的参与意识和工作积极性，团体气氛民主、自由，并表现出团体精神。

（3）放任自流方式，即领导者只负责布置任务，对成员的活动不参与、不干预、不协调、不介入等，也不为成员提供任何帮助与指导。

研究结果表明，在民主型领导风格下团体成员的积极性高，成员具有较高的创造性，并且这种领导风格有利于提高成员的工作成效。勒温认为，这三种不同的领导风格会造成三种不同的团体氛围和工作效率。

（1）专制型的领导者只注重工作的目标，仅仅关心工作的任务和工作的效率，他们对团队的成员不够关心，被领导者与领导者之间的社会心理距离比较大，领导者对被领导者缺乏敏感性，被领导者对领导者存在戒心和敌意，容易使群体成员产生挫折感和机械化的行为倾向。

（2）民主型的领导者注重对团体成员的工作加以鼓励和协助，关心并满足团体成员的需要，营造一种民主与平等的氛围，领导者与被领导者之间的社会心理距离比较近。在民主型的领导风格下，团体成员自己决定工作的方式和进度，工作效率比较高。

（3）放任型的领导者采取的是无政府主义的领导风格，对工作和团体成员的需要都不重视，无规章、无要求、无评估，工作效率低，人际关系淡薄。

勒温等人试图通过实验决定哪种领导风格最有效。他们分别将不同的成年人训练成为具有不同领导风格的领导者，然后将这些人充当青少年课外兴趣活动小组的领导，让他们主管不同的青少年群体。进行实验的群体在年龄、人格特征、智商、生理条件和家庭社会经济地位等方面进行了匹配，也就是说，几个不同的实验组仅仅在领导者的领导风格上有所区别。这些青少年兴趣小组进行的是手工制作的活动，主要是制作面具。结果发现，放任型领导者所领导的群体的绩效低于专制型和民主型领导者所领导的群体；专制型领导者所领导的群体与民主型领导者所领导的群体工作数量大体相当；民主型领导者所领导的群体的工作质量与工作满意度更高。基于这个结果，勒温等研究者最初认为民主型的领导风格似乎会带来良好的工作质量和数量，同时群体成员的工作满意度也较高，因此，民主型的领导风格可能是最有效的领导风格。

进一步的研究发现了更为复杂的结果，民主型的领导风格的好的效果也是有一定的条件的。民主型的领导风格在有些情况下会比专制型的领导风格产生更好的工作绩效，而在另外一些情况下，民主型领导风格所带来的工作绩效可能还赶不上专制型领导风格所带来的工作绩效，或者仅仅与专制型领导风格所产生的工作绩效相当。而关于群体成员工作满意度的研究结果则与以前的研究结果相一致，即通常在民主型的领导风格下成员的工作满意度会比在专制型领导风格下的工作满意度高。

在实际的组织与企业管理中，大多数领导都是介于专制型、民主型和放任型之间的混合型，很少有极端型的领导风格。领导风格对组织氛围和工作绩效的影响，然后区分出不同的领导风格和特性，并以实验的方式加以验证，这对实际管理工作和有关研究具有重要意义。领导者的行为是否有效不仅仅取决于其自身的领导风格，还受到被领导者和周边的环境因素影响。

【案例】

是否有最好的领导方式

美国有学者做了个试验，将一群儿童分为三个组，堆雪人。各组组长事先分别训练成三种领导作风进行领导。试验结果表明，放任式领导下的第一小组工作效果最差，质量和数量都不如其他小组；专制式领导的第二小组，数量最多，说明工作效率最高，但质量不如民主式领导下的小组；最后一个是民主式领导下的小组，由于儿童们积极主动发表意见，显示出很高的工作热情和创造性思维，小组长在旁引导、协助和鼓励，结果堆的雪人质量最高，但效率不如第二组，因为商量、发表意见、达成一致意见花去了大量时间。

讨论：

这一试验对于现实中的领导者的领导行为有何启示？

6.2 领导类型

6.2.1 支持型领导

支持型领导帮助建立和保持有效的个人之间关系。一个关心的和对人友好的领导，更可能赢得人们的友谊和忠诚，所形成的感情纽带能更容易地获得人们的合作和支持，这是经理做好工作所必须依赖的。与那些冷淡的和不近人情的、坏的、讨厌的和不合作的人一起工作相比，与待人友好、合作性的和支持性的人一起工作更为令人满意。一些形式的支持行为能降低工作中的紧张程度，其他的形式则帮助人们应付紧张。

一、支持型领导的工作习惯

支持型领导者的下属通常更满意他们的领导者及其工作。这些发现认为，支持型行为对下属绩效的影响很少是一致的，尤其是在控制其他诸如发展和认同这样的个人导向行为的影响时。虽然得不出确切的结论，支持型领导对下属的绩效有正相关影响。支持型领导可以增加下属的自信、加强韧性、对领导的接受、对领导的信任和愿意为领导者做额外的事情。

（1）显示接受和主动的问候。

（2）亲切的和关心的，不要傲慢和粗鲁。

（3）分别地对待每个下属。

（4）记住个人的重要细节。

（5）在作解释或指示时，是耐心的和帮助性的。

（6）当人们焦虑或沮丧时，提供同情和支持。

（7）在任务困难时，表达对个人的信任。

（8）在必要时提供工作协助。

（9）愿意帮助个人的问题。

二、支持型领导工作指南

从帮助他人的成长和发展中，领导者也能获得一种满足。对组织的潜在利益包括：更高的雇员忠诚，更高的绩效，以及当空缺发生时人们更好的准备以填补组织中责任更大的位置。用提问题或建议的方法做更仔细的考察，帮助人们分析他（她）的绩效。

（1）对个人展示的有效和无效的行为，提供建设性的反馈。

（2）提出能够帮助改进个人绩效的特殊的事情。展示更好的方式，去做一个复杂的任务或程序。

(3) 对人们能做一个更复杂的任务或程序表示信任。

(4) 显示个人如何解决一个问题，而不仅仅是提供答案。在它们用于工作之前，为人们提供操作困难程序的机会。

(5) 显示对每个人发展的关心。

(6) 帮助个人确认技能的缺陷。帮助人们发现获得必要技能的方式。

(7) 鼓励参加相关的训练课程。提供在工作中发展技能的机会。

(8) 提供有益的职业建议。

(9) 提升个人的声誉。

(10) 作为一个角色楷模。

【案例】

比尔·盖茨的人才观

微软公司可以说是世界上最赚钱的公司。有人问比尔·盖茨，微软公司为什么发展速度那么快，成功的关键是什么，最重要的方法是什么？比尔·盖茨每次总是会说一句话：我又请了比我更棒、比我更优秀的人来加入微软公司。

有一次，比尔·盖茨看中了一个非常优秀的技术开发人才，可是这位人才非常的不喜欢微软公司，不想加盟。比尔·盖茨就把这个人所在的公司买了下来，让他继续在自己的公司工作，当然也等于为微软公司工作。但是这个人脾气非常的古怪，不愿意离开他生活的那个小镇，比尔·盖茨就提出，技术工厂可以不建在总部，建到那个小镇里去。

这里涉及一个问题：你是一个人才级的人，还仅仅是一个人手，还是一个人物级的人物。一个优秀的团队的人员的构成必定非常优秀，如果把其中的人才进行置换，这个团队就会发生变化，所以一流的企业总是由一流的人才构成。一流的企业选择一流的人才。在工作当中，你有没有把自己变成一个优秀的人才，进而成为一个人物级的人物呢？

一流的企业绝不接受第二流的工作表现，所以它对人才的选拔和考核非常重视。在一流的企业工作，各方面的要求会非常严格，不仅要求员工具备良好的心理素质，还要求具备外在多方面的能力。设想，如果一个成员的不良表现被企业接受了，就会有下一个人表现出同样的行为，如果企业又接受了，那这家企业的品质就会越来越下降，会由一流的企业变成二流的企业，进而变成三流的企业，甚至是不入流的企业。

6.2.2 参与型领导

参与型领导涉及使用多样化的决策过程，允许其他人对领导决策有一些影响。其他通常用于表示参与型领导的词汇包括：咨询、联合决策、权力分享、非中心化和民主管理。参与型领导也被认为是一种独特类型的行为，尽管它与特殊的任务和关系行为联系密切。例如，与雇员协商共同设计一个弹性工作体制，也许同时就涉及更好的工作安排和显示对雇员需要的关心。

一、参与型领导的形式

参与型领导能采取多种形式，发挥自身的领导作用。

（1）咨询。领导询问一些人的观点和想法，在慎重考虑他们的建议和关心之后，独自作出决策。咨询常常以非正式的形式发生在与其他人的反复的交流过程之中，而不是一个既定时间的正式会见。咨询可能发生在大厅里、会议或社会活动之后，以及午餐或高尔夫课程的短暂接触中。真实的行为涉及对各种不同决策程序因素的综合，诸如咨询对问题的诊断，但不是诸多解决方案的最终选择。参与型领导具有动态的性质，可能随着时间的流逝而变化。例如，由于下属明显同意领导的预先选择，最初的咨询可能变为一个联合决定。最初是一个团体的决定也可能变为咨询，当团体之间分歧明显时，领导必须作出最后的决定。

（2）联合决策。领导与其他人讨论决策问题并一起作出决策；领导并不比其他人对最终决策有更多的影响。在作出一个决策时，让其他人参与有可能提高一个决策的质量，这个前提是参与者有更多的领导所缺乏的信息和知识，以及他们愿意合作去发现一个决策问题的好的解决方案。

合作和分享知识取决于参与者对领导者信任以及视该过程为合法和有益的程度。如果参与者和领导者有冲突的目标，合作就不可能发生。在缺乏合作的情况下，参与可能降低而不是提高决策的质量。甚至在很高的合作中，也不能确保参与会导致更好的决策。团体所用的决策过程将决定成员能否达成一致，它将决定任何成员决策所需的专业和知识的范围。当成员对问题有不同的见解或对各种的结果有不同的倾向性时，就很难发现一个高质量的决策。这个团体或许不能达成一致，或是达成一个很糟糕的妥协。最后，决策情景的其他方面，如时间压力、参与者的数量和正式的政策等，都可能使一些形式的参与难以实现。

二、参与型领导工作指南

（1）确认具有相关知识或专业的人。当领导缺乏诸如下属、同级或外部人员这样一些人所拥有的信息时，参与型决策程序是合适的。有可能出现决策问题是复杂的，以及解决问题的最好方法不能从数据或者领导以前处理相同问题的经验中找到依据的情况。当它涉及许多可能的选择方案、每个选择方案的结果难以预料以及选择方案涉及的几个重要标准之间的取舍时，决策就更为复杂。对于复杂的决策，确认具有相关知识和专长的人员很重要，一个好的关系网络对确认这些人员有一定价值。

（2）评价参与者合作的可能性。除非未来的参与者愿意合作去发现决策问题的好的解决方案，否则参与不可能成功。当决策对于追随者是重要的并且他们认识到他们将真正对最终决策有一些影响时，更有可能合作。如果人们认识到一个领导者试图操纵他们，这时咨询就不可能提高决策的质量或决策的接受程度。如果潜在的参与者的目标与经理的任务目标不一致，合作也是不可能的。当潜在参与者的动机存在疑问时，最好分别地咨询他们中的几个人，以确定一个团体的会议是不是建设性的。主持一个充满不满情绪的团体会议是不明智的，他们将会利用会议这个机会作出与经理相对的决策。当具有相关信息的人们有不同的目标时，这时一些咨询是有用的，可以去诊断问题的原因，确认可能的选择方案，但方案的最终选择必须保持在领导手中。缺乏合作的另一个原因在于，潜在的参与者不愿意参与决策，他们认为这是领导的责任。参与也许为那些工作负担已经很重的追随者所拒绝，尤其是当决策不会以任何重要的方式影响他们时。正如许多人拒绝参加地方选举一样，并不是每个人都对参与组织决策的机会具有热情。

（3）评价没有参与下的接受的可能性。如果领导有能力作出好的决策，它可能为下属或其他必须执行它或受它影响的人所接受，否则一个费时的参与程序就没有必要。如果领导具有相当的地位和个人权力，或者具有劝导的技能去成功地“推销”决策，一个专断的决策更可能被接受。如果决策是去做那些人们愿意去做的事情，或在危机情景下该决策明显是一个理性的反应，专断决策的被接受也是可能的。最后，当人们拥有强调对权威服从的文化价值观时，专断决策的接受更为可能。

（4）鼓励人们表达他们关心的问题。在作出对人们产生重要影响的决策之前，咨询他们是有用的和慎重的。这个指南可用于下属，也可用于同级和外部人员。一种常见且合适的咨询形式是：同受到变化影响的不同的人们会见，以确认他们的关心和处理这些关心。

（5）寻求构建想法和建议的途径。很多人很快注意其他人所提想法或建议的弱点，而不是充分考虑它的长处。有意识地去发现一个建议的积极方面，并在指出它的消极方面之前指出它们是有用的。许多时候，初始的想法都是不完备的，但通过有意识的努力，它就能变成很好的想法。因此，与其不自觉地排斥一个带有明显缺点的建议，不如讨论如何去克服弱点和考虑其他的建立在初始想法之上的更好想法，这也是有用的。

(6) 表示对建议的欣赏。如果人们觉得他们的建议和想法受到赏识，他们在决策和解决问题中将更为合作。赞赏人们好的想法和见解，感谢人们并显示对有用建议的欣赏是很重要的。解释一个想法或建议是如何在最终决策中被采用的。解释目标或计划是如何修正的以适合一个人的建议或反映他（她）的关心。如果一个建议没有被应用，也要感谢建议者并解释没有采纳建议的原因。

知识链接

领导行为四分图理论

美国俄亥俄州立大学领导行为研究组针对领导行为进行研究，在上千种领导行为的因素中，通过逐步概括和归纳，最后将领导行为的内容归纳为两个方面。“关心组织”和“关心人”两大类因素，并建立了四分图理论。

关心组织，是指领导者建立明确的组织模式和工作程序的行为，包括建立明确的组织结构、明确职责权利、相互关系和沟通方法，确定工作目标和要求，制定工作程序、工作方法与制度；关心人，是指建立上下级之间的友谊、尊重、信任关系方面的行为，包括尊重下属的意见，给下属较多的主动权，体贴他们的思想感情，注意满足下属的需要，平易近人，平等待人，关心群众，作风民主等。

将“关心组织”和“关心人”两种因素作为坐标轴，并根据两种因素所表现的程度不同，可将领导行为划分为四种类型，如图 6－1 所示。

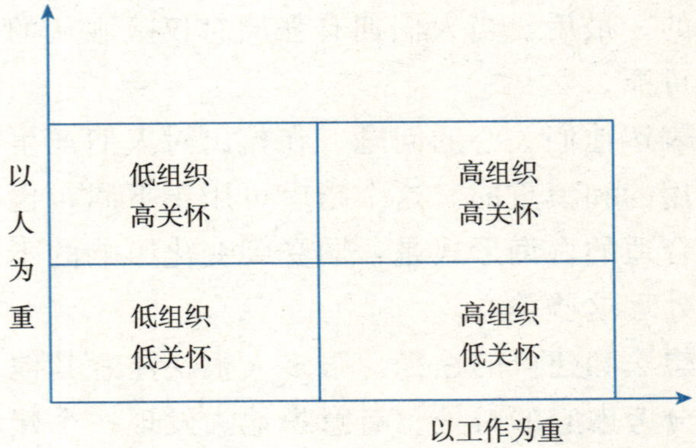

图 6－1　领导行为四分图

这四种领导行为哪种效果更好，结论并非肯定。一般来说，低组织、低关心人的领导者，对组织、对人都不关心。这种领导方式的效果较差；低关心人、高组织的领导者，最关心的是工作任务，易使员工工作满足感较低；高关心人、低组织的领导者关心领导者与下属之间的合作，重视互相信任和互相尊重的气氛，但工作绩效较差；高组织、高关心人的领导者，对工作对人都关心，一般来说，这种领导方式效果较好。

6.2.3　魅力型领导

魅力型领导者描绘吸引人的愿景，可能影响追随者将态度和信念内在化，而信念和态度这些是实现组织使命的一个内在的鼓动源泉。由于他们的战略远见、强烈的说服力、自信、不同寻常的行为以及充沛的精力，魅力型领导者明显是超常的，下属将这些领导者偶像化和希望变得和他们一样。魅力型领导者的许多下属认为：追求领导者的赞许是他们动机的主要来源。与此同时，下属明显地害怕被领导者批评和抛弃，因而也受到激励。

一、魅力型领导的表现

领导者以非常规的方式实现愿景，被认为有魅力。达到理想目标的领导方法必须不同于常规的做事方式，它给下属的印象是：领导者不同寻常。运用创新战略产生了成功的结果会使追随者归因于领导者超常的专长。

如果领导者作出自我牺牲、采取个人冒险、花费很高的代价去取得他们所主张的愿景，领导者就更可能被认为是有魅力的。信任显然是魅力的重要因素，追随者对这样的领导者更加信任，因为他不为自己的利益而为追随者的关心所激励。最令人感动的是这样的领导者，他真正冒着个人在地位、金钱、领导职位或组织成员的巨大损失等方面的风险。

与那些明显被怀疑和混乱的领导者相比，对目标明显自信的领导者更可能被看作有魅力的。除非领导表达自信，否则创新战略的成功可能更多得益于幸运而不是专长。领导者的自信和热情可能具有感染力。追随者相信领导者知道如何达到分享目标就将更努力工作，因此增加了成功的实际可能性。

与那些运用权威或参与决策过程的领导者相比，追随者更可能将魅力归于运用愿景和劝导诉求的领导者。领导者运用权威去执行创新战略以达到重要的目标。如果战略是成功的，就可能获得专业的权力。但是，除非他们清晰表达了使这个战略合法化的吸引人的愿景，否则他们不可能是有魅力的。同样，一个领导者要求追随者组成一个团体发展一致的战略，可能使追随者感到满意和受到鼓动，但这样的领导者不可能被认为是超常的。运用创新战略中存在的内在风险，使得领导者拥有技能和专长去对实施战略的环境约束和机会作一个现实的估计变得非常重要。时间是至关重要的：同样的战略在某个时间可能成功，但如果执行得过早或过晚，就可能完全失败。领导者需要敏锐观察追随者的需求和环境，以确认一个创新的、相关的、及时的和吸引人的愿景。

二、魅力型领导的关键品质和行为

领导者的品质和行为是魅力型领导的关键决定因素。魅力型领导者可能有强烈的权力需求，高度的自信，以及对自己信念和思想的强烈说服力。领导者影响追随者的态度和行为的领导行为包括如下方面：

（1）描绘一个吸引人的愿景；

（2）在描绘愿景时以强烈的感人的形式沟通；

（3）采取个人冒险和自我牺牲去达到愿景；

（4）表达更高的期望；

（5）表达对追随者的信任；

（6）行为的角色榜样与愿景一致；

（7）控制追随者对领导者的印象；

（8）建立团体或组织的认同；

（9）授权追随者。

魅力型领导的主要理论强调正面结果，但一些社会科学家也考虑魅力的“黑暗方面”。

（1）对领导者的敬畏，降低了追随者的好的建议。

（2）追求领导者的认可，妨碍了追随者的批评。

（3）追随者的奉承，制造了不会出错的幻觉。

（4）过于自信和乐观，使领导者无视真正的危险。

（5）否认问题和失败，降低了组织的学习。

（6）冒险和庞大的工程，更可能失败。

（7）过分追求成功而疏远了一些关键的追随者。

（8）冲动的、非常规的行为，培植了追随者，也制造了敌人。

（9）对领导者的依赖，抑制了继承者能力的发展。

（10）培养继承者的失败导致了一个最终的领导危机。

与负面魅力的领导者相比，追随者可能从正面魅力的领导者那里得到更多。他们更可能经历精神的成长和能力的发展，组织更可能适应变动的、不利的和竞争的环境。正面的魅力型领导者通常创造一个“成就导向”的文化、一个“高绩效系统”或一个“传递的价值驱动”的组织。这个组织清楚地理解包含社会价值的、超越单一的利益或增长的使命，所有层级的成员都有权去作出如何执行战略和做他们自己工作的重要的决策，沟通是公开的，信息是分享的，组织结构和制度支持这个使命。

知识链接

大事精明，小事糊涂

新希望集团老板刘永好曾说："在企业管理上，作为一个集团企业，我们新希望集团的60多家企业分布在全国各地，有些我去了，有些我还没有去过，我们的员工我认识一部分，大多数我不认识；我们公司每天都有好消息报上来，当然也有坏消息。有的事情明明是坏事，我本可以去制止它，但我没有，为什么？因为我认为应该如此，这叫大事精明，小事糊涂。要留有空间，你什么事都管完了，留什么给你的下属做？你的总经理做什么？这是一个现代企业应该考虑到的，有时候装糊涂是有好处的，能够培养一批人。当然装糊涂并不等于真糊涂，要是真的糊涂了，真的变成'二百五'，那就麻烦了。"

这番话体现了一位企业家对如何管理好企业的感悟。人才是企业之本，这道理知易而行难。管理的科学性就在于用人的科学性，管理的艺术就在于用人的艺术。无论是管理者还是企业家，培养下属是领导者思想和行动的延伸。

6.2.4 变革型领导

变革型领导的本质明显是激励、发展和授权下属。变革型领导者可能更多地授权下属，使下属更少取决于领导者。例如：委托相当大的权威给个人，发展下属的技能和自信，创造自我管理团队，提供对敏感信息的直接接入，减少不必要的控制，建立强烈的支持授权的文化。

一、变革型领导行为识别

变革型领导行为是一种领导向员工灌输思想和道德价值观并激励员工的过程。在这个过程中，领导除了引导下属完成各项工作外，常以领导者的个人魅力，通过对下属的激励刺激下属的思想，对下属的关怀会改变员工的工作态度、信念和价值观，使他们为了组织的利益而超越自身利益，从而更加投入于工作之中。该领导方式可以使下属产生更大的归属感，满足下属高层次的需求，获得高的生产率和低的离职率。

变革型领导行为的前提是领导者必须明确组织的发展前景和目标，下属必须接受领导的可信性。其主要特征为：

（1）通过对员工的开发和智力激励，鼓励员工为群体的目标、任务以及发展前景超越自我的利益，实现预期的绩效目标；

（2）关注较为长期的目标，强调发展的眼光，鼓励员工发挥创新能力，改变和调整整个组织系统，为实现预期目标创造良好的氛围；

（3）引导员工不仅为了他人的发展也为了自身的发展承担更多的责任。

二、变革型领导行为对员工的影响

变革型领导行为的每一个因素，包括领导魅力、智力激励和个人化考虑都与工作绩效有紧密的联系，并能预测员工的工作绩效。变革型领导行为鼓励下属完成较为困难的目标，从全新和多种不同的角度去解决问题，同时促进了员工的自我发展。员工出于对领导的承诺，会加倍努力工作，最终导致其超额完成预期的绩效。变革型领导行为通过引导下属超越自我利益，向下属灌输共同的组织价值观，可以帮助下属达到最大的绩效水平。

有充分的证据显示，变革型领导行为的每一个因素，包括领导能力、智力激励和个人化考虑与工作绩效有紧密的联系，并能预测员工的工作绩效。事实上，变革型领导行为鼓励下属完成较为困难的目标，从全新和多种不同的角度去解决问题，同时促进了员工的自我发展。作为领导影响力的一个结果，员工出于对领导的承诺，从发自内心的工作动机出发，根据自身的发展水平以及目标实现和任务完成的潜在意义，会加倍努力工作，最终导致其超额完成预期的绩效。也就是说，变革型领导行为通过引导下属超越自我利益，向下属灌输共同的组织价值观，可以帮助下属达到最大的绩效水平。

研究结果显示，下属对领导的信任度作为中介变量，可以较好地解释领导魅力对员工组织公民行为的影响。而变革型领导行为对下属的角色和任务分配知觉有直接的影响，这些知觉随后影响到下属对领导者的效能认识，变革型领导者的效能认识依赖于在整个组织目标的完成过程中领导者的沟通能力以及员工的角色知觉、任务明晰度和沟通开放性。

三、变革型领导工作指南

虽然变革型领导仍然有许多需要研究的东西，从不同类型的研究中还是有足够的发现，可以对那些寻求激励和鼓动追随者的领导者提出一些尝试性的指南。

（1）描绘一个清晰的和吸引人的愿景。变革型领导者加强现存的愿景或建立对一个新愿景的支持。组织能够实现的愿景能帮助人们理解组织的目标、目的和重要性。它使得工作有意义，成为自尊的一个来源，培育共同目标的意识。最后，这个愿景有助于指导组织每个成员的行动和决策。当个人或团体在他们的工作决策中具有相当的独立性和自由度时，这就显得特别重要。

（2）解释如何达到愿景。仅仅描绘一个吸引人的愿景还不够，领导者还必须使追随者相信这个愿景是可行的。重要的是在愿景和达到它的可信的战略之间建立明确的联系。如果这个战略有几个清楚的要点与组织成员的共同价值相关，就更容易建立这个联系。这些要点提供了明显的标志帮助人们理解事件和问题。这些要点的数量应当足够大而能够关注关键的事务，但也不能过大以至于引起混乱和耗散能量。提供一个具有详细行动步骤的精致的计划，有时也是必要的。领导者不应当假装知道所有的关于如何达到愿景的答案，而应当告诉追随者他们在发现需要什么样的特别行动上具有关键的角色。

（3）自信和乐观地行动。除非领导者展示自信和可信，否则追随者不准备忠诚于愿景。重要的是保持对组织达到它的愿景的可能成功保持乐观，特别是面临着道路上的障碍和反复时。一个领导的自信和乐观，可能是高度感染性的。最好是强调到目前为止所取得的成就，而不是还有多少工作去做。最好是强调愿景的积极方面，而不是前面的障碍和危险。自信以语言和行动表达。缺乏自信反映在尝试性的虚假语言上（如我猜想，可能，希望），以及一些非语言的迹象上（如皱眉，缺乏眼睛接触，姿态紧张，体态虚弱）。

（4）以榜样领导。行动比语言更有说服力。领导者影响下属支持的一个方式是在日常与下属交流中建立一个榜样的行为。榜样领导有时称为“角色楷模”。这对于那些不愉快、危险的、不寻常或有争议的行动特别重要。领导者要求下属服从于一个特别标准，自己也应当服从这个标准。领导要求下属去作出特殊的牺牲，自己应当这样去做以树立榜样。一些最有影响力的军队领导者曾经是率领他们的战士战斗、分享着危险和艰苦的人，而不是停留在相对安全和舒服地方的人。一个负面的例子是：一个经历着金融困难的大公司执行官，在要求雇员打消他们加薪的期望之后，却给自己一个很丰厚的奖励。这个行动在雇员之间制造了抱怨，破坏了他们对组织的忠诚和对使命的支持。一个更有效的建立榜样的方法应当是在要求其他雇员作出牺牲之前，削减领导的奖励。

（5）授权人们去实现愿景。变革型领导的一个基本部分是授权人们达到愿景。授权意味着将如何做工作的决策权威委托给个人和团队。它要求人们自己决定执行战略或达到目标的最佳方式，而不是详细告诉他们如何去做。它意味着鼓励下属提出解决问题的建议。如果他们要求你帮助，你应该鼓励下属提出解决问题的方案，它意味着支持下属承担解决他们自己问题的责任，即使他们不采取与你相同的方式去做。授权也意味着降低官僚对如何去做工作的约束，让人们有更大的自由度。最后，授权意味着给下属提供充分的资源，完成他们正在负责的一个任务。

知识链接

领导体制变革的价值

摩西是约公元前1300年时伟大的领导者。据《旧约全书》记载，他曾被俘虏到埃及，接受了埃及的管理经验，在率领犹太人逃出埃及的过程中，显示了卓越的领导才能。

起初，摩西试图一人独自处理一切事务，但面对150万庞大的下属，从早忙到晚，应接不暇，其难度可想而知。摩西的岳父耶特洛对他说："为什么你独自一人管理，叫众百姓从早晨到晚上站在你面前?""你这样做不对。这不但使你自己疲乏，而且也使同你在一起的百姓疲劳不堪，因为这事超过你的力量，你独自一人是不能胜任的。"耶特洛建议说："你要从百姓中挑选有才能、敬畏天主、忠实可靠，舍己无私的人，派他们做千夫长、百夫长、五十夫长、十夫长……叫他们与你分担，你就轻松多了。"摩西接受了这一建议，从全以色列人中选拔有才能的人，立他们做百姓的头目，小事自己处理，大事呈报摩西。这一变革增强了摩西的力量，使人们各得其所，需求得到满足。

摩西的变革，在于改变了领导体制，建立了最初的领导集体。摩西可以说是有文字记载的一位最早的领导者，而他的岳父耶特洛则是一位出色的管理者。从这里我们可以看出领导体制变革的重要价值。

6.3 领导授权

授权涉及给下属指派新的责任和增加执行任务的权威。虽然委派有时被认为是参与型领导的一种，但大量的论断认为授权是一种独立的管理行为类型。一个经理可以咨询下属、同级或上级，但在大多数情况下，授权仅仅适合于下属。

6.3.1 授权的潜在优点

如果领导以合适的方式实施授权，它就能提供一些潜在的优点。如同参与和分享权力的其他形式一样，授权的一个潜在优点是改进决策质量。如果一个下属在如何做这个任务上比领导有更多专长，授权可能改进决策质量。如果下属的工作需要对变化的情景作出迅速的反应，而沟通的渠道不允许经理仔细监督和作出迅速调整时，决策质量也可能改进。一个比领导更接近问题和更具有相关信息的下属，就更可能迅速和更好地作出决策。然而，如果下属缺乏作出更好决策的技能，不能理解所期望的事情，或与领导有目标上的冲突，授权就不可能改进决策质量。

授权的另一个潜在优点是下属更有效地去执行政策。增加支持的主要原因是认同使之成功的决策和需要。然而，如果一个下属将授权看作领导的操纵策略，认为这个任务不可能完成，或认为新的授权责任是不公正地增加工作负担，则支持就不可能改进。

增加责任和权威的授权，可能使下属的工作更有趣、更有挑战性和更有意义。丰富的工作有时需要吸引和保持有能力的雇员，尤其是当组织只有有限的提升到高层位置的机会时。然而，授权仅仅是增强一个下属的满意，而他希望更多的责任，具有必要的技能承担新的责任，能够在完成挑战性任务中取得一些成功。如果下属常常感到沮丧，由于缺乏必要的权威和资源去实现新的责任或缺乏能力去做新的工作，这时授权可以增加工作的满意。

授权是一个责任过于沉重的领导管理工作的一个重要形式。将不那么重要的任务和功能授权给下属，一个领导就有更多的时间留给更重要的责任。甚至在领导能够比下属更好地做所授权的任务时，授权也是更有效的，因为这让领导的时间集中用于那些对领导组织的效能具有最大影响的职能上。如果没有授权，一个领导将没有充分可用的时间去做那些需要大量时间，但并不紧急的重要任务。

授权可能是管理发展的一个有效方法。组织需要发展管理人才以充实更高权威的位置。授权是促进在一个更高位置行使关键责任所必需的技能发展的一个方式。然而，当授权用于发展目标时，领导通常有必要做更多的监督和指导工作。因此，当用于这个目的时，授权不可能过多地降低一个领导的工作负担。

授权从来都不是绝对的，因为一个领导继续对下属的工作活动负责。为避免错误的风险，一个不安的领导可能仅将敏感的任务授权给几个忠诚的下属，或根本不作授权。进一步说，允许一个下属在行使领导职责上表演才能，可能创造一个领导工作的竞争者。

需要高度成就的领导，常常倾向保持重要和挑战性的任务，而不是将它们授权给下属。以解决疑难问题为荣的领导，也不愿意放弃这种挑战，或承认其他人能有效地去做。不愿意授权也为对观察自己绩效的偏见所支持。一项试验发现，当领导直接涉及监督一个任务时，即使真正的质量与一个所授权的任务相同，领导对自己的绩效评价会更高。

不授权也与下属的特性有关，比如他的专长和不愿分享目标。领导不愿意将重要的责任授权给缺乏必要专长的下属。即使一个下属拥有这种专长，如果这个人似乎对这个任务不感兴趣，重要的责任也会不予授权。

6.3.2 授权指南

虽然对授权的研究仍然非常有限，但关于何时和如何有效地运用授权仍然存在相当的共识。指南首先是授权什么，接着是如何授权。

（1）授权那些下属能够做得更好的任务。对于一些任务，下属可能比领导做得更好。当个人拥有更多的专长时，当个人更接近于问题和能获得关于问题的更及时的资料时，或者当领导仅仅没有必要的时间很好完成这个任务时，下属可能有更好的绩效。如果不考虑目的，这样的任务通常是适宜授权的。

（2）委派那些紧急但并非重要的任务。当目的是降低工作负担时，最好的授权任务是那些紧急但不是很重要的任务。这些任务必须很快完成，但自己又没有足够的时间全部完成。一些任务也许下属做得不如领导那样好，但让下属去做总比不去做要好。这些任务的委派将为一个领导做更重要的任务腾出更多的时间。

（3）授权与下属职业相关的任务。如果授权的目的是发展下属的技能，授权的责任就必须是与下属的职业目标相关的那种。发展性授权可能包括特殊的项目，它允许下属有机会为挑战性的任务奋斗，从而练习创造力和解决问题的能力。下属准备接手领导的工作或指导另一单位的相同工作，就需要授权一些重要的管理责任，包括下属起初做得不如领导好的那种工作。这些授权中的一些任务，也许与下属现在的工作不相关，而且事实上可能占用下属常规工作的时间。

（4）授权适度困难的任务。授权任务应当对下属具有挑战性，但又不是过于困难以致没有希望成功地完成。任务应当有足够的困难，这样能促使发生一些错误，因为错误是学习经验的一个不可分割的组成部分。然而，任务不应当过于困难和重要，那样错误将威胁到下属的自信和损害他（她）的名声。发展性目的的授权应当逐渐地实行。当下属学会如何去控制初始的责任时，才能授权另外的责任。

（5）授权喜欢和不喜欢的任务。一些领导将所有喜欢的任务留给自己，仅仅把那些琐碎烦人的任务授权给下属，这样的任务并不能丰富下属的工作，反而可能降低而不是提高下属工作的满意度。授权应当包括领导喜欢和不喜欢的两种任务。不喜欢的任务应当为下属分享或在他们之间轮流，以避免工作安排中的偏袒和不平等的感觉。

（6）授权那些不是领导核心工作的任务。那些对领导角色具有象征性和核心的任务，不应当授权。这些责任包括：为工作单位建立的目标及其优先性，在下属之间分配资源，评价下属的绩效，作出对下属的提薪和提职的人事决定，指导团体对危机的反应，以及各种各样的期望领导出席的名义首脑活动。在必须提高下属与这些责任相关的技能时，可以使用另一种形式的参与，如咨询和团体决策，而不是授权。例如，战略计划可以在计划会议上实行，下属可以提供想法和建议，但战略决策的责任不能授权给单个下属。

【案例】

如何强化你作为团支部书记的领导地位

假设你作为一名班级团支部书记已经有 6 个月。你对自己的工作感到自豪，但是也很吃惊地发现自己越来越没有权力。这个职位不是一块垫脚石，好像是一条死胡同。在你之上的管理者（系团支部书记、校团委书记）都与你的年龄相当，但他们在学校中扩张权力的愿望还没有实现，你感到提升无望。你不是组织的中心人物，你感到如果没有出什么乱子，就不会有人注意到你。你被期待成为部下的支持者，但是他们从未回报你的好意。你被期望在没有上面支持的情况下接受他们的想法。

通常，你感到虽然你一直“从两方面来考虑问题”，但你的方法很少有决断权。你对下属的奖励只有很有限的权力，感到自己无力以真正起作用的方式来奖励或惩罚他们。结果，你发现自己越来越习惯于强加规则，使部下按你的要求做事。对于部下取得的任何成功或受到任何赏识，你变得越来越嫉妒，因此常常切断他们与组织上层的联系，阻碍他们得到充分信息。你不再喜欢不拘礼节，愈加僵化地遵循标准的操作程序。可以预言，你的部下将变得越来越低效并充满抵触情绪。

讨论：

你如何解决目前的困境，并将权力转化成影响力呢？

6.3.3　授权之后应采取的步骤

下面的五个指南描述领导在授权责任给下属之后应当采取的步骤。

一、给需要知道的人以信息

受到授权影响的人们以及需要对下属做好授权的工作进行配合的人们，应当给予有关下属新责任和权威的信息。除非你给予有关授权的信息，否则这些人可能怀疑下属的权威和忽视他（她）的要求和指导。那些需要信息的人们也许包括：其他的下属、你的下属的下属、其他单位的同级、客户和供应商等外部人员以及你的老板。

二、以合适的方式监督进展

如同所有任务一样，对于授权的任务，监督进展和提供反馈给下属非常重要。很难在控制和授权之间取得合适的平衡，进展评价会议能使领导监督下属的进展，而不是过于频繁地每天监督。给予下属相当的自由度和不受干扰地处置问题，下属也可以在需要的时候自由寻求建议和协助。当权威授权时，领导和下属应当决定绩效测定的类型和收集的进展指标。

三、安排下属接受必要的信息

通常，最好的是使下属绩效的全部详细信息直接流向下属，而不太详细的总结信息则不过于频繁地流向领导。然而，在对一个缺乏经验的下属的发展性授权的案例中，可能需要更频繁地收集详细的信息以仔细检查下属的进展。在绩效信息之外，下属需要各种类型的技术和信息以有效地实现授权的任务。保持下属得到影响他（她）的计划和安排的有关变化的信息。如果可能的话，安排相关的技术信息直接流向下属，帮助下属建立他（她）自己的必要的信息来源。

四、提供支持和协助，但避免反向授权

领导应当对一个沮丧或受挫折的下属提供心理上的支持，鼓励人们继续向前。对新授权的任务，必须提供更多的去做这个工作的建议和指导。然而，重要的是避免反向授权，因为那样一来就等于以前所授权的任务又重新受自己控制了。当下属要求帮助时，应当要求他推荐一个解决方案。领导应能够帮助人们评价这个解决方案是否可行和合适。

五、从错误中学习经验

重要的是认识到授权任务中错误是不可避免的。错误和失败应当严肃对待，但反馈不应当是一种批评和谴责。相反，当他们讨论错误的原因和确定在未来避免同样错误时，该事件应当对双方是一个学习经验。如果下属明显不具备如何去做工作的基本知识，经理应当提供额外的训练和指导。

【案例】

如何对待这样的下属

李刚前往某分公司担任总经理。在交接班时，前任经理特地对一位副经理的情况作了介绍，说他个性强，不好合作，有时经理决定的事，如果他不同意，决策就很有可能得不到有效实施。前任经理的介绍给李刚的心理造成了较大的阴影。

刘刚就任后，在与这位副经理的接触中，发现这位副手确实很有个性，如自尊心很强，人很正直，对工作有主见，也敢于负责，好胜心强，总希望自己分管的工作做得比别人好。

试分析对于这位副手，应该如何做，才能既调动积极性，又能实现有效的领导，保证组织目标的实现？

本章重点知识归纳

在管理活动的整个过程中，领导工作也包含于其中，它是一个组织的管理者在管理过程中的行为活动，任何一个组织都离不开领导，否则组织将是一盘散沙，无法实现自己的目标与战略。

提高领导有效性的关键，在于最大限度地促成领导者、被领导者与环境之间的相互适应和协调。

领导并不是以同样的方式表现他们的领导角色，这些不同的领导风格对团体成员的工作绩效和工作满意度有着不同的影响。领导风格区分为三种：专制方式、民主方式、放任自流方式。

领导风格分为何做支持型领导、参与型领导、魅力型领导、变革型领导。

授权可能是管理发展的一个有效方法。组织需要发展管理人才以充实更高权威的位置。授权是促进在一个更高位置行使关键责任所必需的技能发展的一个方式。然而，当授权用于发展目标时，经理通常有必要做更多的监督和指导工作。

领导的本质决定了领导必须是不断创新的。领导只有创新，才能给领导客体和整个事业带来新的生机和活力、新的前途和希望，才能激发并创造出新的生命力、创造力、竞争力和发展力，才能确保先进、带头和率领，才能真正胜任“领导”二字本身。

思考题

1. 简要阐释领导者的责任与义务。
2. 如何做支持型领导？
3. 如何做参与型领导？
4. 如何做魅力型领导？
5. 如何做变革型领导？
6. 领导授权的原则与方法有哪些？

7. 如何理解领导创新的制约因素？

本章讨论案例

哪种领导类型最有效

ABC公司是一家中等规模的汽车配件生产集团。最近，对该公司的三个重要部门经理进行了一次有关领导类型的调查。

一、安西尔

安西尔对他本部门的产出感到自豪。他总是强调对生产过程、出产量控制的必要性，坚持下属人员必须很好地理解生产指令以得到迅速、完整、准确的反馈。安西尔当遇到小问题时，会放手交给下级去处理，当问题很严重时，他则委派几个有能力的下属人员去解决问题。通常情况下，他只是大致规定下属人员的工作方针、完成怎样的报告及完成期限。安西尔认为只有这样才能导致更好的合作，避免重复工作。

安西尔认为对下属人员采取敬而远之的态度对一个经理来说是最好的行为方式，所谓的“亲密无间”会松懈纪律。他不主张公开谴责或表扬某个员工，相信他的每一个下属人员都有自知之明。

据安西尔说，在管理中的最大问题是下级不愿意接受责任。他的下属人员可以有机会做许多事情，但他们并不是很努力地去做。

他表示不能理解在以前他的下属人员如何能与一个毫无能力的前任经理相处，他说，他们的上司对他们现在的工作运转情况非常满意。

二、鲍勃

鲍勃认为每个员工都有人权，他偏重于管理者有义务和责任去满足员工需要的观点，他说，他常为他的员工做一些小事，如给员工两张下月在伽利略城举行的艺术展览的入场券。他认为，每张门票才15美元，但对员工和他的妻子来说却远远超过15美元。通过这种方式，也是对员工过去几个月工作的肯定。

鲍勃说，他每天都要到工场去一趟，与至少25%的员工交谈。鲍勃不愿意为难别人，他不主张过于死板的管理方式，员工对过于死板的管理方式也并不那么满意，但除了忍耐别无他法。

鲍勃说，他已经意识到在管理中有不利因素，但大都是由于生产压力造成的。他的想法是以一个友好、粗线条的管理方式对待员工。他承认尽管在生产率上不如其他单位，但他相信他的雇员有高度的忠诚与士气，并坚信他们会因他的开明领导而努力工作。

三、查理

查理说他面临的基本问题是与其他部门的职责分工不清。他认为不论是否属于他们的任务都安排在他的部门，似乎上级并不清楚这些工作应该谁做。

查理承认他没有提出异议，他说这样做会使其他部门的经理产生反感。他们把查理看成朋友，而查理却不这样认为。

查理说过去在不平等的分工会议上，他感到很窘迫，但现在适应了，其他部门的领导也不以为意了。

查理认为纪律就是使每个员工不停地工作，预测各种问题的发生。他认为作为一个好的管理者，没有时间像鲍勃那样握紧每一个员工的手，告诉他们正在从事一项伟大的工作。他相信如果一个经理声称为了决定将来的提薪与晋职而对员工的工作进行考核，那么，员工则会更多地考虑他们自己，由此而产生很多问题。

他主张，一旦给一个员工分配了工作，就让他以自己的方式去做。他相信大多数员工知道自己把工作做得怎么样。如果说存在问题，那就是他的工作范围和职责在生产过程中发生的混淆。查理的确想过，希望公司领导叫他到办公室听听他对某些工作的意见。然而，他并不能保证这样做不会引起风波而使情况有所改变。他说他正在考虑这些问题。

讨论：

1. 你认为这三个部门经理各采取什么领导方式？试预测它们各自将产生什么结果？

2. 你认为三种方式中是否存在最好的领导方式？为什么？

第 7 章 管理沟通

通过本章学习，你应该能够：

1. 正确运用管理沟通的方法。
2. 掌握有效管理沟通的策略。
3. 能够正确认识冲突及其对于组织的利弊。
4. 掌握谈判的基本方法。

在企业管理实践中，沟通是实现管理职能的主要方式、方法、手段和途径。没有沟通，就没有管理，没有沟通，管理只是一种设想和缺乏活力的机械行为。组织如果没有沟通就无法存在，良好的沟通有利于组织提高工作效率。伟大的管理思想只有沟通并获得其他人的理解，才能显现其真正的实践意义。

7.1 管理沟通概述

沟通是企业组织中的生命线。没有管理沟通，组织就不能正常运作，良好的管理沟通是实现企业目标的保证。

7.1.1 什么是管理沟通

简单来说，所有为了达到管理目的而进行的沟通就是管理沟通。按照管理沟通内容的性质、大小和重要程度，管理沟通可以分为以下两类。

一、情感沟通

人具有自我感觉、情绪、情感、兴趣、爱好、偏好、习惯等，这是企业管理者手中的智慧型资源。因为信息、知识、技术以及其他任何资源的生产力的发挥，全都要依靠人的有效工作。而人因为有情绪、情感，具有个人局限和偏好，所以在工作中并不总是理智的，因此，了解和疏导、调节人的情感必然是管理和管理沟通的重要工作。

在企业管理沟通中，向同事致以友好的微笑，轻轻地拥抱或拍打自己亲密同事的肩膀等，都是一种情感沟通。显然，为了创造和维持良好的人际工作环境，更是为了普遍提高企业员工的工作热情和绩效，情感沟通是企业十分基本、日常又重要的基础管理沟通工作。情感沟通表面上似乎与企业管理的职能和目标没有关联，但实践表明，情感管理沟通的威力是如此巨大，员工与管理者要学习的首项管理沟通技能，应该是情感沟通技能。没有这项技能，不会成为合格的员工或管理者。

二、信息沟通

信息是企业进行活动的前提，信息的顺畅运转是企业的有效运作的保证。因此企业必须重视信息沟通。根据不同信息的特点，我们可以把信息沟通分为以下四个方面：

（1）可操作性业务信息沟通：指在业务或者工作层面上，存在的一种基本、经常、重要的管理沟通，那就是人们对关于自己怎么工作和应该怎么工作及目前工作得如何的，基础、基本业务信息的沟通。这类管理沟通，按照其内容指向不同，又可分为工作指令、工作意见和工作建议三大类内容的沟通。

（2）决策性业务信息沟通：企业决策性业务信息的沟通在企业中大量、大范围存在，只是它们发生的频次比操作性业务信息沟通少。一方面，决策越重大，需要获取信息量越大，对企业业务的现在、将来影响越大，决策者必然需要广泛收集一切能够收集到的相关信息，征求具体操作者、协作者的意见，几经反复，才能保证决策的质量，并获得广大管理者和执行者的支持；另一方面，对于部门或者企业的决策，具体执行者并不一定总是能理解或理解透。因此，不仅在作出决策时需要大量沟通，而且在决策作出后，也需要解释和分解决策，将其转化为所有相关部门、人员和所有决策执行者都能够深入理解的业务信息，清晰地传达给应该传达的人员和部门。

（3）制度沟通：企业运行和管理的规章制度是企业管理的常规化部分。这套制度，明确而清晰地规定了企业中各个员工的权利、利益和工作职责，也规定了企业中人与人、部门与部门间协作关系，是企业组织架构，人事，财务，业务等方面的权威文字表述，在企业管理中起着职责划分，行为指导和业务规范，安全运行的重要作用。制度当然有好有坏，制度规定和适应的情形变了，制度本身也应该变。因此，制度的制定还应该是一个动态发展的过程，以防制度变成桎梏。跟企业决策一样，企业制度在制定前、中、后都需要良好沟通。制度沟通的最终目标是企业成员人人知所当知，并为当所为。

（4）企业外部沟通：企业并非生存在商业真空中，而是生存在与客户、顾客、供应商、经销商、政府、竞争对手、金融机构、社会公众共同组成的社会大环境中。企业的资源必须来自外界，而企业的产出必须输出到外界，才能实现企业配置和转化资源并从中取得利润的经济目标。从更深层的意义上来讲，企业是为满足外部需要而存在的，如果企业生产的产品或提供的服务不能满足外界市场和顾客的需要，企业的生存就会产生危机。因此，最终是顾客和市场决定企业的生死，而不是企业自己。因此，企业必须与外界有良好有效的沟通。

7.1.2 管理沟通的途径

沟通途径是指在沟通过程中所采取的具体方式与手段。管理沟通的途径有很多种，可分为外部沟通和内部沟通，下面我们将介绍两种典型的沟通途径。

一、外部沟通

(1) 广告：广告其实就是企业与客户沟通的形象大使，广告的好坏优劣直接影响到企业与客户沟通的效果。广告与客户的沟通就是企业把产品的信息或企业的信息等融入广告里，通过广而告之的形式向客户传递信息，使客户对企业本身、企业产品、企业品牌等了解并理解，最终选择该企业的产品或服务的过程。

(2) 谈判：是有关方面就共同关心的问题互相磋商，交换意见，寻求解决的途径和达成协议的过程。

(3) 公关：是指组织机构与公众环境之间的沟通与传播关系。主要从事组织机构信息传播、关系协调与形象管理事务的咨询、策划、实施和服务的管理职能，包括宣传组织的成功，降低组织失败的影响，宣布变更等。

二、内部沟通

(1) 发布指示：指示具有强制性和权威性，是上级对下级指导工作时常用的方法。指示明确规定了上下级之间的关系以及各自的职责，它由上级发布，有下级服从并执行。

(2) 请示汇报：请示是下级向上级表达要求的一种常用的沟通方法。汇报是下级在执行上级指示及工作任务的过程中，将其所遇到的困难与问题、工作的进展等情况向上级反映并提出设想的一种沟通方式。

(3) 召开会议：会议是企业的日常活动之一，企业的运营和重大决策都离不开会议这种形式。通过开会，可以集思广益，与会者可以通过交流达成共识，并密切彼此之间的关系；可以使大家了解共同的目标及彼此之间的工作关系，从而可以更好地确定自己的目标及工作方法；通过开会可以发现未注意到的问题并认真考虑、研究。会议有工作汇报会、专题讨论会、员工座谈会等形式。虽然“会议”是经理人进行沟通的一种重要途径，但决不能完全依赖这种途径，而且，在召开会议或出席会议之前一定要有充分的准备，以免流于形式。

(4) 个别交谈：这种形式大都建立在相互信任的基础之上，运用这种方式来沟通容易使双方产生亲切感，这对双方统一认识、体会各自的责任和义务都有好处。在这种情形下，双方往往都愿意表露真实的思想，提出不便在其他场合（如会议上）提出的问题，从而使上级能准确掌握下属的思想动态，并争取在认识、见解等方面取得一致。

（5）内部刊物：企业内部刊物是想向企业员工传达企业高层管理精神、企业文化、企业生产经营进度和目标完成的一种载体，也是企业内部沟通的一个途径，主要有报纸杂志、电子读物等形式。

7.2　管理沟通的策略

7.2.1　影响沟通的因素

一、个人因素

（1）人们对人对事的态度、观点和信念不同造成沟通的障碍。知觉选择的偏差是指人们有选择地接受，例如，人们在接受信息时，符合自己利益需要又与自己切身利益有关的内容很容易接受，而对自己不利或可能损害自己利益的则不容易接受。

（2）个人的个性特征差异引起沟通的障碍。在组织内部的信息沟通中，个人的性格、气质、态度、情绪、兴趣等差别，都可能引起信息沟通的障碍。

（3）语言表达、交流和理解造成沟通的障碍。同样的词语对不同的人来说含义是不一样的。在一个组织中，员工常常来自不同的背景，有着不同的说话方式和风格，对同样的事物有着不一样的理解，这些都造成了沟通的障碍。

二、人际因素

人际因素主要包括沟通双方的相互信任程度和相似程度。沟通是发送者与接收者之间“给”与“受”的过程。信息传递不是单方面，而是双方的事情，因此，沟通双方的诚意和相互信任至关重要。在组织沟通中，当面对来源不同的同一信息时，员工最可能相信他们认为的最值得信任的那个来源的信息。上下级之间的猜疑只会增加抵触情绪，减少坦率交谈的机会，也就不可能进行有效的沟通。沟通的准确性与沟通双方间的相似性也有着直接的关系。沟通双方的特征，包括性别、年龄、智力、种族、社会地位、兴趣、价值观、能力等相似性越大，沟通的效果也会越好。

三、结构因素

信息传递者在组织中的地位、信息传递链、团体规模等结构因素也都影响了有效的沟通。许多研究表明，地位的高低对沟通的方向和频率有很大的影响。例如，人们一般愿意与地位较高的人沟通，地位悬殊越大，信息趋向于从地位高的流向地位低的；信息传递层次越多，它到达目的地的时间也越长，信息失真率则越大，越不利于沟通。另外，组织机构庞大，层次太多，也影响信息沟通的及时性和真实性。

7.2.2 有效管理沟通的策略

有效的管理沟通包括三个方面：准确性、实时性和效率。准确性是指信息从发送者传递到接收者是保持原意（即不失真、不产生歪曲、不遗漏）的程度。实时性则是指信息从发送者传递到接收者的及时程度。沟通的效率则是指单位时间内传递信息的多少。

但管理沟通能否有效进行受很多方面的影响。为了克服来自内外各种因素的干扰，管理人员必须采用一些策略和方法，努力解决沟通中出现的各种问题。

一、沟通者策略

管理沟通具有很强的目的性和针对性，沟通者应该在沟通前明确沟通的目的，并结合自身的可信度，选择相应的沟通渠道。我们应该关注以下几个方面：

（1）沟通的目的。为了确定沟通目的，我们需要对目的进行细分。按照从一般到具体的程度，可分为三个层次：总体目的→行动目的→沟通目的。需要注意的是，每次管理沟通的目的不能太多，只有范围集中，沟通才能有效进行。

（2）应选择的沟通形式。根据沟通内容需要控制的程度和听众需要参与的程度，我们可以选择叙述、说服、征询和参与四种不同的沟通形式。

（3）沟通者的可信度。你要考虑自己的可信度，即听众对你的信任、信心、仰赖。这里的可信度包括两种：初始可信度，在开始沟通之前听众对你的看法，这与你是谁，你代表什么以及你过去与他们的接触有关；后天可信度，在你与听众沟通之后，听众对你所形成的看法。关于这方面的详细内容见表 7－1。

表 7－1　影响可信度的因素和技巧

因素	对初始可信度的强调	对后天可信度的加强
身份地位	强调你的头衔或地位	将你与地位很高的某人联系起来（如共同署名或进行介绍）
良好意愿	涉及关系或长期记录	通过指出听众利益来建立良好意愿
	承认利益上的冲突作出合理的评估	
专门技术	包括经历或简历	将你与听众或认为是专家的人联系起来或引用他的话语
外表形象	强调听众认为有吸引力的特质	通过认同你的听众利益来建立你的形象；运用听众认为活泼的非语言表达方式以及语言
共同价值	在沟通开始就建立共同点和相似点，将信息与共同价值结合起来	

二、听众分析策略

听众分析策略是指根据听众的需求和喜好调整沟通方式的有关技巧。这是沟通过程中最重要的环节。听众策略要解决三个问题：第一，听众是谁？第二，听众了解什么？第三，听众感觉如何？

（1）分析听众中的每一个成员：考虑他们的教育层次、专业培训、年龄、性别以及兴趣爱好，他们的意见、喜好、期望和态度各是什么？

（2）对听众做整体分析：通过分组来进行分析。他们的群体特征是什么？立场如何？他们的共同规范、传统、标准准则与价值观又是怎样的？

三、信息策略

在信息沟通发生之前，我们首先要思考如何完善沟通信息的组织结构。因此，信息策略主要在于两个方面：怎样强调信息？如何组织信息？

沟通前，我们要了解沟通的中心主题，在沟通的过程中，我们要掌握一定的技巧。开始要开门见山，切中主题；中间可以用两个典型的事例作说明；结尾，要再次阐明自己的观点。

四、沟通渠道选择策略

渠道就是指信息传递的途径和方式。信息除了可以通过面对面的方式直接进行传递之外，还可以借助媒体进行传递，例如：书面媒体、电话、电视、网络等。新的渠道改变了我们对于沟通渠道的传统认识。但研究表明，面对面沟通是影响力最大的沟通方式。图 7－1 列举了不同沟通渠道的比较。

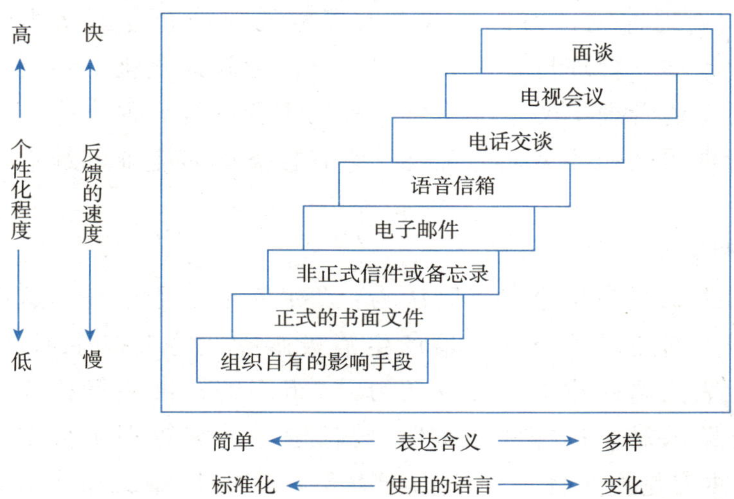

图 7－1　沟通渠道的比较

从图 7－1 中各种沟通渠道的比较，我们可以看出，最简单、标准化程度最高但反馈最慢的渠道是组织自有的影响手段；电子邮件作为新兴的沟通渠道，出现在曲线中间的位置；而最古老的面谈方式，则是最多样化、最灵活同时反馈最快的渠道。

知识链接

克服组织沟通障碍的八个途径

1. 创造一个相互信任，有利于沟通的小环境。
2. 工作专门化，使用相同的术语，拥有近似的处事风格。
3. 给员工提供完成任务所必需的信息。
4. 增加信息的透明度和公开性。
5. 缩短信息传递链，拓宽沟通渠道，保证信息的畅通无阻和完整性。
6. 建立特别委员会，定期加强上下级的沟通。
7. 建立职工代表大会。
8. 组成非管理工作组。

7.3 冲突与管理

据美国管理学会进行的一项对中层和高层管理人员的调查，管理者平均要花费 20%时间处理冲突；另据调查，大多数的成功企业家认为管理者的必备素质与技能中，冲突管理排在决策、领导、沟通技能之前。由此可见，冲突管理已成为现代企业管理中的一项不可忽视的重要内容，而在企业的各种类型冲突中，高层管理团队的冲突尤为重要，它直接影响着企业的绩效。

7.3.1 冲突的定义以及性质

美国著名组织行为学家罗宾斯认为："冲突是一个过程，这种过程始于一方感觉到另一方对自己关心的事情产生消极影响或将要产生消极影响"。管理决策学派的代表人物西蒙把冲突定义为："组织的标准决策机制遭到破坏，导致个人和团体陷入难于选择的困难"。曾任国际冲突管理协会主席的乔斯沃德教授认为："冲突是指个体或组织由于互不相容的目标认知或情感而引起的相互作用的一种紧张状态，"他认为一个人的行为给他人造成了阻碍和干扰就会产生冲突，冲突和暴力、争吵是两码事。

7.3.2　冲突管理

无论什么地方出现改革的需要，冲突都在所难免，因为总是有人愿意创新，有人想维持现状。有改革就有冲突。冲突管理成功的关键是不出现输方，长远的解决办法是建立共同遵守的游戏规则。

一、冲突的类型

近年来，人们越来越认识到冲突是不可避免的，而且冲突并不一定都是消极的。冲突的存在不是没有好处的。它的潜在好处包括：减少工作的枯燥感；增进自我了解；为了回避冲突，可激发个人做妥工作；冲突之化解可增进个人声望与地位；凸显问题所在；促使决策者对问题做深入的思考；可导致创新或变革。

因此，面对冲突，我们应该先判断其性质，作出定位。冲突应当分为两类，即建设性冲突和破坏性冲突：建设性冲突，处理得当可以明辨是非，促进组织的改革与创新，带来积极的后果；破坏性冲突，使矛盾加剧造成组织的混乱，给生产造成极大的破坏作用。具体见表 7－2。

表 7－2　冲突的类型

建设性冲突	破坏性冲突
双方对实现共同目标的关心	不愿意听取对方的观点或意见
乐于了解对方的观点或意见	双方由意见或观点的争论，转变为人身攻击
大家以争论问题为中心	双方对赢得观点的胜利最为关心
双方交换情况日益增加	互相交换情况减少，以致完全停止

二、冲突的利弊分析

明确了冲突的类型以后，我们要做冲突对于组织的利弊分析，如图 7－2 所示。

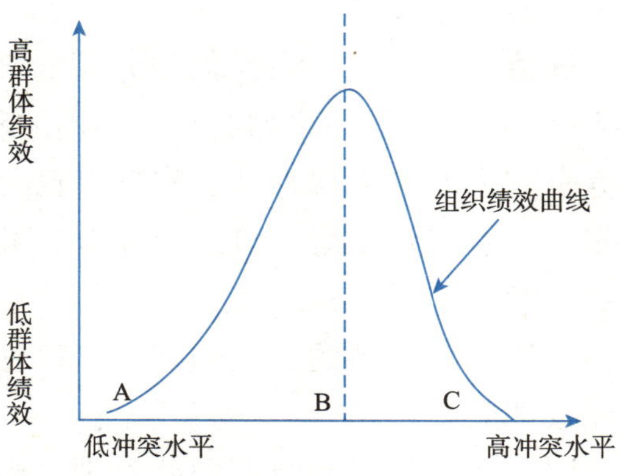

图 7－2　群体冲突与绩效的关系

从图 7－2 我们可以清楚地了解到，一个组织或部门的冲突水平低和高的情况下，都会对组织和部门的绩效产生负面影响，使群体成员的满意度水平降低，离职率和缺勤率提高，最终导致生产率下降。但是，另外，当冲突水平达到最佳水平时，则会使组织中冷漠和自满降到最低程度，它通过创造轻松、愉快的环境，使员工的思维更活跃、更愿意接受有挑战性的工作，使组织能够不断创新，从而增加其适应市场不断变化的能力。具体见表 7－3。

表 7－3 群体冲突水平对绩效的影响

情境	冲突水平	冲突类型	内在属性	绩效
A	低或没有	破坏性	冷漠的、停滞的、对改变没有反应、缺乏新意	低
B	适量	建设性	有活力的、自我批评的、创新的	高
C	高	破坏性	破坏性的、无秩序的、不合作的	低

简而言之，对于有害的冲突我们要设法加以解决或减少，对有益的冲突要加以利用。

三、处理冲突的策略

组织中人际冲突之所以发生，可能是利益相关者对若干议题的认知、意见、需求、利益不同，或是基本道德观、宗教信仰不同等因素所致。组织中的人际冲突是很难来量化的，但一般来说，包括以下几方面：

（1）组织中权力、利益的争斗。当一个职位低下的员工看着略高于其位的那人的能力并不比他强时，就很可能不服气，与之明争暗斗，同时，各个个体只考虑本位利益而引起利益冲突最终引发冲突。

（2）职责范围、责任归属不清。由于组织中授予员工的工作模糊不清或是职责范围重叠，人们之间就很容易引发冲突。

（3）信息传递受阻或谬误。由于人与人之间或群体之间缺乏信息交流、互相不了解而造成隔阂，也会产生冲突。

（4）知识、观念、价值观的不同。当人们的知识、经验不同，对问题看法存在分歧，或者价值观的不同，对同一事物会存在不同的看法，从而引发冲突。

（5）工作中存在竞争。人们有表现自己、实现自己价值的愿望，人们总希望自己在组织中有所作为，发表意见展示自己的才能，并希望这些意见为别人所接受，这也是冲突的来源。

（6）情绪的影响。情绪是很微妙的，它的变化足以使组织平静的生活掀起不小的波澜，也容易导致冲突。

针对冲突产生的原因，我们可以制定不同的处理策略。美国的行为科学家托马斯和他的同事克尔曼提出了一种两维模式（见图 7－3），以沟通者潜在意向为基础，认为冲突发生后，参与者有两种可能的策略可供选择：关心自己和关心他人。其中，“关心自己”表示在追求个人利益过程中的武断程度为纵坐标；“关心他人”表示在追求个人利益过程中与他人合作的程度为纵坐标、定义冲突行为的二维空间。于是，就出现了五种不同的冲突处理的策略：竞争、合作、妥协、迁就和回避。

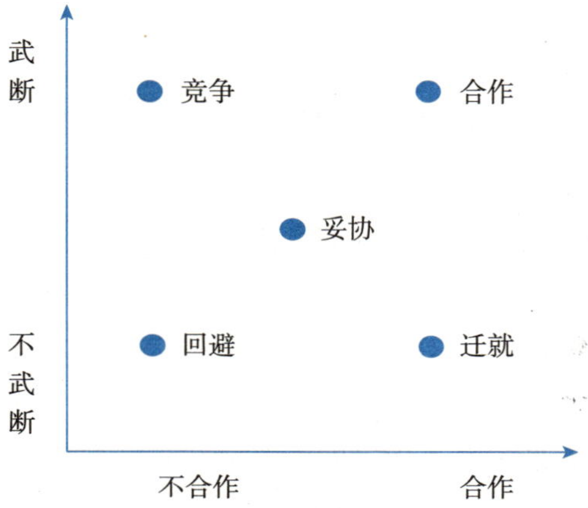

图 7－3　托马斯、克尔曼的人际冲突处理模式

回避策略：指既不合作又不武断的策略；
竞争策略：指高度武断且不合作的策略；
迁就策略：指一种高度合作而武断程度较低的策略；
合作策略：指在高度的合作精神和武断的情况下采取的策略；
妥协策略：指合作性和武断程度均处于中间的状态。

7.4　谈判与管理

谈判几乎渗透到组织和群体中每一个人的相互作用之中。在复杂的人际关系里，人们不可避免地发生各种各样的冲突，谈判是处理冲突的一种有利手段。有一些谈判表现得并不是特别明显，如同事之间的谈判、销售员和顾客之间的谈判。如何有效地利用谈判化解冲突，掌握谈判技能十分关键。

7.4.1　谈判概述

一、谈判的定义

美国谈判学会会长杰勒德·I. 尼尔伦伯格在《哈佛谈判学》一书中，曾给谈判下了一个广泛的定义：“谈判就像在一张绷紧了的网中，运用情报及权力来左右他人的行为。”他又在《谈判艺术》一书中写道：“每一个要求满足的愿望和每一项寻求满足的需要，至少都是诱发人们展开谈判过程的潜因。只要人们为了改变相互关系而交换意见，只要人们为了取得一致而磋商协议，他们就是在进行谈判。”

我们认为，谈判是双方或多方互换商品或服务并试图对他们的交换比率达成协议的过程。许多冲突是通过谈判来协调解决的。因此，谈判过程是冲突管理的重要方面。谈判包含四个成分：

（1）谈判各方的相互依存性。

（2）谈判各方的目标或程序冲突性。

（3）谈判各方的动机与影响力。

（4）谈判各方对达成一致意见的信念。

二、谈判的基本要素

谈判包括以下四个要素：

（1）谈判主体：即参与谈判的当事人。

（2）谈判客体：即谈判的议题及内容。

（3）谈判目的：即通过谈判希望得到什么，达成什么共识。

（4）谈判结果：即主体通过谈判后最后形成的协议，但不一定和谈判的目的相同。

三、谈判的基本方法

谈判有分配谈判和综合谈判两种基本方法。

（1）分配谈判最显著的特点是在“零和”条件下运作，也就是说，一方所获得的任何收益恰恰是另一方所付出的代价，如劳资双方对工资的谈判，就是典型的例子。在进行分配谈判时主要是试图使对手同意你的具体目标点或尽可能接近它。

（2）综合谈判是基于这样的假设解决问题的，即至少有一种处理办法能得到“双赢”的结果。综合谈判建构的是长期关系并推进了将来的共同合作，使谈判双方团结在一起，并使每个人离开谈判桌时都感到自己是胜利者。分配谈判导致胜利者与失败者的对立，并引发憎恨，使得那些需要在持久基础上共同工作的人分离的更远。综合谈判的成功取决于信息的公开与双方的坦诚，信任别人的能力以及双方维持灵活性的期望。

7.4.2 谈判的过程

管理心理学把谈判分为四个阶段，如图 7－4 所示。

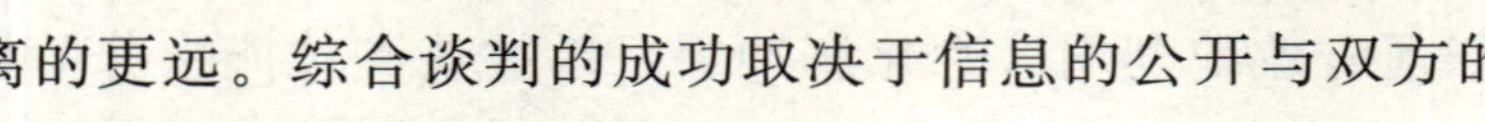

图 7－4　谈判的过程

(1) 调查准备阶段。这是最重要的谈判步骤之一。首先，我们需要收集问题与方案的事实信息、了解他方谈判风格、动机、个性与目标，分析基本背景；其次，在谈判开始之前，明确本次谈判的目标是什么，评估对方对这个目标的看法；最后，要制订相应的计划，谨慎选择谈判的时间、地点、参与的人员以及谈判的程序和规则等。

(2) 方案表达阶段。这个阶段包括提出最初的目标、表达我方需求。双方将对自己的提议进行解释、阐明、论证和辩论。这时，表达能力与沟通能力十分重要，跨文化差异在这一阶段比较明显。

(3) 讨价还价阶段。这时，管理人员运用各种公关手段、沟通技能与谈判策略，以便达成原则意见。谈判过程实际上是一个为了达成协议而相互让步的过程，谈判双方毫无疑问都需要作出让步。

(4) 达成一致阶段。这一阶段，处于谈判的尾声，通过讨论、达成一致意见或协议。需要注意的是，谈判双方应该将协议正规化，并为实施和监控执行制定出所有必要的程序。

7.4.3 谈判行为分析

谈判是人的理性行为，对谈判人员行为的认识是制约谈判的关键因素。谈判人员的行为取决于需要与动机，因此对谈判人员的需要、动机以及行为的研究成为谈判学的基础理论。

一、谈判的需要与动机

需要和对需要的满足是一切谈判的共同基础。动机是促成人们去满足需要的一种驱动和冲动。需要是动机的基础和前提，动机是需要的表现和反映；而谈判又是在需要和动机的基础上产生的理性行为。谈判人员只有了解对方的真正需要和真实动机，掌握动机和需要的特征以及它们之间的关系，才能预测对方的行动，进而采用有效的策略和方法充分发挥自己的主导性去引导对方的行为，调动对方的积极性。

二、谈判的策略

为了使谈判顺利地往自己希望的方向进展，我们需要不断激发谈判人员的成功动机。也需要针对谈判的具体情况使用不同的策略技巧。

在激发对方动机方面，应该遵循着三个原则：第一，有针对性地提出问题；第二，结合对方的动机进行深入讨论；第三，不断强化对对方有利的因素。

谈判是一个过程，存在一些较为普遍的差误。例如，非理性地加大承诺，一方得利、一方受损，以及过分自信等。常用的解决策略是运用多种能力，形成处理方案，主要有以下一些能力：

（1）创造性能力：用多重角度看待问题。

（2）灵活性能力：能够进行快速思维。

（3）控制能力：对于当前状况，拟对各个环节进行控制。

（4）激励能力：主要要求了解自己，关注比较各类其他活动。

（5）否决的能力。

而在制定和使用不同策略问题上，要根据各种策略的不同特点、不同作用，有选择地加以应用。

管理心理学研究表明，谈判策略可以划分成四大类，如图 7－5 所示。图中表示“信任合作”“开放顺从”“坚定竞争”“主动回避”四种策略，分别属于不同的关系结果与事实结果。

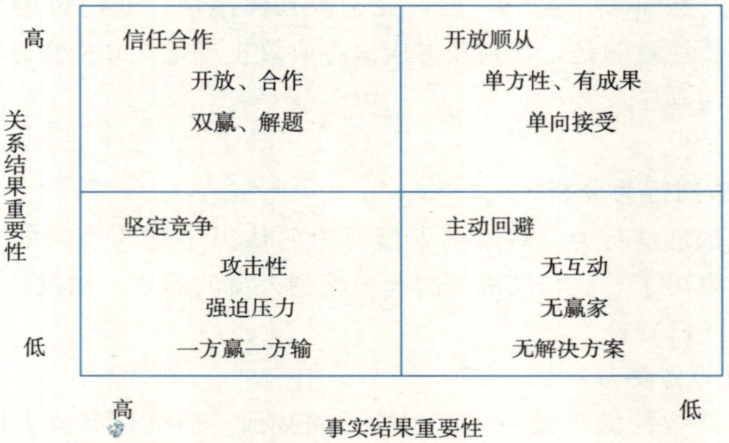

图 7－5　四种谈判策略

美国谈判学家费希尔、尤瑞、雷法等人研究认为，谈判法则代表着一种更高水平的谈判策略，其主要特点为：一是坚持把谈判的人与谈判的问题区分开来；二是坚持关注利益而不是立场；三是坚持准确可行性方案在前，决策在后；四是坚持谈判结果建立在客观标准上。

总之，谈判是人的行为，人是谈判的主体，对主体行为的认识、预测、激励和引导是任何谈判的基本因素。但主体的行为既具有复杂性，又具有规律性。谈判人员应该通晓主体的行为规律，了解影响行为的主要因素，掌握预测行为的方法，善于运用激励行为的技巧，有效地发挥主体的能动作用，以使谈判获得成功。

知识链接

提高积极倾听的十个关键

1. 寻找兴趣点。要多想一想发言者说的什么对我有用。

2. 评判内容而不是传送。不要太关注发言者的性格、特殊习惯、声音或服装等，把注意力放在发言者说的是什么上。

3. 沉着。在完全理解发言者说的是什么以后再作评价，不要被他表面上的言语打动。

4. 注意领会要点。不要太拘泥于事实和细节，把注意力放在中心思想上。

5. 灵活应变。准备多种记录方法并选择适合发言者风格的方法。

6. 集中注意力。排除外界干扰，要离谈话者更近一点，不要看其他材料。

7. 训练自己的大脑。要培养勇于挑战困难的信心。

8. 保持头脑开放。在敏感的问题上不要过于感情用事，不要让情绪影响到对问题的理解。

9. 利用思维速度的优势。人们思维的速度是讲话速度的4倍，把省下来的时间用在思考讲话者说了什么。

10. 努力去听。投入一定的精力，不要只是表面上表现出倾听的热情。倾听是一项艰苦的工作，但你得到的会超过你付出的。

本章重点知识归纳

管理沟通常见的沟通问题主要来自四个方面：一是组织结构因素形成的沟通障碍；二是人的因素形成的沟通障碍；三是沟通环境形成的沟通障碍；四是沟通手段中的障碍因素。促进有效沟通的对策，一是重视沟通者自身沟通技能的提高；二是健全组织的沟通政策与渠道；三是注重组织沟通环境的改善。

冲突是指个体或组织由于互不相容的目标认知或情感而引起的相互作用的一种紧张状态。组织中人际冲突的发生，是利益相关者对若干议题的认知、意见、需求、利益等因素的不同所致的。五种不同的冲突处理的策略是：竞争、合作、妥协、迁就和回避。

谈判是处理冲突的一种手段，包括主体、客体、目的和结果四个要素。它可以分为分配谈判和综合谈判两种基本方法。谈判分为四个阶段：调查准备阶段、方案表达阶段、讨价还价阶段和达成一致阶段。

谈判人员只有了解对方的真正需要和真实动机，掌握动机和需要的特征以及它们之间的关系，才能预测对方的行动，进而采用有效的策略和方法充分发挥自己的主导性去引导对方的行为，调动对方的积极性。

思考题

1. 简述管理沟通的常用方法。
2. 什么叫作冲突？冲突对于组织有什么利弊？
3. 如何解决群体中个人之间或群体与群体之间的冲突？
4. 谈判有哪两种基本方法？它们各自的特点是什么？

本章讨论案例

一次战略方案制定引起的风波

天讯公司是一家生产电子类产品的高科技民营企业。近几年，公司发展迅猛，然而，最近在公司出现了一些传闻。公司总经理邓强为了提高企业的竞争力，在以人为本，创新变革的战略思想指导下，制定了两个战略方案：一是引人换血计划，年底从企业外部引进一批高素质的专业人才和管理人才，给公司输入新鲜血液；二是内部人员大洗牌计划，年底通过绩效考核调整现有人员配置，内部选拔人才。邓强向秘书小杨谈了自己的想法，让他行文并打印。中午在公司附近的餐厅吃饭时，小杨碰到了副总经理张建波，小杨对他低声说道："最新消息，公司内部人员将有一次大的变动，老员工可能要下岗，你们要有所准备啊。"这些话恰好又被财务处的会计小刘听到了。他又立即把这个消息告诉他的主管老王。老王听后，愤愤说道："我真不敢相信公司会做这样的事情，换新人，辞旧人"。这个消息传来传去，两天后又传回邓强的耳朵里。公司上上下下员工都处于十分紧张的状态，唯恐自己被裁，根本无心工作，有的甚至还写了匿名信和恐吓信对这样的裁员决策表示极大的不满。

邓强经过全面了解，终于弄清了事情的真相。为了澄清传闻，他通过各部门的负责人把两个方案的内容发布给全体职工。他把所有员工召集在一起来讨论这两个方案，员工们各抒己见，但一半以上的员工赞同第二个方案。最后邓强说："由于我的工作失误引起了大家的担心和恐慌，很抱歉，希望大家能原谅我。我制定这两个方案的目的就是想让大家来参与决策，来一起为公司的人才战略出谋划策，其实前几天大家所说的裁员之类的消息完全是无稽之谈。大家的决心就是我的信心，我相信公司今后会发展更好。谢谢！关于此次方案的具体内容，欢迎大家向我提问。”

通过民主决议，该公司最终采取了第二个方案，由此，公司的人员配置率得到了大幅度提高，公司的运作效率和经营效益也因此大幅度增长。

讨论：

1. 案例中的沟通渠道或沟通网络有哪些？请分别指出，并说出各自的特点。

2. 试评析邓强对于问题解决的方法。

第 8 章　激励

通过本章的学习，你应该能够：

1. 理解激励的概念。
2. 熟悉激励的过程。
3. 掌握激励理论的主要内容。
4. 能运用激励理论解决实际问题。

现代企业管理中，组织如何激发、引导员工完成组织所希望的行为，以及如何约束员工做出组织所不希望的行为，努力实现组织目标和个人目标的一致，是现代组织管理的一项重要任务。因此，选择合适、有效的激励措施是企业成功的关键。运用各种激励理论来激发员工的积极性是管理者的重要职责，也是实现组织目标的必要前提。

8.1　激励的理论基础

管理学关于激励的行为科学研究视角和方法，首先关注的焦点是“人性”“需要”“动机”“目标”“结果”等这样的个人行为要素及其关联机制，认为这些是决定激励效率的基本要素，是组织激励过程中的基础和关键环节。

激励问题的核心问题之一就是要弄清楚哪些激励因素能够持续激发人的动机，而内容型激励理论主要集中于分析、探讨影响个体积极性的多种因素，其基本思路是找到这些因素以便有的放矢地采取相应措施去调动员工的工作积极性。内容型激励就是找到影响激励效果的因素及使这些因素对人的行为发生作用的过程。

8.1.1　马斯洛的需求层次理论

美国行为学家马斯洛于 1943 年首次提出需求层次理论，他认为人的需求有不同层次，满足低层次与高层次需求的途径不同。该理论认为，人的需求包括的五个层次如下：

（1）生理需求，如衣、食、住、行、用等方面的需求；

（2）安全需求，如失业保障、医疗保障、养老保障、生产安全、社会治安、生活环境等方面的需求；

（3）社交需求，如情感、交往、群体归属感和社会承认等方面的需求；

（4）尊重需求，包括自尊（有实力、有成就、能胜任、有信心、独立和自由的）和受人尊重（有威望、被赏识、受到重视、晋升和高度评价）的需求；

（5）自我实现需求，是指人希望最大可能地实现自我、充分发挥自己所能的欲望，每个人都企图实现其全部潜能，包括自我成就、自我发展和创造力的充分发挥的需求。

这五种需求像阶梯一样从低到高，按层次逐级递升，如图8－1所示。

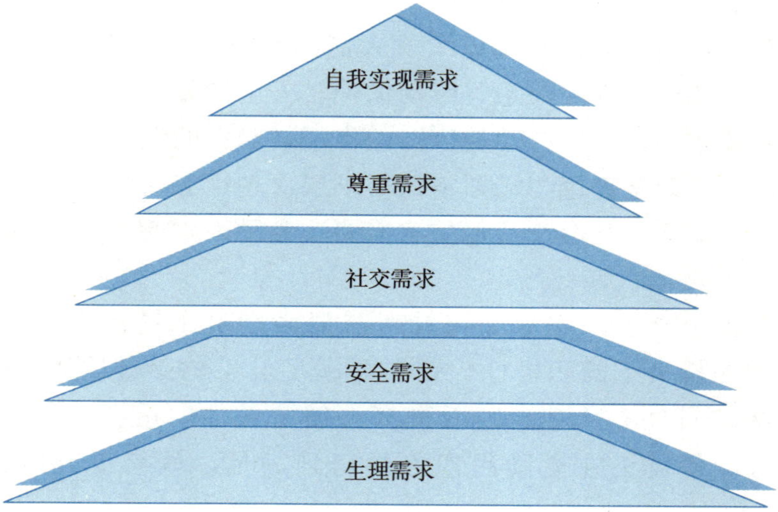

图8－1 需求层次理论

在马斯洛看来，上述五种需求可以归为两类：一类是沿生物谱系上升方向逐渐减弱的低级需求，主要是一些本能或冲动；另一类是随着生物进化逐渐显现的潜能与需求，称为高级需求。前者包括生理需求、安全需求和社交需求；后者包括尊重需求和自我实现需求。他认为需求一般按照由低层次到高层次的顺序发展。生理需求是人最基本、优先的需求，自我实现是最高层次的需求。一般来说，人们首先追求满足较低层次的需求，只有在低层次的需求得到满足以后，才会进一步追求较高层次的需求，而且低层次需求满足的程度越高，对高层次需求的追求就越强烈。人在不同的时期、发展阶段，其需求结构不同，但总有一种需求发挥主导作用。因此，管理者必须注意当前对员工起主要作用的需求，以便有效地加以激励。

8.1.2 赫茨伯格的双因素理论

美国管理心理学家赫茨伯格在马斯洛需求层次理论的基础上提出了“双因素理论”，其理论前提是满意与不满意是两种尺度而非一个尺度上两个相反的极点。以此假设为出发点，对美国的部分工程师和会计人员进行调查访问，以确定“人们想从工作中得到什么”，是哪些工作因素使他们感到满意或不满意。赫茨伯格研究后认为，影响员工行为的因素有两种：激励因素和保健因素，它们起着不同的作用。

与工作本身性质有关的因素是激励因素，包括工作成就感、由于取得工作成绩给予的奖励、对未来发展的期望、职务上的责任感等。激励因素对人来说是内在的，对激励因素的改善可以激发人们的积极性。保健因素是政治制度、工作水平、工作环境、人际关系、劳动保护、安全措施、福利待遇等，这些因素对人来说是外在的，只维持“健康”的作用，对人的激发作用不如激励因素大。赫茨伯格的双因素理论与马斯洛的需求层次理论有密切的联系，其保健因素相当于生理、安全、社会交往低层次需要，激励因素相当于尊重、自我实现高层次需要。

从双因素理论来看，它对如何针对需要激励员工进行了更深入的分析，提出要调动和保持员工的积极性，首先要满足员工的保健因素，防止员工产生不满的情绪；同时要针对激励因素努力创造条件，重视工作内容的设计、任务的分配等，使员工在激励因素方面得到满足，就会提升组织中员工的士气。

8.1.3 奥尔德佛的 ERG 理论

奥尔德佛通过大量的研究后对马斯洛的需求层次理论进行了修改和完善，指出人最核心的需要有三种：

（1）生存需要，涉及满足我们基本的物质生存需要；

（2）相互关系需要，即维持重要的人际关系的需要；

（3）成长需要，即一个人发展的内部需要。

ERG 理论还认为：多种需要可以同时存在，共同发挥激励作用；对每一层次的需要，满足越少，则越希望得到满足；如果较高层次的需要不能得到满足，那么满足较低层次需要的愿望会更强烈。

ERG 理论不是马斯洛需求层级理论的简化，而是认为较高层次的需要不能得到满足，就会出现倒退现象，对满足低层次需要的欲望会加强。奥尔德佛还认为，关系需要和成长需要得到满足之后，其强烈程度不仅不会减弱，反而会更加强烈。奥尔德佛的需求理论与马斯洛的需求层次理论相比，更加有助于说明在需要的层次当中，文化、个性以及环境等因素的作用与影响。ERG 理论的框架如图 8－2 所示。

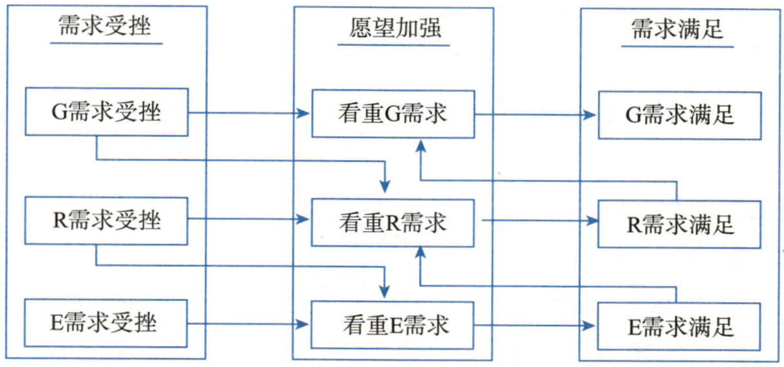

图 8－2　ERG 理论构成示意图

8.1.4　麦克莱兰德的成就需要理论

美国心理学家麦克莱兰德认为，成就需求强烈的人是一个企业的宝贵财富。他提出人有三种需要，分别是成就、归属和权利的需要。

一、成就需要

成就需要是指人希望通过自己的努力和能力而达到一定目标、获得成就感的需要。成就需要占主导地位的人一般喜欢接受有挑战性和有难度的工作，他们遇到困难不会轻易退缩，追求成功的愿望迫切，希望通过成功来展示自己的能力，希望能够干出一番事业。

二、归属需要

这种需要是一种渴望被群体接受、能够与人亲密相处的需要。一般归属需要占主导地位的人都期望能够被团体和社会所接受，能够和他人有亲密的交流，获得他人的信任，希望得到别人的关心，也同时能够关心别人。

三、权利需要

权利需要是一种控制和影响他人的需要。这种需要占统治地位的人很期望通过自己的行为来控制其他人的行为，他们追求更高的职位，具有好斗的性格，能够对问题进行全面的分析，喜欢在其他人面前获得地位。

成就需要理论对于我们把握企业中知识型员工的需求具有积极的参考意义。但是，在不同国家、不同文化背景下，成就需求的特征和表现也不尽相同，需要按照实际情况区别对待。

【案例】

激励，不是只有薪酬

山东浪潮集团公司有一面“专利墙”，员工不论职位高低、资历深浅，只要获得专利，他的名字和专利名称就会刻在上面，员工都把这个荣誉当作最高荣誉。其中，赵永东的名字和专利名称就刻在上面。

在电子行业，静电是个无形杀手，生产线的工装板和尼龙轮一旦摩擦，产生的静电常常达到几千伏，敏感器件很容易受损。三年前，赵永东偶然发现静电的强弱与潮湿度有关，就往尼龙轮上喷了点水，用测试仪一测，静电只有10～20伏。看到尼龙轮湿润能防静电，他兴奋极了，研制了用吸水海绵和尼龙轮接触的“静电消除器”，装上24个成本才1 600多元，为公司节约了几十万元的设备费。公司给每个装置都挂了牌子，上面写着“赵永东静电消除器”。16年间，赵永东坚持不断摸索，改进工作，大小发明有56项，得到公司10多万元的奖励。

【点评】

山东浪潮集团设置“专利墙”，激励员工进行发明创造，企业有效益、职工得奖励，两全其美。员工搞发明创造的过程，也是提升自身素质的过程。

8.1.5 公平理论

美国心理学家亚当斯（J. S. Adams）于1963年发表了题为《对于公平的理解》的论文，1965年又发表了《在社会交换中的不公平》一文，提出了公平理论，以解决工资报酬分配的合理性、公平性以及对工作积极性的影响等问题。

公平理论认为人们有一种保持分配上的公平感的需要，员工的公平感将直接影响其工作动机。员工不仅关心自己经过努力获得的报酬的绝对数量，也关心自己的报酬和其他人的报酬的相对比较，以及与个人的历史收入的比较。对比较结果公平与否的判断会对员工的工作积极性产生影响。

当个人工作与薪酬的比率与他人相等时，员工会认为合理公平，从而保持积极的工作心态；当员工感觉不合理时，就会采取措施以减少不公平感。如果一个员工感到报酬低于其他员工而觉得不公平，则他会通过自我解释（曲解自己或别人的收支比率），主观上造成一种公平的假象，以便自我安慰；或选择另一种比较基准（如另一个职工或自己历史上的另一个时期）进行比较，以便获得主观上的公平感；或采取行动改变别的职工的收支比率，如要求领导把别人的报酬降下来或增加别人的劳动投入等；或采取行动改变自己的收支比率，如要求领导给自己增加劳动报酬或减少劳动投入等；或者发牢骚，讲怪话，消极怠工，制造矛盾或另谋高就。在少数情况下员工会因报酬高于其他员工而感到不公平，则他会想办法减少报酬或增加劳动贡献。但是和低报酬带来的不公平相比，人们更能容忍报酬过高带来的不公平，或者说，更能使之合理化。

知识链接

关心小人物——营造组织公平感

赫布·鲍姆（美国戴尔公司董事长兼首席执行官）认为，处于公司最上层、挣钱最多的人，往往会忘记底层的人生活得多么艰难。如果领导者能使处于底层的员工感觉到他对他们的关心，整个公司都会受到鼓舞。

我第一次担任首席执行官是在总部设在宾夕法尼亚州小城石油城的魁克州立公司。在这座小城里，公司的员工过着很节俭的生活，挣的每一美元对他们来说都很重要。我记得跟这些人在一起时，曾听他们讲起即使买最基本的生活必需品——哪怕是孩子的鞋子——都要货比三家。听到这些后，我把公司分配的车退了。

如今，公司最底层的员工要靠每年2万至4.5万美元的收入供养一家人。去年，他们应该得到的奖金约为500美元，而高层管理人员的奖金是他们的许多倍。所以我向董事会提出申请，要求从自己的奖金中分给收入最低的155名员工每人1 000美元。对我和大多数首席执行官而言，1 000美元不值一提，但对于要供养孩子上学或负担父母医药费的人来说，这是很有帮助的一大笔钱。

如果你克制自己对金钱的欲望，而且员工们看到这一点，他们会对公司非常忠诚，工作将非常努力。目前，公司人员的自然缩减率降到了11年来的最低点，由于每个人都对工作感到满意，我们将迎来又一个好年景。

公平理论从动机和感觉的关系这一角度出发，提示了人们的一种普遍的心理现象。事实证明，公平与不公平的现象与人们相应的感觉不仅能决定一个人的行为，而且对企业甚至对社会都有很大的影响。公平理论促使管理者不断重新评价他们对员工支付报酬的基本准则，今天被认为是公平的，到明天或许就变成不公平了。在公平理论中，员工所选择的与自己比较的参照对象也相当重要。

8.1.6 期望理论

心理学家弗罗姆（V. H. Vroom）在《工作与激励》（1964 年）一书中提出期望理论，如图 8－3 所示。该理论认为，人的工作行为是建立在一定的期望基础上的，工作动机与人对于“努力—绩效关系”和工作结果的期望有关。这一理论可以用公式表示：

激励力量（M）＝效价值（V）×期望值（E）

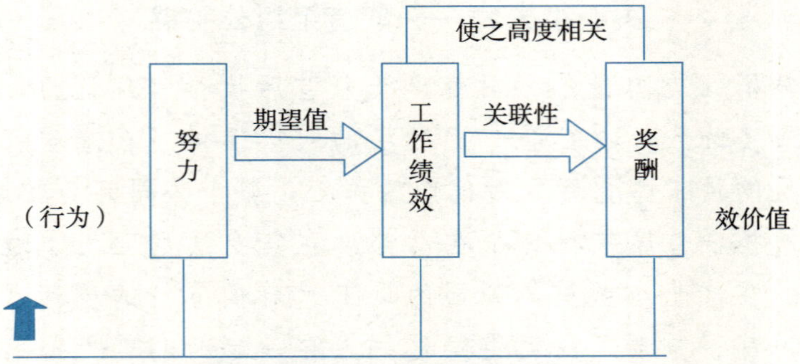

图 8－3 弗罗姆的期望理论模型

资料来源：韩煜东．内容激励理论在不同文化下的修正探讨．成都：四川大学，2004.

具体而言，当一个人对他所追求的目标的价值看得越大，估计目标能实现的可能性越高，他的动机就越强烈，激励程度越高。期望理论揭示了个人对目标的理解和重视程度直接影响其实现目标的动机和行为。根据这一理论，有效的激励能够满足员工最迫切的需要，同时对员工给予帮助和指导以提高他们完成任务的能力和信心。

目前，各种激励理论的研究不断发展、不断深化，理论之间相互联系、相互补充，尽管每种理论都有一定的局限性，但仍为组织行为学和组织管理中的激励部分提供了丰富的理论依据。

知识链接

用年终红包强化激励：薪酬就是沟通

在薪酬管理中，有一个很重要的原则：“薪酬就是沟通。”很多企业都会采用年终红包的方式激励员工在这一年内努力工作。但是，如果员工不知道为何拿钱，对员工也起不到激励作用。

国际比较通行的方式，就是CEO、干部与公司股东事先约定好，如果今年做到何种业绩，或是市值达到多少，就可领取相当比例的年终红包，这种红包通常会超过一年的年薪。国内的外企、国有企业主管，也常采取约定制，他们一年的薪酬，每月只拿60%或其他比例，其余到年底看业绩，再发放剩余的薪酬，如果业绩没达到，甚至无法拿到全额工资。愈高层的主管，平时每月拿的比例愈少。还有更规范的做法，就是与每个管理人员签约，内容非常详细，你今年完成哪些指标就拿多少年终奖。指标定得非常细，有很明确的奖金计算公式，这种方式相对比较公平，特别适合制度比较健全的公司。老板一方面可激励员工，另一方面不担心会失去控制，员工平时对老板很尊敬，年终根据公式计算薪酬，也可以借此了解员工一年的表现。

年终红包代表老板对员工一年工作的认可，也代表一种激励。年终奖金在业绩管理中处于承上启下的位置：第一，与员工沟通公司的战略方向，让员工了解公司的目标，这对于高层领导特别重要；第二，将公司总体目标向下分解，帮助各部门和员工明确具体业绩目标；第三，通过业绩考核与资质评估为员工提供业绩结果与行为方面的反馈；第四，以薪酬手段，包括年终奖金，来强化员工的业绩行为，继而达到公司的总体目标。

8.2 激励的原则与对象

激励是激发人的工作动机的心理过程，即通过某种内部或外部刺激的作用，使人保持一种兴奋状态，从而调动工作积极性。研究激励问题，实际上是探索人的行为动力。将激励理论应用在管理领域，最大限度地发挥管理领域最主要的因素——人的积极性，这就是激励理论应用的实质。

8.2.1 激励的一般原则

一、物质奖励与精神奖励相结合

毫无疑问，金钱等物质激励是提高员工积极性的重要方法，但是仅有物质激励是不够的。根据需要层次理论，物质是较低层次的需要，在社会生活中，人们还希望得到社会和组织的尊重、重视和认可，这就是精神激励。在实践中，物质激励和精神激励是不可分割的两个方面，要把二者有机地结合起来。没有适当的物质激励，精神激励就没有基础，人的积极性就难以长期保持；没有精神激励，就不能使物质激励得到升华和发展，就不可能真正调动员工的积极性。因此，组织要把物质激励和精神激励有机地结合起来，使它们相互补充、相互渗透。

二、正激励与负激励相结合

正激励指的是组织通过认可、赞赏、加薪、提升或创造令人满足的环境来表示对员工行为的奖励和肯定，负激励指的是组织对员工的不良行为采取批评、减薪、降级、处分等方式来表示对员工行为的惩罚或否定。正激励使人受到鼓舞，促进了员工的有效行为。负激励可以阻止或避免不利于组织的行为，做到“防患于未然”。在管理工作中，把正激励和负激励结合起来既可以引导员工实施有助于组织目标的行为，又可以发出明确的指示，预防组织不希望的行为发生。激励要把握最佳时机，该在任务前激励的，要提前激励；该在任务完成后激励的，不要放在任务前，“雪中送炭”所产生的效果远远大于“锦上添花”的效果，选取适当的时机可以以很小的付出得到出乎预料的效果。

三、内在激励与外在激励相结合

外在激励指的是根据员工的绩效给予物质或精神方面的奖励，这种奖励与工作本身并不直接相关，只是作为对员工付出劳动的补偿。内在激励是指工作本身对员工的激励，它包括人对工作本身的兴趣以及从中得到的快乐、工作对人的挑战性、工作中体会到的责任感和成就感、人从工作本身体会到的价值和意义等。当人们把工作本身当作一种享受时，才是激励的最高境界。来自工作本身的激励是对人更直接的激励，它可以激发人们内在的积极性，因而称为内在激励，运用内在激励可以得到更强的动力。在管理工作中，要把外在激励和内在激励有机地结合起来，以取得最大的激励效果。

四、因人而异、按需激励

激励员工的起点是满足员工的需要，而员工的需要因年龄、职务、经济状况、环境、教育程度等不同存在很大的差异。有的员工家庭经济困难，在奖励时发奖金可以取得很好的效果，而对收入很高的员工发奖金则激励作用不大。后进员工有了转变，渴望大家对他有新的评价，这时采取荣誉奖励更能激发他的积极性。因此管理者在对员工进行激励时，应定期调查分析员工最迫切的需要，对不同的人给予不同的激励，在总激励费用不变的前提下获得最好的激励效果。

五、组织目标和个人目标相结合

激励所采取的手段都是从员工自身的目标和需要出发的，而员工之所以能从组织中得到其所需，是因为组织目标得以实现。所以，组织目标和个人目标是相互依存的。从激励的角度来说，要贯彻组织目标和个人目标相结合的原则，真正建立组织目标和个人目标之间的正相关关系，让所有的员工都看到，只要自己为组织的目标作出了贡献，就会得到回报，组织的目标实现了，自己的目标也就达到了，这一点对人的激励作用是巨大的、长远的。

8.2.2 激励对象的多样化

激励并非是对少数人的激励，传统的激励方法多为奖励极少数有突出贡献者，旨在树立“典型”“楷模”，然而这种激励手段并不是最理想的，因为长期采用此法会使大多数员工失去受奖励的机会，甚至觉得奖励是极少数人的事情而漠不关心。同时，长期以极少数人为对象的奖励还可能在员工中产生逆反心理，可能使“典型”“楷模”在企业内部遭到孤立、嘲讽，甚至打击，所以激励必须考虑到多样化员工不同的需要。

在不同的文化中，激励方法有区别。表 8－1 反映了中国与西方企业在激励方法上的差异。

表 8－1　中国与西方企业激励方法的差异

中国企业的激励方法	西方企业的激励方法
方法之一：激励下属“士为知己者死”。这是管理者、统治者关心、爱护下属，满足下属生存和发展，特别是心理情感的需要，与之成为知己和至交，从而使下属不遗余力地为自己出力和服务。	方法之一：“胡萝卜加大棒。”最初西方产生了以泰勒为主要代表人物的古典管理理论，该理论把人假设为“经济人”，认为人的行为是在追求本身最大的利益，工作的动机只是为了获得经济报酬。
方法之二：“赏不可不平，罚不可不均。”这是指管理者、统治者要赏罚严明，善于通过奖赏和惩罚这两种正、负强化激励手段，来达到鼓励先进、鞭策后进、提高绩效的目的。	方法之二：满足“社会人”的需求。“胡萝卜加大棒”的方法后来逐渐暴露出其局限性。到 20 世纪 20 年代前后，美国梅奥等人依据霍桑试验的材料提出了“社会人”的假设，初创了行为科学。
方法之三：“任贤律己”“身先士卒”。这是说管理者、统治者要知人善任，严于律己，身先士卒，以榜样的作用和力量感染、激励下属。	方法之三：“寻找人的自我实现。”20 世纪 40 年代末，西方盛行“自我实现人”假设。
方法之四：“上下同欲者胜。”这是目标激励法，即管理者、统治者引导上下心往一处想、劲往一处使。	方法之四：多种激励方法并用。20 世纪 60 年代末 70 年代初，美国心理学家和行为科学家沙因提出了“复杂人”的假设。

在企业中，有的员工想成为技术专家；有的想到本公司的其他部门工作；有的想发展与现有岗位相关的技能；有的被提升到管理岗位的员工并不想做一个管理人员；还有人认为他们的满足感主要来自群体中的合作精神。可见员工的需要呈现多样化状态。激励要从员工的个性心理特征出发，通过研究个体心理的不同需要，做到因人而异，对症下药。

一般来说，激励员工主要有两种方式：经济激励和精神激励。这种划分是基于哲学将世界划分为物质和精神的，并且经济学家对非货币激励的研究表明其激励效果也重在其中的物质激励部分。如公司直接给员工发放物品；给员工购买健身票不仅可以从大量购买中使员工获得实惠，而且可以增强员工的体质，增加员工之间的感情，有利于增强企业的凝聚力和企业文化的构建。从实际情况看，这些效果都或多或少地存在，但是从本质上说这些激励都属于物质激励，从而属于经济激励的范畴。

【案例】

知名企业的员工激励法

创新的刺激元素

在联想大厅里，作为奥运 TOP 赞助商的联想排摆了 2008 年北京奥运会的五个吉祥物，在不远的一面荣誉墙上，挂着去年和今年在工作中获得奖励的员工照片。每周二中午都会有一个小时的“Say time”“Coffee time”，这也是员工每周与公司领导无边界交流的时间。在这个时间里，大家都走出办公室，员工可以找到任何一位在公司的领导沟通工作，或者可以去酒吧间看会《老友记》练习一下英语。

为减少所谓的 IT 疲劳综合征、保持员工的创新与活力，百度不仅采取宽松的不打卡制度，更专门聘请了一位有着多年从医经验的医生作为公司的健康辅导师。健康辅导师天天会在员工身边观察、提醒他们，比如不要长期坐在电脑前，比如要怎样进行运动健身。如果预防流感时，他甚至会专程将一杯板蓝根递到员工的桌前。如果有人工作太忙去不了医院，健康辅导师会给大家挂号。这些创新举措让大家感到十分温暖。

称谓的诀窍

一个门卫由于长年只干这一份工作而产生倦怠感，他变得应付、得过且过，但不久同事们惊奇地发现他又恢复到曾经的勤快、热情了，后来才知道这个改变竟来源于公司新来的经理的一个简单举动——他将“门卫”称谓改成了“防卫工程师”。这就是称谓的诀窍，同一个岗位变换一个说法，给人产生的感觉截然不同。

小恩小惠

激励可以来自简单的举动或语言。在星巴克的每一个分店里的墙上，都贴着该店店长或是店员写的好评字条。星巴克甚至用每天、每周咖啡销售的“英雄”有机会与公司主管共进晚餐作为激励。

联想在并购 IBM 之后学习了 IBM 的一些激励做法，联想集团人力资源部总裁助理汪舵说："IBM 有个'ThankWord'文化，即是说彼此之间学会互相感激，各部门买个礼物或是买张卡片对某个人的某个行为进行肯定和表扬。"而且联想每个月度销售庆功会上都会有一份蛋糕和水果。

8.3 激励的运用

管理人员学习激励理论最重要的是能够将激励理论应用于管理实践。国内外很多优秀管理者运用各种激励理论创造了很多行之有效的激励方法和手段，总的来讲，可以归纳为以下几个方面。

8.3.1 目标管理

目标是指在一定时间内人们所期望达到的成就与结果，目标管理就是由上级与下级共同决定具体的绩效目标，定期检查工作进展，并且根据目标的完成情况来确定奖励的一种管理方法。其目的是通过这种方法将组织的目标和个人的目标以及个人的需要结合起来，调动员工的工作积极性，提高组织的工作效率。

目标管理特别强调设定的目标是具体的、可检测的和可测量的，它是一种用目标约束来激励员工的方法，它的特点就在于使组织的总目标与员工个人的目标结合起来，并使员工个人的工作绩效和利益与其目标的完成情况结合起来。目标管理计划有四个组成部分：目标细分、参与决策、明确时间期限和执行反馈。

一、目标细分

目标管理的重点在于把组织的整体目标分解为各部门或个人的具体目标，通过设计一套程序，使目标可操作化，并沿着组织结构把目标分解开来，如图 8-4 所示，把组织的整体目标分解为组织中一系列的具体目标，即分部的、部门的和个人的目标，形成一个自上而下的分层目标体系。在这个目标体系中，下层目标是上层目标的具体体现，也是实现上层目标的保证。通过这样的目标体系，把各部门以及每个员工的工作合理地组织起来，形成一个围绕组织总目标而协作同步的整体活动。在这个整体活动中，每个员工都为实现各自的目标而努力工作，组织对其完成的情况进行考核、评价和奖惩。

二、参与决策

目标并不是由上级单方面制定然后分派给下属，下级部门和员工也要参与他们自己目标的设定。下级参与目标的制定有以下几方面的好处：便于下属理

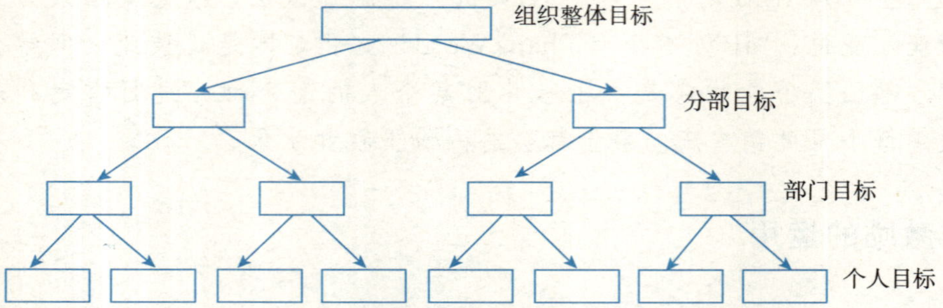

图 8-4 组织目标分解过程示意图

解上级的意图，加深对全局形势的理解与把握，减少贯彻实施决策时的阻力；由于上下级共同参与，有利于上下左右之间的沟通和衔接，使得制定的目标更加结合实际；使员工看到自己的价值和责任，从实现目标中获得满足感，更好地起到激励作用。所以，目标管理是一个自下而上、自上而下的过程，通过上下级的协商共同将组织的目标分解为部门目标和个人的目标。

三、明确时间期限

目标不仅包括具体的指标值，而且有具体的进度、完成的时间要求（如 3 个月、6 个月或 1 年），并且相关部门的目标和进度要协调同步，保持平衡。对于员工个人来说，目标管理提供了个人具体的可执行的目标。如果每一个员工都达到了个人的目标，部门的目标也就达到了，从而整个组织的目标也能得以实现。

四、执行反馈

反馈是目标管理的一个重要环节，为了保证个人目标、部门目标及至组织目标的实现，目标管理对目标过程的进展要进行连续反馈，并要进行阶段性评估，以使每个人能控制和纠正他们的行动。所以，当某一任务或者一个工作循环结束以后，必须对总体效果及员工个人的绩效进行考核与评价，达到规定目标的要给予奖励，达不到的要给予必要的惩戒。考核和奖惩过后，并不意味着这个循环已经结束，还必须要对总体效果和员工的工作绩效进行分析，并反馈给各个部门和有关的个人，要求各自对运行效果好的方法制度要坚持，效果不理想的要找出其原因，并加以改进，从而使下一个循环在更高的水平和层次上进行。

我们需要注意，实施目标管理应注意以下几点：一是目标难易程度得当，既要能对员工起到激励作用和挑战作用，又要切实可行。目标太容易不具有挑战性，也不能提高工作效率；目标太难或实现的可能性很小，也不能起到激励作用。将目标定在经过努力或者艰苦努力后能够实现的位置较为合适。二是目标的内容尽量定量化，以便衡量和考核。目标的表述一定要使用清晰、明确的语言来表达。如不能用“提高产品质量”“达到顾客满意”等定性的语言，要用诸如“将废品率下降1%”“顾客的投诉率降低2%”等明确的、定量性的语言表达。三是确定的目标不宜过多，并要分清主次，目标要有强有力的措施保证等。

8.3.2 员工参与

松下幸之助曾经说过：“领导再强，但员工冷漠，仍难推动工作。必须设法使每个人都认为自己是负责人。”员工参与是发挥员工所有的能力，并为鼓励员工对组织成功做更多的努力而设计的一种参与过程。现代员工都有参与管理的愿望，提供机会让员工参与管理是调动员工积极性的有效方法。参与为员工提供了内在奖励，这会使他们的工作更有趣、更有意义。

员工参与管理是使员工不同程度地参加组织决策，参加各项管理工作的研究和讨论。这样做可以使员工感受到上级主管的信任，从而体验到自己的利益同组织的利益、组织的发展密切相关而产生强烈的责任感。多数人由于参与商讨与自己有关的问题而受到激励，增加了对组织的绩效评价体系、报酬系统、组织利益和发展等问题的认同感，对组织更加忠诚，生产率水平更高，为实现组织目标提供了保证。员工参与的形式主要有三种。

一、参与型管理

共同决策是参与管理的共同特征，也就是说员工从其上司那里分享一定程度的决策权，这种分享越多，参与程度越高；分享越少，则参与程度就越低。但参与型管理并非适用于任何形式的组织。要使参与管理更加有成效，必须至少满足下述条件：员工有充足的时间参与；员工参与的问题必须与其利益有关；员工必须具有参与的能力（智力、技术知识、沟通技巧等）；组织文化必须支持员工参与。

二、代表参与

不少国家的法律都规定，公司必须确保其董事会和监事会成员中有一定比例的员工代表。也就是说，工人不是直接参与决策，而是由工人选举的代表进行参与。代表参与已被认为是“世界上最广泛的以立法形式出现的员工参与形式”。代表参与的目的是在组织内重新分配权力，把劳工放在和资方、股东的利益更为平等的地位上。代表参与最常采用的两种形式是工作委员会和董事会代表。工作委员会是由工人和管理层代表组成的委员会，它在员工和管理层之间建立起了联系，当管理部门作出人事决策时必须与之协商。董事会代表是进入董事会并代表员工利益的劳工代表。在一些国家，法律要求大公司必须确保员工代表和股东代表在董事会中有相同的席位。

三、员工持股方案

员工持股方案是公司建立的一种福利制度，在这种制度下，员工可以从公司的福利中获得公司的股权。员工持有公司的股票，但只要他们受雇于该公司，他们一般不能从公司获得股份所代表的实物，也不能出售自己的股票。由于员工持股方案为员工提供了参与决策的机会，有助于满足员工责任、成就、认可、成长和自尊的需要。研究表明，员工持股方案可以提高员工的满意度，但对提高工作绩效的影响却并不明显。

8.3.3 工作再设计

工作再设计就是根据组织需要并兼顾个人需要，规定某项工作的任务、责任、权力以及在组织中与其他职务的关系，并在不影响正常生产经营活动的前提下，对工作进行阶段性调整和再设计，以丰富工作内涵、激发员工的工作热情，从而提高工作效率。

工作激励是一种内在激励，员工能够从事自己感兴趣和擅长的工作并在工作中表现出自己的才能，才会感到极大的满足。工作激励的关键是改进工作设计，变革工作内容，提高工作动机，使员工体验到工作的意义和赋予的责任，并了解自己工作的成果，满足员工成长和发展的需要。

工作设计的原则有工作职务轮换、工作扩大化和工作丰富化。

一、工作职务轮换

工作职务轮换是指让员工定期轮换所从事的工作，这样可以给员工提供更丰富更多样化的工作内容，减轻工作的单调性和乏味性。工作职务轮换还可以达到其他许多效果：推动员工去学习和掌握多种专业知识和技能，增长他们的才干，当他们取得进步时，也会从精神上获得满足感；增加了工作任务安排的灵活性，如顶替缺勤工人或给瓶颈环节增添人员等；使员工体验到其他岗位的难处和责任，有利于不同岗位之间的沟通、理解和协调配合；有助于扩大员工的视野，便于员工站到全局的高度去考虑问题，有利于发挥员工参与管理的积极性。但是工作职务轮换也存在培训成本增加、管理难度加大等问题。

二、工作扩大化

工作扩大化是指工作任务的横向扩大，即扩大工作范围，增加员工工作的多样性，使每一位员工能够参与完成一项任务的全过程或大部分过程。这样能使员工看到自己更多的工作成果，感受到一种成功的喜悦，对工作产生满足感。

三、工作丰富化

工作丰富化是指工作任务的纵向扩大，即增加工作的深度，授予员工更多的权力和责任，提供更多参与管理与决策的机会。例如，一个车工除了上机床操作外，还让他负责产品检验、设备保养等工作，当他们需要自己去安排几台设备的工作程序，自己制定设备的保养计划和对产品质量进行自检互检时，他们的责任心就会大大增强。当他的工作成果被肯定时，就会产生成就感和满意度并从中受到极大的激励。

8.3.4　浮动工资

浮动工资是指随着个人或组织的绩效水平而变动的那部分工资。浮动工资与传统的基础工资方案的区别在于：传统的工资方案是根据工作时间或资历来决定工资水平，而浮动工资是没有保障的，它随着个人或组织的绩效水平而上下波动。

浮动工资对管理人员的吸引力在以下两个方面：一是浮动工资具有波动性，浮动工资方案把一个组织的固定劳动成本的一部分转变为可变成本，这样在效益降低的情况下可以减少费用。二是浮动工资方案能够把工资与绩效联系起来，使得收入取决于贡献的大小。这样，高绩效者的工资就会随着他们的贡献而相应地增长。

广泛使用的浮动工资方案主要有四种形式：计件工资、奖金、利润分成和收入分成。

一、计件工资

计件工资是按员工的工作效率支付工资，是对员工完成的每一个生产单位付给固定报酬。干得越多，收入就越高。如果员工没有基本工资，仅仅根据他的产量付给报酬时，就是一种纯粹的计件工资方案。我国许多企业在实践中使用一种经过改良的计件工资方案，员工的报酬是基本工资加上计件工资。基本工资以工作时间为基础，按周或月领取一定数量的工资，与实际工作效率没有直接关系。例如，一名推销员每月的基本工资是 800 元，每推销出去一件产品可再得到 50 元。这种方案为员工的收入提供了一个底数，使员工的生活有一定的保障，同时也提供了一种生产效率的刺激因素，争取更多收入将成为员工的工作动力。

二、奖金

奖金是组织对员工所作贡献的金钱奖励，它可以是定期的，也可以是不定期的，或者两者结合。奖金的最大特点是它的灵活性，可以随时根据具体情况嘉奖员工。奖金是实行激励的一种手段，本身并不成为独立的报酬形式，一般与基本工资相结合。奖金能够把个体行为、群体行为和组织的绩效结合起来，其实施范围也在不断扩大，奖金可以支付给管理人员，也可以支付给所有的员工，甚至包括更低层次的员工。

三、利润分成

利润分成是根据公司利润制定的、按照某一特定公式进行分配的报酬。这些报酬可以是直接的现金支付，也可以是股权，后者主要针对高层管理人员。利润分成的作用在于发展雇员、管理人员、股东之间的相互关心和合作。

四、收入分成

收入分成是一套基于团体激励的计划，该计划是向指定的团体（通常为业务单位、部门或更小的组织）中的员工提供收益分享，该收益来自生产率的提高、工作过程的改进、成本的减少等。收入分成和利润分成很相似，但不是一回事。收入分成是根据生产效率而不是公司利润，它是对较少受到外部因素影响的具体行为给予奖励，甚至在公司不盈利的情况下员工也可以得到奖励性报酬。

浮动工资方案虽然可以提高激励水平和生产效率，但也存在不足。一是从员工的角度来看，浮动工资具有不可预见性，不能使员工量入为出、有计划地安排生活。二是收入的不稳定性不利于培养员工对组织的“忠诚心”与归属感。三是随着绩效奖金逐年发放，人们会把它看作理所当然的，如果有朝一日减少或取消，员工就会产生不满情绪。

8.3.5 股票期权制度

如何有效地解决对公司高层经营管理人员的激励问题以及对吸引高级人才的监督问题，是公司设计激励制度的一个重点和难点。美国企业对高级管理人员一般采取激励合同约定报酬的方案和形式，其中最重要的是股票期权制度，这是企业资产所有者对经营者实行的一种长期激励的报酬制度。这种激励方式在西方国家的企业中得到了越来越广泛的应用。

股票期权是指公司以书面形式授予公司经理人员的一种权利，经理人员可以凭借这种权利，以事先约定的价格（行权价）在未来一定期限内购买一定数量的本公司流通股票（此过程称为行权）。在股票价格上升的情况下，经理人员可以通过行权获得收益（行权价和行权时市场价之差）。

股票的价值反映了企业的盈利状况和发展潜力，所以股票期权的实质就是利用公司股票升值的可能性进行激励。如果公司运行得好，公司股票升值，期权持有人即可获得可观收益；如果公司经营不善，则股票下跌，期权持有人未行权的股票就发生贬值，这使得期权持有人的财富缩水，个人利益与公司的整体利益都将遭受损失。所以，股票期权制度是一种激励与约束对称的制度。

股票期权激励制度的作用是显而易见的。一是能够在较大程度上规避经营行为的短期化。实施股票期权，将经营者大部分的薪酬以期权的形式体现，使经理人员的长远收益与企业的未来发展具有较高的正相关性。购买股票期权就是购买企业的未来，这必将促使经营者注重企业长期价值的创造，对公司业绩有巨大的推动作用。二是有利于更好地吸引经营者并发挥其创造力。一般来讲，期权计划仅限于那些对公司未来成功非常重要的成员，这些核心成员对公司未来的发展至关重要，授予他们以期权，能够提供较好的内部竞争氛围，激励经理人创造性地工作，充分发挥自己的才干。同时，由于期权强调未来，公司能够留住绩效高、能力强的高层经营管理人员。所以，在实行股票期权制度的公司，经理人一般都会选择有利于企业长期发展的经营战略，积极主动地挖掘潜力，开拓市场，调整营销策略，加强技术攻关，提高产品质量，降低成本费用，提高企业的盈利能力。三是使经营者与所有者的目标趋于一致。在现代企业里，伴随着所有权与经营权的分离，所有者与经营者成为不同的利益集团，为追求自身效用最大化，经营者可能会冒“道德风险”，做出偏离甚至损害所有者利益的行为。对所有者来说，激励、监督经营者的最大困难来自两者信息的不对称。实行股票期权制，把对经营者外在的激励与约束转化为内在的激励与动力，使得经理人员在很大程度上是为自己工作，这在一定程度上改善了所有者与经营者在目标与利益上的矛盾关系，降低了代理成本。

由于股权激励的良好效果，国外股权激励的范围正在扩大，其中包括普通雇员的持股计划、以股票支付董事报酬、以股票支付基金管理人的报酬等。国内企业的激励对象主要是董事长、总经理等高级经营管理人员。

本章重点知识归纳

运用各种激励理论来激发员工的积极性是管理者的重要职责，也是实现组织目标的必要前提。

激励理论主要有马斯洛的需求层次理论、赫茨伯格的双因素理论、奥尔德佛的 ERG 理论、麦克莱兰德的成就需要理论、公平理论、期望理论等。

激励的一般原则包括：物质奖励与精神奖励相结合；正激励与负激励相结合；内在激励与外在激励相结合；因人而异、按需激励；组织目标和个人目标相结合。

激励的实际应用包括：目标管理、员工参与、工作再设计、浮动工资、股票期权制度。

思考题

1. 如何理解激励的概念?
2. 激励的理论基础有哪些?
3. 激励的基本原则有哪些?
4. 如何运用激励来解决实际管理问题?

本章讨论案例

“懂得使用人才”的李厂长

助理工程师黄大佑，是一名名牌大学的高材生，工作已8年，4年前应聘调到一家大厂工程部负责技术工作，工作负责，技术能力强，很快就成为厂里有口皆碑的“四大金刚”之一，名字仅排在厂技术部主管陈工之后。然而，工资却同普通管理人员不相上下，夫妻小孩三口尚住在来时住的那间平房。对此，他心中时常有些不平衡。

李厂长，一位有名的识才老厂长，4年前，黄大佑调来报到时，门口用红纸写的“热烈欢迎黄大佑工程师到我厂工作”几个不凡的颜体大字就是李厂长亲自吩咐人事部主任落实的，并且交代要把“助理工程师”的“助理”两字去掉。这确实使黄大佑当时工作更卖力。

两年前，厂里有指标申报工程师，黄大佑属于有条件申报之列，但名额却让给一个没有文凭、工作平平的同志。他想问一下厂长，谁知，他未去找厂长，厂长却先来找他了:“黄工，你年轻，机会有的是。”去年，他想反映一下工资问题，来这里工作的一个目的不就是想得到高一点工资，提高一下生活待遇吗?但是几次想开口，都没有勇气讲出来。因为厂长不仅在生产会上表扬他的成绩，而且，曾记得，有几次外地人来取经，李厂长当着客人的面赞扬他:“黄工是我们厂的技术骨干，是一个有创新的……”哪怕厂长再忙，路上相见时，总会拍拍黄工的肩膀说两句，诸如“黄工，干得不错”“黄工，你很有前途”，这的确让黄大佑兴奋，“李厂长确实是一个伯乐”。此言不假，前段时间，他还把一项开发新产品的重任交给他呢，大胆起用年轻人，然而……

最近，厂里新建好了一批职工宿舍，听说数量比较多，黄大佑决心要反映一下住房问题，谁知这次李厂长又先找他，还是像以前一样，笑着拍拍他的肩膀:“黄工，厂里有意培养你入党，我当你的介绍人。”他又不好开口了，结果家没有搬成。

第二天一早，李厂长办公台面上放着一张小纸条："李厂长：您是一个好领导，我十分敬佩您，但我决定走了。黄大佑。"

讨论：

李厂长的激励手段有什么问题？他应该使用什么样的激励方式才能留住黄工？

第 9 章　控制

通过本章学习，你应该能够：

1. 了解控制的含义与特点。
2. 掌握控制的几种基本类型。
3. 掌握控制的基本过程。
4. 掌握控制的内容。
5. 掌握常用的控制方法。

管理工作是一个持续的过程，总会出现这样那样的偏差，管理工作必须有控制，也要不断地防止和纠正工作过程中出现的偏差，才能确保管理工作能够持续进行，控制贯穿于整个管理的过程。

9.1　控制的内涵

9.1.1　控制的定义

控制是监视组织各方面的活动，保证组织实际运行状况与组织计划要求保持动态适应的一项管理职能。要全面理解控制职能的含义，需要把控制与计划职能联系起来。

计划和控制是同一个事物的两方面。一方面，有目标和计划而没有控制，人们可能知道自己干了什么，但无法知道自己干得怎样，存在哪些问题，哪些地方需要改进。另一方面，有控制而没有目标和计划，人们将不会知道要控制什么，也不会知道怎么控制。计划和控制二者密不可分。事实上，计划越是明确、全面和完整，控制的效果也就越好；控制工作越是科学、有效，计划也就越容易得到实施。控制好比是汽车驾驶员的方向盘，它把组织、人员配备、领导指挥职能与计划设定的目标联结在一起，在必要时，它能随时启动新的计划方案，使组织运行的目标更加符合自身的资源条件和适应组织环境的变化。

作为一项重要的管理职能，控制工作就是由管理人员对组织实际运行是否符合预定的目标进行测定并采取措施确保组织目标实现的过程。从传统的意义上理解，控制工作的是“纠偏”，也即按照计划标准衡量计划的完成情况，针对出现的偏差情况采取纠正措施，以确保计划得以顺利实现。这是一种狭义的控制概念。

从广义的角度来看，控制工作并不仅限于按照既定的计划标准来衡量和纠正计划执行中的偏差，它同时还包含着在必要时修改计划标准，以使计划更加适合于实际情况这进一层的含义。实现中，组织的运行往往是“非零”起步的，这样，上一阶段控制的结果可能导致组织确立新的目标、提出新的计划，并在组织结构、人员配备和领导等方面作出相应的改变。正是在这种意义上，控制职能也可以说是下一阶段管理工作过程的起点。至于管理教科书中概括的以计划职能为起点“计划—组织—领导—控制”模式，很明显地是以组织的运动由“零”起步作为假设。在管理工作的实际过程中，很难区分出计划与控制究竟哪个是开始、哪个是结束。控制可以说既是一个管理工作过程的终结，又是一个新的管理工作过程的开始。而且，计划与控制工作的内容还常常互相交织地联系在一起。管理工作本质上就是由计划、组织、领导、控制等职能有机地联系而构成的一个不断循环的过程。

9.1.2　控制的必要性

斯蒂芬·罗宾斯曾这样描述控制的作用：尽管计划可以制定出来，组织结构可以调整得非常有效，员工的积极性也可以调动起来，但是这仍然不能保证所有的行动都按计划执行，不能保证管理者追求的目标一定能达到。其根本原因在于管理职能中的最后一个环节，即控制工作是否有效。由于各种各样的原因，人们在执行计划的活动中总是会或多或少地出现与计划不一致的现象。由此，管理控制也就成为必然。

一、环境的变化

如果组织面对的是一个完全静态的环境，其中各个影响组织活动的因素永不发生变化，例如，市场供求、产业结构、技术水平等。那么，管理人员便可以年复一年、日复一日地以相同的方式进行各种管理活动，工人可以以相同的技术和方法进行生产作业，因而，不仅控制工作，甚至管理的计划职能都将成为完全多余的东西。事实上，这样的静态环境是不存在的，组织外部的一切每时每刻都在发生着变化，这些变化必然要求组织对原先制订的计划作相应的调整。

二、管理权力的分散

只要组织达到一定规模，管理者就不可能直接地、面对面地组织和指挥全体员工的活动。时间与精力的限制要求他委托一些助手代理部分管理事务。由于同样的原因，这些助手也会再委托其他人帮助自己工作，这便是管理层次形成的原因。为了使助手们有效地完成受托的部分管理事务，高一级的主管必然要授予他们相应的权限。因此，任何组织的管理权限都制度化或非制度化地分散在各个管理部门和层次中，组织的分权程度越高，控制就越有必要。

三、工作能力的差异

完善计划的实现要求每个部门的工作严格按计划要求来协调地进行。然而，由于组织成员是在不同的时空进行工作的，他们的认识能力不同，对计划要求的理解可能发生差异。即使每个员工都能完全正确地理解计划的要求，但由于工作能力的差异，他们的实际工作结果也可能在质和量上与计划要求不符。因此，加强对这些成员的工作控制是非常必要的。

9.1.3 控制的类型

管理中的控制可根据其活动的重点、内容、时间、方式等的不同分为多种类型。

一、前馈控制、现场控制和反馈控制

这是按照控制点的位置或纠正措施的环节来划分的。

1. 前馈控制

前馈控制也叫事先控制，是计划实施前采取预防措施防止问题的发生，而不是在实施中出现问题后的补救。即管理人员运用最新信息，包括上一控制循环中的经验教训，对可能出现的偏差进行预测，采取措施防止偏差的发生，确保目标的实现。

前馈控制的目的是保证高绩效，它在本质上有预防的作用，因此是一种预防性控制，其工作重点不是控制工作的结果，而是克服某些干扰或适应环境的变化，提前采取各种预防性措施，以防止工作过程中可能出现的偏差，保证预期目标的实现。例如，企业为了保证工作的顺利进行而制定的一系列规章、制度，为了生产出高质量的产品而对原材料质量进行的入库检查以及对职工的岗前培训等，都属于前馈控制。

前馈控制具有许多优点：首先，能避免预期问题的出现，有防患于未然的效果；其次，前馈控制适用于一切领域中的所有工作，如企业、医院、学校、军队等，其适用范围很广；最后，前馈控制是在工作开始之前，针对某项计划

行动所依赖的条件进行控制，不针对具体人员，因而不会造成心理抵触，易于被职工接受并付诸实施。

但是，由于未来的不确定性，要实行切实的前馈控制也不是一件容易的事情，它需要及时和准确的信息，还要采取措施以保证最后结果合乎需要。由于管理人员不可能完全把握未来会发生的所有事件和可能导致的结果，因而，虽然前馈控制有许多优点，但在管理工作中也不能完全代替其他类型的控制工作。

2. 现场控制

现场控制又称同期控制、过程控制，是指在某项活动或工作进行过程中，在现场发现存在的偏差或潜在的偏差，及时提供改进措施以纠正偏差的一种控制方式。

现场控制一般表现为两种方式：一是主管人员深入现场检查和指导下属的活动，它包括工作方法和工作过程的指导，监督下属工作，发现偏差督促纠正；二是表现为基层工作人员的日常自我工作控制，控制的对象就是自我的操作控制过程。现场控制能及时发现偏差，及时纠正偏差，是一种较经济、有效的控制方法，也是一种难度较大的控制方法。由于现场控制对已经出现的偏差要进行即时纠正，需要对实时信息作出及时的反应，因而，要求控制人员具有敏锐的判断力、快速的反应能力以及灵活多变的控制手段，同时要注意避免凭主观意志进行控制。

虽然现场控制效果明显，纠偏有力，但现场控制也有一些弊端。首先，运用这种管理方法容易受到管理者的时间、精力、业务水平的制约，管理者不能时时事事进行现场控制，只能在关键工作上予以使用。其次，现场控制的应用范围较窄。一般来说生产工作容易进行现场控制，而对那些问题难以辨认、成果难以衡量的工作，如科研工作、行政管理等，几乎无法进行现场控制。最后，现场控制容易在控制者与被控制者之间形成心理上的对立，从而影响被控制者的工作积极性和主动精神。所以，现场控制一般不能成为日常性的主要控制方法，而只能是其他控制方式的补充。

3. 反馈控制

反馈控制是管理控制中最常见的控制类型，其控制作用产生于行动之后，所以，也称之为事后控制或成果控制。它是在活动完成之后，管理人员根据已发生的情况，分析工作的执行结果，将它与控制标准相比较，从中发现已经出现的偏差，在分析原因的基础上采取措施纠正偏差，以防止偏差继续发展或在以后的工作中再次发生。反馈控制还发生在组织内外环境条件已经发生了重大变化，导致原定标准和目标脱离现实时，需要采取措施调整或修正计划。如企业根据业绩对管理人员实施的奖惩，企业对不合格产品进行淘汰，发现产品销路不畅而减产、转产或加强促销等，都属于反馈控制。

反馈控制的优点是：首先，反馈控制可以根据工作的实际结果对工作进行评价，既易于工作人员接受，也有利于管理人员采取有效和有力的措施改进管理工作。如反馈控制可以为管理者提供关于计划效果的真实信息，如果反馈显示标准与现实之间只有很小的和可接受的偏差，说明计划的目标达到了；如果偏差很大，管理者就应该利用这一信息，发现问题，调整计划，追究责任，实施惩戒，使新计划制订和执行更为有效。其次，反馈控制可以增强员工的积极性。员工通过获得评价他们绩效的信息，调整自己未来的行为，进而达到提高工作绩效的目的。

反馈控制的不足是：反馈控制存在时间滞后性，即当管理者获取信息时，可能的失误和损失已经发生，弥补措施只能在新的工作中产生效果。成语“亡羊补牢”就是对反馈效果的很好描述。虽然反馈控制存在这样的问题，但在实际工作中，反馈控制依然是控制活动中运用最多的一种控制方式。在管理中常用的反馈控制有财务报表分析、生产成本分析、产品质量检验和组织成员绩效测评等。

图 9－1 揭示了三种控制类型的控制重点各不相同：前馈控制重在资源，包括人、财、物等；现场控制重在进行的活动，多为对工作过程的控制；反馈控制是对已结束工作进行的评价，其作用是对下一次活动的开展进行控制。在实际控制过程中，需要根据工作的重要性，结合不同控制的特点，选择恰当的控制方式。

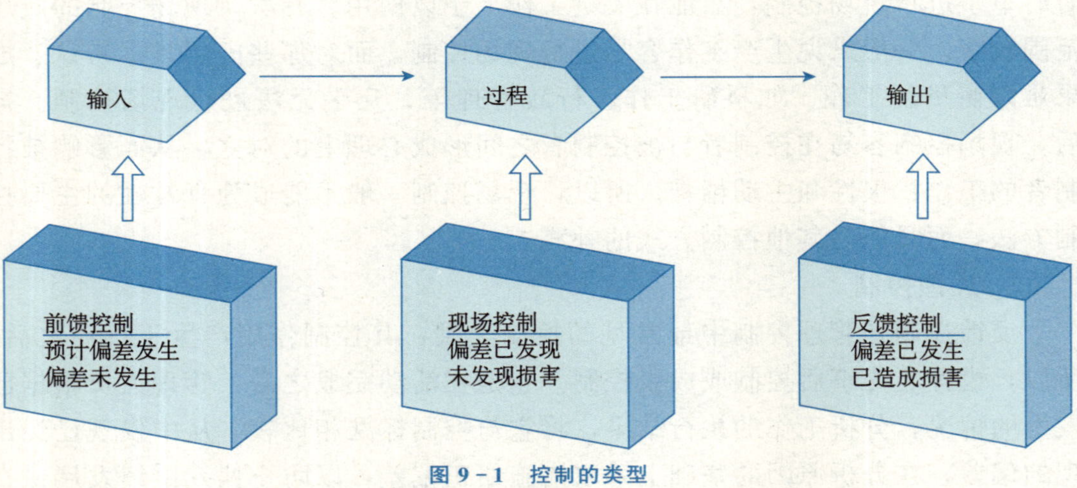

图 9－1　控制的类型

知识链接

> 魏文王问名医扁鹊说："你们家兄弟三人，都精于医术，到底哪一位最好呢？"扁鹊答说："长兄最好，中兄次之，我最差。"文王再问："那么为什么你最出名呢？"扁鹊答说："我长兄治病，是治病于病情发作之前。由于一般人不知道他事先能铲除病因，所以他的名气无法传出去，只有我们家的人才知道。我中兄治病，是治病于病情初起之时。一般人以为他只能治轻微的小病，所以他的名气只及于本乡里。而我扁鹊治病，是治病于病情严重之时，一般人都看到我在经脉上穿针管来放血、在皮肤上敷药等大手术，所以以为我的医术高明，名气因此响遍全国。"文王说："你说得好极了。"
>
> 启示：防火胜于救火。从管理控制角度讲，事后控制不如事中控制，事中控制不如事前控制。

二、直接控制与间接控制

1. 直接控制

直接控制是指控制者与被控制对象直接接触，由控制者直接调节、干预被控制对象，从而纠正偏差的一种形式，它是相对于间接控制而言的，其特点是直接性，即控制指令不同任何中间环节，直接作用于被控制对象。在管理中，直接控制的指导思想认为，合格的主管人员出的差错少，他能觉察到正在形成的问题，并能及时采取纠正措施。因此，直接控制是着眼于培养更好的主管人员，使他们能熟练地应用管理的概念、技术和原理，能以系统的观点来进行和改善他们的管理工作，从而防止出现因管理不善而造成的不良后果。即直接控制是通过提高主管人员的素质来进行控制工作的。

2. 间接控制

间接控制是指控制者与被控制对象不直接接触，而是借助中间工具作用于被控制对象。在管理中，间接控制多见于上级管理者对下级人员工作过程的控制，即管理者根据计划和标准考核员工工作的实际结果，分析出现偏差的原因，并追究责任者的个人责任以使其改进未来工作。

间接控制并不是普遍有效的控制方法，这是因为它建立在以下几方面：

(1) 每个员工的工作成效是可以计量并比较的；

(2) 人们对工作任务负有个人责任，个人责任是清晰的；

(3) 分析偏差和追究责任所需的时间、费用等是有充分保证的；

（4）出现的偏差可以预料并能及时发现；

（5）有关责任单位和责任人将会采取纠正措施。

实际工作中，这些假设有时不能成立，因此，我们常常采取直接控制的办法。

比较两种控制方式可知，直接控制的原则就是主管人员及其下属的素质越高，就越不需要进行间接控制。直接控制是必需的，而间接控制则不然。

9.1.4 控制的过程

从管理控制的实施上看，组织的管理控制大致包括确立控制标准、衡量实际绩效和纠正偏差三个阶段，这构成了完整的管理控制过程（见图 9－2）。

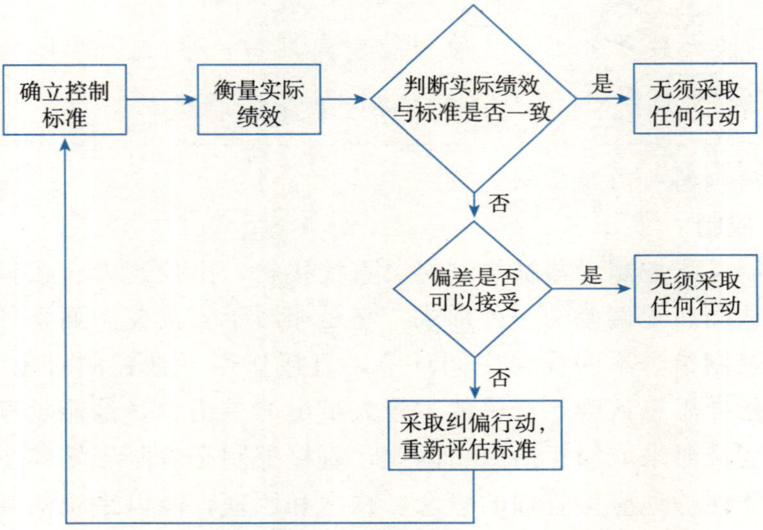

图 9－2 控制的过程

一、确立标准

标准是测定绩效的基础，确立控制标准是控制过程的起点，如果没有控制标准，衡量绩效和纠正偏差将失去客观依据。由于组织中的各项活动都要以计划为依据，计划执行情况是控制工作的重点，为此，各项计划规定的指标可作为控制的标准。由于各种计划的详尽程度和复杂程度各不相同，还需要将计划目标转换成一套更具体、可测量和考核的控制标准。

由于控制工作贯穿于组织的各项活动中，所以，控制标准就可以有多种，如就企业来讲，因控制的范围包括对生产过程的控制、对各部门人员工作绩效的控制，所以，控制的标准就有：定量指标，如产量、产值、销售额、劳动生产率等；定额指标，如劳动定额、资金占用额等；质量指标，如产品技术要求、性能指标、工序质量标准等。除了这些能定量的标准外，还有以“定质”方式表示的，如职工素质的提高、产品在市场中的领导地位、企业信誉的提高等指标。一个好的控制标准体系，在内容上一般包括数量标准、质量标准、时间标准、成本和效益标准等，在文字上要求尽可能简化明了，做到具体化、数字化、客观化、容易测定、便于考核、便于执行。

需要注意的是，并不是计划实施过程中的每一步都要制定控制标准，而是要选择一些关键点作为主要的控制对象。事实上，控制住了关键点，也就控制住了全局。一般来说，关键点都是目标实施过程中的重要组成部分，它可能是计划实施过程中最容易出偏差的点，或是起制约因素的点，或是起转折作用的点，或是变化度大的点等，应根据具体情况进行具体选定。

二、衡量绩效

衡量绩效就是用确立的标准对实际工作绩效和进度进行检查和比较，发现偏离标准的情况，分析产生的原因，制定和采取相应的措施。提交需要纠正的偏差结果，形成管理控制中的纠偏依据。因此，它又可分为两个小步骤：一是衡量实际工作成绩；二是比较实际工作与控制标准，由此发现和提出问题。从管理实务的角度讲，衡量绩效才是控制工作的真正开始。

衡量绩效取决于反映实际工作的信息，所以，要求信息及时、准确、全面。信息的及时性在控制中特别重要，错误的信息会导致错误的行动。这就要求管理人员掌握多方面的信息，做到胸有全局。

三、纠正偏差

纠正偏差是在衡量工作绩效的基础上，针对被控制对象出现的偏离程度，及时采取措施予以纠正，使其恢复到正常状态上来。在这个阶段，需要做好以下工作。

首先，要分清偏差的性质。偏差可分为正偏差和负偏差，正偏差是实际绩效比标准完成得还好，负偏差是实际绩效没有达到标准的要求。负偏差固然引人注目需要纠正，但是，出现正偏差时也不一定就没有问题，也必须引起注意并正确处理。例如，由于正偏差，生产超过了计划，造成库存大量积压、资金周转不灵，也会危及企业经营目标的实现。

其次，要分析偏差产生的原因。原因可能是多方面的，可能是由于未能严格按计划要求行动所致，如工作不负责、不认真，或不能胜任、能力有限等；也可能由于外部环境发生了重大变化，而组织事先并没有估计到这些变化，如国家政策法规的变化、国际政治风云变化、市场出现了新的强大竞争对手、某个大客户或大供应商突然破产等；还有可能是由于计划目标本身不合理造成，如盲目把目标定得太高而实际能力根本达不到等。总之，弄清原因是采取措施的基础。

最后，采取措施纠正偏差。如果偏差是由于工作产生的，且偏差已超出了允许的范围，则需要采取纠偏措施，以改进工作绩效。具体采取的方式涉及各方面的管理工作，通常包括改进生产技术、改进流程、改进管理方式、调整组织结构、改进激励措施、重新配置人力物力资源、调整培训计划等。如果是控制标准脱离实际，导致多数员工、多数部门无法实现控制目标时，管理部门需要修订标准。从某种意义上说，管理控制就是一个不断制定标准、实施标准、修订和完善标准的过程。值得注意的是，在修订标准时，应从实际情况分析出发，强调标准的客观性，避免管理人员主观因素的消极影响。

知识链接

好马和骑师

一个骑师，让他的马接受了彻底的训练，因此他可以随心所欲地使唤它。只要把马鞭子一扬，马就听他支配，而且骑师的话，马句句都听。“给这样的马加上缰绳是多余的。”他认为不用缰绳就可以把马驾驭住了。有一天骑马出去时，他就把缰绳解掉了。马在原野上飞跑，刚开始还不算太快，马仰着头，雄赳赳地高视阔步，仿佛要叫他的主人高兴。但当马知道什么约束也没有的时候，英勇的骏马就越发大胆了，它的眼睛里冒着火，脑袋里充着血，再也不听主人的斥责，越来越快地飞驰于辽阔的原野。不幸的骑师，如今毫无办法控制他的马了，他想用笨拙而颤抖的手把缰绳重新套上马头，但已经无法办到。完全无拘无束的马儿撒开四蹄，一路狂奔着，竟把骑师摔下马来。而它还是疯狂的地往前冲，像一阵风似的，很快就在骑师的眼前消失了。

启示：列宁有句名言：“信任固然好，控制更重要。”有些管理者授权后，由于过于信任下属，缺乏有效控制手段，致使授权失败。授权管理的本质就是控制和督查。授权后，管理者要建立起一套控制程序，通过工作报告、考核、预算审计等渠道获得员工行为的反馈信息，以便及时有效地进行控制。高明的管理者无时不对自己的控制技术作细致的挑选，以使自己能在最恰当的时刻，选择最恰当的方式，把失控的“马”及时地拉回到正确的轨道上来。

9.2　控制的内容

9.2.1　人员控制

人员控制分直接控制和间接控制。

（1）人员的直接控制：为了实现组织的目标，管理者使员工按照他所期望的方式去工作是非常重要的。为了做到这一点，管理者最简单的方法就是直接巡视和评估员工的表现，视察、指导员工的工作并纠正出现的问题就成为管理者的日常工作。

（2）人员的间接控制：是指根据组织发展战略的要求，通过有计划地对员工进行合理配置，搞好员工的培训和人力资源的开发，采取各种措施，激发员工的积极性，充分发挥他们的潜能，做到人尽其才，人尽其用，更好地促进工作效率的提高，进而确保组织战略目标的实现。

9.2.2　时间控制

科学准确地做好时间计划是时间控制的第一步，从某种程度上说，计划首先是时间的安排。较好安排时间的计划方法有甘特图法、滚动计划和网络计划技术等，其中网络计划技术为合理安排时间和科学分配资源起到了重要的作用。

20 世纪 70 年代日本丰田汽车公司首先应用的准时生产制（JIT）是一种先进的生产控制和时间控制方法。简单地讲，JIT 就是在必要的时间生产必要数量的产品。即为了提高劳动生产率，不是要在劳动中再多使力气，而应是通过尽量减少生产中的各种浪费来提高生产率。这种尽量减少浪费的思想就是 JIT 生产方式的出发点。

9.2.3　成本控制

成本管理的中心是成本控制，即要使经营活动的各环节、各方面达到或低于目标成本，为此，要做好以下工作：

（1）制定控制标准，确定目标成本。其方法有计划法、预算法和定额法等。

（2）记录和统计资料，进行成本核算。成本统计所用的原始记录是反映核算期人力、物力、财力等支出的全部原始资料，是进行成本核算和控制的最基本依据。在此基础上，通过成本核算，了解实际成本，并为分析改进成本问题提供数据资料。

（3）差异分析。将实际成本与目标成本相比较，就会发现差异。分析就是通过比较，找到实际成本与目标成本差异的发展趋势，找出控制和降低成本的措施。差异分析的主要内容有直接材料费用分析、直接人工费用分析、管理费用分析、销售费用分析。

（4）采取措施，降低成本。一旦发现实际成本高于目标成本，就应积极采取措施，控制成本的上升趋势。一般来说可采用的方法有价值工程、严格投入管理、防止跑冒滴漏、改进产品设计或生产工艺、精简机构等。

9.2.4 质量控制

质量控制是企业生产经营活动中一项极其重要的控制活动。质量控制具有两个方面的含义：一是工作的质量；二是产品的质量。二者既有联系，又有区别。产品质量是工作质量的体现，工作质量是产品质量的保证。质量控制既包括对企业产品或服务质量的控制，又包括对工作质量（包括制度、标准等）的控制。

控制工作质量就是企业为了保证和提高产品质量，在经营管理和生产技术方面所要达到的水平。工作质量的好坏是通过企业内各单位、各部门以及企业每一个职工的工作态度、工作绩效、产品质量等反映出来的。工作质量是产品质量的保证，在一定意义上，提高工作质量比提高产品质量更重要。

控制产品质量是企业生产合格产品和减少无效劳动的重要保障。在市场经济中，产品质量控制应达到两个方面的目标：一是使生产出来的产品达到产品质量标准；二是使企业以最低的成本生产出符合产品质量标准的产品。这两个方面是相辅相成的。企业生产出的产品符合质量标准是产品能为市场所接受的必要条件，而只有在低于社会平均劳动时间条件下生产出的合格产品才有竞争力。

9.2.5 库存控制

库存控制是对制造业或服务业生产、经营全过程的各种物品、产成品以及其他资源进行的管理和控制，是仓储管理的一个重要组成部分。它是在满足顾客服务要求的前提下通过对企业的库存水平进行控制，力求尽可能降低库存水平、提高物流系统的效率，以提高企业的市场竞争力。

9.2.6 审计控制

审计是常用的一种控制方法，根据内容，它包括财务审计和管理审计两大类。根据审计人员的来源，审计还有外部审计和内部审计之分。

一、财务审计

财务审计是由专职机构和人员，依法对审计单位的财务、财政收入及有关经济活动的真实性、合法性、效益性进行审查，评价经济责任，以维护财经法纪，改善经营管理，提高经济效益的经济监督活动。

二、管理审计

管理审计是以管理原理为评价准则，系统地考查、分析和评价一个组织的管理水平和管理成效，进而采取措施克服存在的缺点或问题。管理审计的方法与财务审计的一般方法基本一致，其中查明事实真相是管理审计工作的最基本任务。

三、内部审计与外部审计

内部审计就是企业内部的审计人员对企业的会计、财务和其他业务经营活动所作的定期的和独立的评价。内部审计提供了检查现有控制程序和方法能否有效地保证达成既定目标和执行既定政策的手段。

外部审计是由外部机构选派的审计人员对组织财务报表及其反映的财务状况进行独立的评估。

知识链接

地毯下的蛇

从前有一位经营地毯的阿拉伯商人，对自己地毯店的外观陈设非常在意。他每天总要在店内四处巡视，看看有没有什么不妥当的地方，如果有的话赶紧纠正。

一天，他照例巡视店面，意外地看见自己布置的地毯中央鼓起一块，就上前用脚将它弄平；可过了一会儿，别处又隆起一块，他再次去弄平；然而，似乎有什么东西在专门和他作对，隆起接连在不同的地方出现，他不停地去弄，可总有新的地方隆起。一气之下，阿拉伯商人干脆拉开地毯的一角，一条蛇立刻溜了出去。

启示：管理工作是关系方方面面的细致工作，所以我们要经常关注在哪些地方存在问题，出了问题怎么办，有什么解决问题的方案。但是当出现问题时，我们没有冷静下来找出问题的根本原因，往往头疼医头，脚疼医脚，忙得焦头烂额，却并没有将问题解决好。寓言中的道理，蛇不出去，你没法弄平地毯。

9.3 有效控制的原则与方法

控制是按照既定组织目标和标准，对组织活动进行监督、测量，发现偏差并分析原因，采取相应有效的措施使组织活动符合既定要求的过程。计划和环境因素的影响，使得计划在执行过程中难免会与预定目标发生偏离，管理者必须处理各种意外的情况，使组织行动与计划、与环境变化相适应，实现有效控制。

9.3.1 有效控制的原则

为了使控制工作做得更好，切实有效，一般需要注意以下几条原则。

一、控制应该同计划与组织相适应

管理的各项职能相互关联、相互制约。控制的目的既然是为了保证计划得到顺利实现，它就需要依靠组织中的各单位、各部门及全体成员来实施。所以，控制系统和控制方法应当与计划和组织的特点相适应。不同的计划具有不同的特点，因而控制所需的信息也各不相同。例如，对成本计划的控制信息主要是各部门、各单位甚至各种产品在生产经营过程中发生的费用；对产品销售计划的控制，则要收集销售产品的品种、规格、数量和交货期的情况。控制工作越是考虑到各种计划的特点，就越能更好地发挥作用。

同样，控制还应当反映组织结构的类型和特征。组织结构既然规定了企业内每个人所担任的职务和相应的职责权限，因而它也就可以成为确定计划执行的职权所在和产业偏差的职责所在的依据。由此也说明了，有效的管理控制必须能够反映一个组织的结构状况并通过健全的组织结构予以保证，否则只能是空谈。健全的组织结构有两方面的含义：一方面，要能在组织中将反映实际情况和工作状态的信息迅速地上传下达，保证联络渠道的畅通；另一方面，要做到责权分明，使组织机构中的每个部门、每个人都能切实担负起自己的责任。否则，偏差一旦出现就难以纠正，控制也就不可能得以实现。

二、控制应该突出重点，强调例外

这一原则要求管理者在一个完整的计划执行过程中选出一定的关键点，把处于关键点的工作预期成果及其影响因素作为控制的重点。在这样的情况下，管理人员不必完全了解计划执行中的全部具体细节，就能达到对工作有效控制的目的。控制要突出重点。管理者不能也没有必要事无巨细对组织活动的方方面面都进行控制，而是要针对重要的、关键的因素实施重点控制。作为一位负责的管理人员，可能会希望自己对所管制的领域有全面的了解和把握，但组织

中工作活动往往错综复杂、涉及面广，谁也无法对每一方面、每一件事均予以控制。因此，根据“关键的少数，次要的多数”的统计规律，找出和确定能反映或体现经营成果的关键因素，并加以控制，这样就可以成为一种有效的控制方法。

控制也应强调例外。管理者将控制工作重点放在计划实施中的例外情况上，可以使他们把有限的精力集中在真正需要引起注意和重视的问题上。不过，例外并不能仅仅依据偏差数值的大小来确定，而要考虑客观的实际情况。在同一个组织中，对于不同类别的工作，一定额度的偏差所反映的事态严重程度并不一样。有时，管理费用高于预算的 5%可能无关紧要，而产品合格率下降 1%却可能出现产品严重滞销问题。所以，在实际工作中，例外原则必须与控制关键问题的原则结合起来，注意关键问题上的例外情况。

三、控制应该具有灵活性、及时性和经济性的特点

灵活的控制是指控制系统能适应主客观条件的变化，持续地发挥作用，控制工作本身施工变化的，其依据的标准、衡量工作所用的方法等都有可能会随着情况的变化而变化。如果事先制定的计划因为预见不到的情况而无法执行，而事先设计的控制系统仍在如期运转，那将会在错误的道路上越走越远。例如，假设预算是根据一定的销售量制定的，那么，如果实际销售量远远高于或低于预算的销售量，原来的预算就会变得毫无意义，这时就要求修改甚至重新制定预算，并根据新的预算制定合适的控制标准。

控制工作还必须注意及时性。信息是控制的基础，为提高控制的及时性，信息的收集和传递必须及时。如果信息的收集和传递不及时，信息处理时间又过长，偏差便得不到及时矫正。更有甚者，实际情况已经发生了变化，这时采取的矫正措施不仅不能产生积极作用，反而会带来消极的影响。

为了进行控制而支出的费用和由控制而增加的收益都直接与控制程度相关。这就是说，控制工作一定要坚持适度性的原则，以便提高经济性。所以，从经济性角度考虑，控制系统并不是越复杂越好，控制力度也不是越大越好。控制系统越复杂、控制工作力度越大，只意味着控制的投入越大，而且，在许多情况下，这种投入的增加并不一定会导致计划的更顺利实施。

四、控制过程应避免出现扭曲问题

组织在将规则程序和预算这些低层次的计划作为控制标准时，最容易发生目标与手段相置换的问题。本来，规则程序和预算只是组织实现高层次计划目标的手段，但在实际控制过程中，有关人员对这些手段的关注可能超过对实现组织目标的关注，或者忘记了这些手段性措施只是为实现组织目标服务的，以致出现了为遵守规定或完成预算而不顾实际控制效果的种种刻板、僵硬、扭曲

的行为。控制的功能障碍也就由此产生。当人们丧失了识别组织整体目标的能力时，往往会出现“不是组织在运用控制职能，而是控制在束缚着组织”的不正常现象。因此，管理者在控制工作过程中特别要注意次一层级控制标准的从属性和服务性地位，这对成功、有效地实施控制至关重要。

五、控制工作应注重培养组织成员的自我控制能力

广大员工在生产和业务活动的第一线，是各种计划、决策的最终执行者，所以，员工进行自我控制是提高控制有效性的根本途径。比如，要提高产品质量，仅靠工商部门监督和新闻报道是不够的，重要的是企业改善管理、加强控制；而在企业中，光靠管理者重视和完善控制制度也是不够的，广大员工应加强质量意识，并对产品生产者每个环节严格把关，这才是提高产品质量的最终保证。

自我控制具有很多优点。首先，自我控制有助于发挥员工的主动性、积极性和创造性。自我控制是员工主动控制自己的工作活动，是自愿的。这样，他们在工作中便能潜心钻研技术，对工作中出现的问题会主动设法去解决。其次，自我控制可以减轻管理人员的负担，减少企业控制费用的支出。最后，自我控制有助于提高控制的及时性和准确性。实际工作人员可以及时准确地掌握工作情况的第一手材料，因而能及时准确地采取措施，矫正偏差。

当然，鼓励和引导员工进行自我控制，并不意味着对员工可以放任自流。员工的工作目标必须服从于组织的整体目标，并有助于组织整体目标的实现。管理者从整体目标的要求出发，经常检查各单位和员工的工作效果，并将其纳入企业的全面控制系统之中。

9.3.2 制定控制标准的方法

任何一项具体工作的衡量标准都应该从有利于组织目标实现的总要求来加以制定。制定控制标准常用的方法有三种。

一、统计计算法

即根据企业的历史数据或者对比同类企业的水平，运用统计学方法来确定企业经营各方面工作的标准。用这种统计计算法制定的标准，便成为统计标准。制定该类标准所使用的数据既可以是来自本企业的历史数据，也可以是来自其他企业的统计数据。利用本企业的历史性统计资料为某项工作的标准，具有简便易行的好处，但据此制定的工作标准可能低于同行业的先进水平，甚至是平均水平。这种条件下，即使企业的各项工作都达到了标准的要求，也可能造成企业经营绩效的相对低下，使企业在生产竞争中处于劣势。为了克服这种局限性，在根据历史性统计数据制定未来工作标准时，通常还需要考虑行业的平均水平，并研究竞争企业的经验。

二、经验估计法

我们把使用经验估计法建立的标准，称为经验标准。现实中，并不是所有工作的质量和成果都能够用统计数据来表示的，也不是所有的企业活动都保持着历史统计数据。对于新近从事的工作，或者缺乏统计资料的工作，企业可以根据有经验的管理人员或对该工作熟悉的人员的经验、判断和评估来为之建立标准。利用这种方法建立控制标准时，要注意利用各方面人员如老员工、技术人员、管理人员的知识和经验，在充分了解情况、收集意见的基础上，科学地综合大家的判断，制定出一个相对先进合理的标准。

三、工程方法

使用工程方法建立的标准，称为工程标准。工程标准是通过对工作情况进行客观的分析，并以准确的技术参数和实测的数据为基础制定的。比如，机器产出标准是其设计者计算出来的正常情况下被使用的最大产出量；工人操作标准是劳动研究人员在对构成作业的各项动作和要素进行客观描述与分析的基础上，经过消除、改进和合并而确定的标准作业方法；劳动时间定额是利用秒表测定的受过训练的普通工人以正常速度按照标准操作方法对产品或零部件进行某个（些）工序的加工所需的平均必要时间。严格地说，工程标准也是一种用统计方法制定的控制标准。

由于控制的对象不同，控制标准的类型很多。企业究竟要以何种方法制定控制标准，取决于所需衡量的绩效成果及其影响因素的领域和性质。

本章重点知识归纳

控制是关注组织各方面的活动，保证组织实际运行状况与组织计划要求保持动态适应的一项管理职能。

控制既是一个管理工作过程的终结，又是一个新的管理工作过程的开始。

计划与控制工作的内容常常互相交织地联系在一起。管理工作本质上就是由计划、组织、领导、控制等职能有机地联系而构成的一个不断循环的过程。

管理中的控制可根据其活动的重点、内容、时间、方式等的不同分为：（1）前馈控制、现场控制和反馈控制；（2）直接控制与间接控制。

从管理控制的实施上看，组织的管理控制大致包括制定控制标准、衡量实际绩效和纠正偏差三个阶段。

任何一项具体工作的衡量标准都应该从有利于组织目标实现的总要求来加以制定。制定控制标准常用的方法有三种：统计计算法、经验估计法、工程方法。

思考题

1. 简述控制的含义与特点。
2. 控制有哪几种基本类型?
3. 简述控制的基本过程。
4. 有效控制的原则是什么?
5. 常用的控制方法有哪些?

本章讨论案例

苏南机械有限公司

苏南机械有限公司是江南的一个拥有三千多名职工的国有企业，主要生产金属切削机械。公司建立于新中国成立初期，当初只是一个几十人的小厂。公司从小到大，经历了几十年的风风雨雨，为国家作出过很大的贡献。公司取得了一系列令人羡慕的殊荣：经主管局、市有关部门及国家有关部委的考核，公司各项指标均达到了规定的要求，因此被光荣地评为国家一级企业；厂里的当家产品，质量很好，获得了国家银质奖。随着外贸体制改革，逐渐打破了国家对外贸的垄断，除了外贸公司有权从事外贸外，有关部门经考核，挑选了一部分有经营外贸潜力的国有大、中型企业，赋予它们外贸自主权，让它们直接进入国际市场，从事外贸业务。公司就是在这种形势下，得到了上级有关部门的青睐，获得了外贸自主权。

进入新世纪，企业上上下下都感到日子吃紧，虽然经过转制，工厂改制成了公司，但资金问题日益突出，一方面公司受“三角债”的困扰，另一方面产品积压严重，销售不畅。为此公司领导多次专题研究销售工作，大部分人认为，公司的产品销不动，常常竞争不过一些三资企业和乡镇企业，问题不在产品质量，而主要在销售部门的工作上。因此，近几年公司对销售工作做了几次大的改革，先是打破了只有公司销售部门独家对外进行销售的格局，赋予各分厂（即原来的各车间）进行对外销售的权力，还另外组建了几个销售门市部，从而形成一种竞争的局面，利用多方力量来推动销售工作，公司下达包括价格浮动幅度在内的一些指标来加以控制。与此同时，公司对原来的销售科进行了充实调整工作，把销售科改为销售处、以后又改为销售部，现在正式改为销售公司。在人员上也作了调整，抽调了一批有一定技术、各方表现均不错的同志充实销售公司。这样一来，从事销售工作的人员增加了不少，销售的口子也从原来一个变成了十几个。当初人们担心，这样会造成混乱，但由于公司通过一些指标加以控制，所以基本上没有出现混乱情况，但是销售工作不景气的状况却没有根本改变，这是近年来一直困扰公司领导的一大问题。

与此同时，公司的外销业务有了长足的发展。但进出口部成立以来，有三件事一直困扰着王经理：一是外销产品中，本公司产品一直上不去。公司每年下达指标，要求进出口部出口本公司一定量的产品，可结果总是完不成。王经理和外销员都反映，完不成的责任不在进出口部，因为订单来了，本公司分厂不能及时交货，价格也有问题，所以只能让其他厂去做，进出口部做收购，这样既控制价格、质量，又能及时交货。讲穿了，做本公司的产品，进出口部要去求分厂，而做外购是人家求进出口部，好处也就不言而喻了。公司对进出口部完成不了本公司产品的出口任务一直有意见，进出口部与各分厂的关系也搞得很僵，而且矛盾还在激化之中。二是外销员队伍的稳定问题。近几年已有几位外销员跳了槽，而且跳出去的人据说都“发”了，有的自己开公司做贸易，有的跳到别的外贸公司，因为他们是业务熟手，手中又有客户，所以都享有很高待遇，一句话，比在原来公司好多了。这又影响了现在的外销员。公司虽然在工资、奖金上向外销员作了倾斜，但他们比跳槽的人的收入还差一大截，因此总有些人心不定，有的已在公开扬言要走，王经理也听到一些消息，说是有的人已在外面悄悄干上了。面对这样的状况，王经理心里万分着急，他知道，培养一个好的外销员不易，走掉一个外销员，就会带走一批生意。他深知问题的严重性，也想了好多办法，想留住人心，比如搞些活动，加强沟通等，但在有些人身上收效很小。该怎么办呢？这是王经理一直在思考的问题。

讨论：

为什么公司有大量销售人员外流，应如何留住他们？

第 10 章 制度管理与管理创新

通过本章学习，你应该能够：

1. 掌握制度化管理的必要性。
2. 了解企业文化的形成、作用。
3. 掌握企业文化建设的要点。
4. 学会企业规范化管理的方法。

企业有了一套科学、合理的管理体系框架，只是奠定了有效管理的基础，还不是组织管理的全部。科学确定的组织结构、管理制度和计划控制规范，充其量也只能比作一架设计精良的机器。通过组织中纵、横两个方面有效的作用机制，才能成为有活力、有生命力的企业组织。

10.1 制度化管理

以制度规范为基本手段协调企业组织集体协作行为的管理方式，是现代企业广泛采用的一种管理方式。

10.1.1 制度化管理的实质

制度化管理的实质在于以科学确定的制度规范为组织协作行为的基本约束机制，主要依靠外在于个人的、科学合理的理性权威实行管理。

在企业组织经营管理过程中，由于管理所依托的基本手段不同，存在不同类型的管理方式。市场经济发展早期，企业组织管理中多依靠个人的权威，以传统的权威和“神授”的权威为基本的控制手段。伴随着工业文明和资本主义经济发展，企业组织、行政组织和各种大型组织逐渐把管理过程中依赖的基本权威由个人转向理性的管理制度和规范。

以理性的、正式规定的制度规范为基本权威实施管理，就是制度化管理的实质。当然，这并不意味着不允许发挥个人权威的作用，只是说起基本制约作用的是制度权威而已。

10.1.2　制度化管理的主要特征

从管理制度的内容和制度化管理的实质来看，制度化管理的主要特征有：

（1）在劳动分工的基础上，明确规定每个岗位的权力和责任，并且把这些权力和责任作为明确规范而制度化。

（2）按照各机构、各层次不同职位权力的大小，确定其在企业中的地位，从而形成一个有序的指挥链或等级系统，并以制度形式巩固下来。

（3）以文字形式规定职位特性以及该职位对承担责任的个人应有素质、能力等要求。根据通过正式考试或者训练和教育而获得的技术资格来挑选组织中所有的成员。

（4）在实行制度化管理的企业中，所有权与管理权相分离。管理人员不是所管理企业的所有者。管理人员只是根据管理制度赋予的权力暂时处于拥有权力的地位，原则上企业中所有人都服从制度的规定，而不是有权的人。

（5）管理人员在实施管理时有三个特点：一是根据因事设人的原则每个管理人员只负责特定的工作；二是每个管理者均拥有执行自己职能所必要的权力；三是管理人员所拥有的权力要受到严格的限制，要服从有关章程和制度的规定。这些规定不受个人情感的影响，普遍适用于所有情况和所有的人。

（6）管理者的职务是管理者的职业，他有固定的报酬，具有按资历、才干晋升的机会，他应忠于职守，而不是忠于某个人。

10.1.3　制度化管理的优越性

与传统的以个人权威为主进行的管理相比，制度化管理更具优越性：

第一，个人与权力相分离。在制度化管理中，职务是职业，不再是个人身份，所有管理行为都来自规章、制度的规定，管理权威集中于规章和制度，而不是控制在某些人手中。在规章制度面前每个人都享有同等地位，从而排除了个人偏好或专断的影响，确保个人与权力的分离。制度化管理摆脱了传统管理的随机、易变、主观、偏见的影响，具有比传统管理优越得多的精确性、连续性、可靠性和稳定性。

第二，适合现代大型企业组织的需要。早期传统的管理由于过分依赖个人和裙带关系、人身依附关系，采用任意的、主观的、多变的管理方式，不适合现代大型企业组织管理的要求。现代大型企业组织由于规模大，内部分工细，层次多，更需要高度的统一，需要有准确、连续、稳定的秩序来保证各机构之间的协调一致，从不同的侧面保证企业经营目的的实现。

当然制度化管理也并非十全十美，它没有更多考虑人的因素，缺乏人际温情。但它与传统管理方式相比要优越得多，先进得多。现代企业组织的生命力，就是通过制度化管理维持的。

【案例】

远大集团的制度化管理

“制度是一个社会的游戏规则，或者更正式地，是定义人类交往的人为的约束。”1993 年诺贝尔奖得主道格拉斯·诺斯认为：制度的主要作用是消除或降低社会交往中的不确定性。

在公司成立后的第 8 年，远大由张剑的人治为主逐步转化到张跃的制度治理。这标志着远大开始从“创业”到“管理”的转型。

创业时期最大的特征是不确定性，不确定性因素弥漫着整个创业过程中的各个方面，人、财、物等各种内外资源匮乏与企业扩张的矛盾使得创业者必须拥有掌控不确定风险的能力。随着规模的扩大，创业者不再可能及时掌握企业所有的信息。在信息不对称，特别是不确定性的信息不对称条件下，创业者的决策风险逐渐增大。这导致企业的风险增加。作为消除或降低不确定性因素的制度自然地出现在企业的舞台。

通常，企业的发展，随着规模的扩大分别会遇到技术、营销、管理、观念、战略和文化的障碍。一般管理界人士认为，当企业规模达到 3 000 万～1 亿元的时候，主导发展的因素是企业的管理，如何形成符合企业自有特质的管理模式和管理行为，是企业能否迈向更大规模发展的关键。当然，这一台阶迈过后，主导发展的因素会向观念、战略和文化转移。此时，管理变成企业基础性的发展因素，即成为企业发展的根基之一。

任何一家企业都会有自己的管理以及与之相关的制度。但不是所有的企业管理都会被冠上制度化管理的名号。管理具有科学性与艺术性，程序化的管理是科学，非程序化的管理是艺术。明确提出制度化管理，则意味着企业管理的重点偏向程序化管理。

泰勒时期的科学管理无疑是制度化管理的萌芽和极端，甚至工人的动作都会被分解成不可再分割的动作单元。科学管理出现之后出现了管理科学，直到今天认为管理是一门艺术的看法成为主流。主流认为，科学、程序化是管理的基础，而柔性化、网络化、学习化才是管理的灵魂出处。

远大集团则是非主流地将程序化管理凌驾在公司管理主流的企业。主流与非主流并无高低之分，管理从来只是追求相对满意而不是绝对满意，对企业来说，没有最好的管理模式，只有最适合的管理模式。

制度本身并不是远大成功的保证，诺斯同时认为：制度并不意味着一定增进社会效率，就其作用在于降低不确定性而言，它也可能妨碍效率的提高。

远大制度化管理显示，无论何门何派，只要是某个流派的高手，都是江湖的高手。假如远大并未在业绩上作出隐瞒的话，那么它的案例告诉了我们这样一个道理，管理从来没有最好的，只有最适合的。

讨论：

远大为什么要推行制度化管理？成效如何？

10.2　企业文化建设

企业文化是一种弥漫于企业组织各方面、各层次的价值观、思维方式和行为习惯，是组织的风气、风格。在组织内部垂直的影响过程中和横向作用过程中，都起着不可或缺的作用。它不仅对企业组织的运转是一种必不可少的润滑剂，而且能够创造良好的组织气氛和组织环境，从观念、信仰层次调动组织成员的工作积极性和忠诚心，是其他管理手段无法取代的。

10.2.1　企业文化概述

经营目标解决企业物质追求方面的问题，经营理念解决企业精神追求方面的问题。经营目标所能解决的，是表现为数据、结构、规范、程序的问题。如何去理解、考虑问题，应有的行为规范是什么？如何使承担职能性活动的组织成员能够“活起来”，使大家都参与到日常的经营管理活动中来？最终要靠经营理念，要靠观念形态的东西。这种观念形态的东西集中表现为企业文化。

一、企业文化及其构成

以组织基本目标和价值观为核心形成的，包括成员思维方式和行为方式在内的一整套观念—行为系列，就是企业文化。

任何组织，都有文化。不论好坏、积极消极、明确化的程度如何，任何组织，都有其基本的风格、风气，都有其不同于其他组织的特点。其不同之处，就是该企业文化上的特色。日常生活中，人们议论某组织是“官僚化”的，某团体“富有创新精神”，某企业“内聚力强”，等等，都是企业文化的表现。

（1）企业文化的缘起。企业文化是与企业相伴而生的客观现象。是在企业这一经济组织形态诞生之时，就存在企业文化。但是，人们对这一文化现象的认识和研究，则始于 20 世纪 80 年代初期。首先提出并倡导企业文化理论的是美国的管理学者。

20 世纪 70 年代后，美国经济长期陷于停滞状态，而日本经济迅速发展，其产品大量冲击和占领美国曾居于优势的市场领域。这一严峻挑战引起美国各界的震惊和深刻反思。经过多方面的比较研究，美国学者发现成功的企业管理是日本经济发展的重要原因之一。而日本的企业管理方法中有不少是为美国企业所忽视的，其根本差异表现在，美国企业注重管理的硬件方面，强调理性的科学管理。

日本企业则不但重视为全体职工共有的价值观，注重强化职工对本企业的向心力，注重企业中的人际关系。比较的结果使美国学者认识到，文化是企业管理中不可忽视的重要因素，对于企业的成功与否具有深刻的影响作用。为此，他们提出要向日本学习，借鉴日本社会和企业中许多独特的文化因素，培育和发展美国的企业文化。与此同时，许多学者著书立说，探索企业文化的有关理论与模式。美国关于企业文化的研究引起日本企业界和理论界的强烈反响，并相继波及其他国家，由此兴起一股世界范围的企业文化热潮。

目前，企业文化在理论和实践方面均得到长足的发展，企业文化学作为一门新兴边缘学科，已成为现代管理科学的重要组成部分。企业文化理论的形成标志着企业管理从物质的、制度的层面向文化层面发展的趋势。

（2）企业文化的构成。在抽象意义上，企业文化中包含价值观和思维方式两个组成部分。具体表现形态方面则为行为规范。

1）价值观。价值观是人们关于好坏善恶的认识或看法。管理中价值观无处不在。价值观是企业及全体员工一致赞同的关于客观事物对于企业是否具有价值，以及价值大小共同认识或看法。它体现了一个企业的基本概念和信仰，反映了企业内部衡量事物重要程度及是非优劣的根本标准，因而是企业文化的核心和基石。价值观的确立对企业文化的其他要素具有决定作用，其他要素如制度规范、习俗仪式等，都是以一定的价值观为基础建立和形成的。价值观的实质在于客观事物能否满足企业及全体员工的共同需要。对于能满足其需要的客观事物的意义予以肯定，是价值观形成的基础。价值观体现了企业的最高目标和宗旨。任何企业，总是把自认为对自己最有价值的对象作为本企业努力追求的最高目标、最高理想和最高宗旨。因此，企业最高目标、企业宗旨等是企业价值观的集中反映。对企业具有价值的客观对象往往不是一个，而是多个，如人才、顾客、利润、社会责任等。各种价值的重要程度也有所不同。将多种价值按照其重要程度加以排序组合，就构成企业价值观体系。具有稳定的、为全体员工共享的价值观体系是企业文化发育成熟的重要标志。

2）思维方式。共同的思维方式也表现为组织的模式化。组织中共有的思维方式通常难以察觉，组织成员自己也未必有明确的意识。但在相当程度上支配着组织成员的判断和行为。

当组织面临困境、面临非常时期的时候，模式化的思维方式容易表现出来。同样的注意焦点，同样的反映方式，反映出背后同样的思维方式。

共有的思维方式，主要包含：企业生存的环境、企业生存的世界是什么样的？企业在其中处于什么位置，承担何种职能，扮演什么角色？在企业当中工作的是些什么样的人？企业生存的基本前提是什么？即企业的世界观、环境观，对人的看法等。

价值观和思维方式，构成抽象意义上的企业文化。两者相互补充、相互强化，融为一体。

3）行为规范。价值观和思维方式，是抽象的东西。抽象的东西一大特点，是它的一般性、融通性、普遍适用性。不管碰到什么样的具体、个别的问题，不管行为发生何种变化，只要有共同的价值观和思维方式，基本的看待和处理问题方式就不会变，就有解决问题的一般准则存在。组织当中日常行事时，在上司面前应当如何表现，碰到顾客起诉时应当如何处置，对待长辈、同事如何做事？在所有方面，都有明文规范未确定的，同时又有非明确规范起作用的规则约束。

知识链接

21 世纪中国企业文化发展走势

1. 企业文化对企业兴衰、企业发展所起的作用将越来越显著、越来越大。

2. 企业文化的发展同企业的经营活动和管理创新将更加紧密地结合起来。

3. 企业结盟取胜、实施双赢战略将必然要追求“文化沟通”和“双赢思维”的发展。

4. 企业精神的概括和提炼更加富有个性、特色和独具的文化底蕴。

5. 在企业文化建设中，将要更加注重企业精神、企业价值观的人格化和“人企合一”的境界。

6. 作为“学习型组织”的企业文化将更加受到关注。未来最成功的企业将是个“学习团体”，学习越来越成为企业生命的源泉。

7. 企业文化的独特性将越来越表现为企业差别化战略和企业的核心竞争力。企业文化作为企业的核心竞争力的组成部分具有不可模仿性。

8. 作为企业文化的第一设计者——企业家的素质、决策力将越来越重要。

9. 企业文化建设与企业形象设计将更好地结合在一起。

二、企业文化的性质

企业文化作为企业组织的特殊存在方式，具有如下基本性质；

（1）企业文化是一种客观存在的文化现象。作为人类文化系统的一个重要组成部分，企业文化如同其他文化现象一样，是与其载体共生的。即企业文化依赖于企业的存在，没有企业就没有企业文化，没有企业文化亦不可能有堪称企业的企业。这是由于文化根归结底是人的主观意识对客观存在的反映和制约。企业文化直接来源于企业的经营活动。尽管不同的企业由于规模结构、经营内容、组织形式、成员素质不同而具有不同特点的企业文化；尽管同一企业的不同发展阶段，其企业文化的鲜明、系统和成熟程度会存在明显差异，但是，企业文化必然与企业相伴而生，共其始终。充分认识企业文化的这一性质，是自觉推动企业文化建设的前提。

（2）企业文化是社会文化和民族文化的现实反映。社会文化是一定社会特有的文化，是该社会生产方式、社会制度、社会结构以及主要民族的历史传统的综合体现。企业作为社会的主体成员之一，同样存在于一定的社会文化环境中，其亚文化的形成要受到社会文化的熏陶、渗透和影响，从而带有浓重的社会文化的印迹。不仅如此，企业的生产经营活动与其他社会主体存在紧密的依存关系。企业亚文化也因此受到其他社会主体亚文化的影响和制约。其中尤以民族传统文化的影响最为深刻。

企业文化的社会性、民族性特征，决定了社会文化和民族文化对于企业的基础作用。只有深深根植于社会及本民族文化的土壤之中，才能培育出具有强大生命力和深厚底蕴的企业文化。

传统文化、管理传统在企业管理过程中，主要通过企业文化实现、巩固和强化自身，延续自身的生命。传统文化和传统管理方式在企业中实现自身的途径主要体现在个体、群体、管理三个层次。

1）个体层次。个体的价值观念、信仰和情感，是传统社会造就的。人们的现实生产生活实践经历和经验发生根本变化，个体的观念会发生改变。但这种改变不是断裂性的改变，而是传统观念调整自身、融合新内容、重新定义自身性质的改变，是在以传统观念来理解、解释变化基础上的改变，传统仍在其中。这是价值观念。信仰和情感则稳定性更强，更难以改变。从历史实证角度看，信仰适应现实世界变化，往往采取突出、强化、发扬传统信仰中某些方面的方式实现。情感与人们的现实生产生活经历相关性较强，但情感通常表现为一种不自觉、无意识的过程，改变也是比较缓慢的。没有社会历史对个人生产生活现实经验的根本性触动，是很难改变的。

2）群体层次。群体交往的影响因素可简单归结为两类：一类是岗位职业规范规定了的工作职能关系给人际关系的影响。典型的例证如传统手工业作坊中伴随工作关系的人身依附关系，和现代企业中明确的工作职能关系带来的精确、稳定、理性关系。另一类是社会以往传统的建立在身份、血缘、情感逻辑基础上的群体化纽带。由于传统的延续性，后者往往是群体交往、联结的基础性纽带，只有当现实的工作职能关系如技术革命、新生制度因素（如资本逻辑）改变了基本的利益格局和生产生活现实时，日常工作职能关系的变化才能转化为群体交往、联结纽带的更替，才能部分地改变人们的群体化过程和人际关系状态。

3）管理层次。管理层次上，传统主要通过以往的价值系统，通过思考问题的方式，通过以往人们认可、通行的权威服从关系体现自身。关于好坏、善恶、是非的价值系统以民族传统文化为基础，虽然会随着时代变化调整和改变，但依然是按照传统观念基础和思维方式去理解、解释的变化。

（3）企业文化的本质是企业的“人化”。人是一切文化的缔造者，人类在创造物质文明与精神文明的同时，不断发展和完善自身。同样，人是企业的物质、制度及精神文化的创造者。在构成企业文化的诸要素中，人始终居于主体地位。企业文化的主旨与核心就是以人为中心，关心人，重视人，尊重人，为人的全面发展和价值实现创造条件。这里的人不仅指本企业内部的管理者和全体职工，还包括为企业提供原材料和经销产品的其他企业的员工、购买和使用本企业产品的消费者、企业所在社区的全体居民，以及与本企业有直接或间接关系的一切人。

企业文化既注重人对于企业发展的价值，把人视为企业的成功之本，同时也注意到企业对人的发展的积极作用，力求使企业成为人的价值实现的舞台，因而强调把实现企业的价值与实现人的价值有机结合起来，使二者协调统一，互相促进，同时达到企业兴旺发达与个人全面发展的双重目标。

（4）企业文化具有明显的个性或独特性。作为一种企业文化或群体文化，企业文化的形成除受所属社会文化及民族文化的包容和熏陶，从而带有明显的本社会、本民族文化特性和烙印外，还受到本企业组织环境和群体特性的影响和制约。构成组织环境和群体特性的各种因素，如企业的规模与性质、行业及产品特点、组织结构、经营方式、人员构成与素质、管理水平、领导方式等，直接孕育和促成企业文化的生成。而上述因素在不同企业中有着不同的存在形式和组合方式，在此基础上生成的企业文化也必然存在诸多差异。

一个企业区别于其他企业的文化差异即为该企业独有的文化特性。由于任何企业之间都不可能具有完全相同的组织环境和群体特性，因此，企业文化的个性或独特性也是普遍的、绝对的。企业文化的这一性质使每个企业形成仅为本企业认可和通行的价值观、思维方式和行为方式，同时使企业在与众多企业的市场竞争中显示出独特的形象和风格。

【案例】

沃尔玛："尊重每一个员工"

沃尔玛公司一直非常重视企业文化的作用，用良好的企业机制改造传统商业，充分发挥企业文化对形成企业良好机制的促进和保障作用，增强企业的凝聚力和战斗力。公司创始人山姆·沃尔顿（Sam Walton）为公司制定了三条座右铭："顾客是上帝""尊重每一个员工""每天追求卓越"，成为沃尔玛企业文化的精髓。

在沃尔玛的整体规划中，建立公司与员工的合伙关系被视为最重要的部分，沃尔玛处理员工关系常用"分享信息"和分担责任，它使人产生责任感和参与感。尊重个人是沃尔玛的企业文化，在沃尔玛"我们的员工与众不同"不仅是一句口号，更是沃尔玛成功的原因。它的含义是每个员工都很重要，无论他在什么岗位都能表现出众，并把这句话印在每个员工的工牌上。沃尔玛注重与员工的沟通，倾听员工的意见。同仁所提出的想法，始终都能受到高度的重视，它推行的是开放式管理，任何员工都有权走进管理人员的办公室讲述任何话题，发表任何意见，很少有等级森严的气氛。同时在员工培训方面予以足够的重视和巨大的投入。

10.2.2 企业文化的培育

培育建设企业文化是管理理论与实践进入新的发展阶段的要求。根据本社会、本民族、本行业、本企业的特点培育独具特色而卓有成效的企业文化，是现代企业走向成功的必由之路。

一、形成共同价值观

组织价值观的背后是企业生存的社会文化环境。如果局限于组织特有的价值观考虑问题，共有价值观形成的基础有二：一是经营理念，二是组织过去的成功体验。

组织的成功体验，会使人意识到导致成功的思维方式、行事的方式是正确的。这种思维方式和行事方式会作为共有的价值观铭刻在人们心里。人往往相信自己亲身经历过的事或自己体验到的成功。成功的体验对人自身有非常大的说服力。这种成功的体验形成的观念或印象，作为共有价值观还不够，还必须通过某种语言表现出来，让其他人听明白、意识到。这种语言化、概念化的过程可以是自然发生的，或者在大家用相近的语言表达成功经验，逐步规范化的。“不入虎穴，焉得虎子”，“学到用时方恨少”等就是如此。也可以由主要管理者把这种思维方式和行为方式背后的思想用适当的语言表达出来，得到大家的附和。

很多时候，都是管理者、创业者基于某种信念获得初步成功后，将这种信念抽象化而成为价值观，经由进一步的成功得到大家赞同，成为共有价值观。这种价值观距离成为企业文化，还有一段距离。仅仅是归纳、提炼还不够，必须经由渗透、传承的过程，才能成为企业文化的核心。渗透和传承的手段有四个。

1. 用易懂、能表述理想或追求的语言来表述

即点明文化的企业宗旨。要用简练的几句话概括表达出企业组织的追求来，要使人能够产生神圣感、追求感，而且要通俗易懂。如本田“企业发展的原动力是思想”。同时，企业宗旨不可太过现实。过分现实难以成为共有的、长久的东西。无论如何，企业宗旨必须有鼓舞人心作用。

2. 体现到共同的、具体的行动当中去

仅仅观念层次的东西作用有限，必须与个人的工作、生活体验结合起来。共同的行动或经历、经验，会使外在的信念变成个人的体验。两者结合起来，企业理念就会扎根于人心。

3. 强调共有的象征

这是凝聚人心的必要手段。但象征往往是空泛的，所以必须具象化到某一对象物身上。对企业而言就是企业的“英雄人物”。“英雄人物”可以是一个人，也可以是若干人。英雄人物不在于地位高低，关键是其象征意义。英雄人物往往是企业的创业者，和企业的传奇故事联系在一起，很多时候，惊人的举动也有象征意义。中国历史上传奇小说中的类型化人物身上，往往可以看到类似特征。

4. 持续的教育和学习强化

在企业管理中，必须在形成良好企业文化之后，对员工进行持续的教育，强化员工在学习过程中，深化对企业文化的认识，使之内化到员工的实践中。

二、形成共同的行为规范

管理制度和规范是企业文化的重要内容，也是企业文化得以维护和延续的基本保证。在企业文化建设中，应当以共有的价值观体系为宗旨，围绕实现企业目标建立健全各项规章制度，形成严密的规范网络，使职工的各种行为活动、相互关系的确立和调整以及行为效果的评价等均有法可依，有章可循。

行为规范的共有和传承，主要依靠日常的相互作用。人具有模仿、从众倾

向。个人通过观察身边其他人的行为，可以明白所在组织中什么是合理的，什么是应该做的、受赞扬的。由此决定自己的行为。在利用规章制度对职工行为进行强制性约束的同时，要注意发挥各种未经明文规定的非正式规范的软约束作用。通过倡导、示范、舆论、人际关系、群体归属等形式，使职工感受到无形规范的强大影响力量，并在积极遵从的基础上对自身行为进行自我约束。

加强礼仪建设，促进企业文化的习俗化。习俗礼仪是企业文化个性或独特性的具体反映，也是企业文化的主要表现形式。在构建企业文化时，要注重保留和维护能反映本企业优良传统和文化特点的风俗、习惯，同时根据企业发展需要创立各种礼仪形式。礼仪文化的建设应当以弘扬企业价值观、提高职工素养为宗旨，以是否符合上述宗旨作为评价和取舍各种礼仪形式的标准。为强化习俗礼仪在倡导企业精神、规范职工行为、增强凝聚力等方面的效果，应当尽量采用多样化、趣味化、娱乐化的表现形式，使之成为广大职工喜闻乐见、乐于参与的群体性活动。礼仪建设的实质是使企业的价值观、精神追求、道德准则和行为规范进一步习俗化，成为每个职工的自然要求和自觉行动。而在达到企业文化的这一最高境界，就要把礼仪建设贯穿和渗透于企业经营管理的全过程，在工作秩序、办事风格、会议形式、待人接客、信息沟通方式以及内部公文格式等各种活动中充分体现本企业特有的习俗礼仪。

【案例】

“一分钟节约”运动

日立公司是日本著名的三大电器公司之一，拥有 20 个工厂，8 个研究所，近 8 万名职工，另外还有近百个同它保持密切联系的系列公司。日本管理界认为日立公司成功的支柱除了人和技术以外，还有重要的一条便是节约精神。

日立公司在开展节约运动时提出了“一分钟在日立应看作是 8 万分钟”的口号，意思是说，一个人浪费 1 分钟，日立公司的 8 万名就要浪费 8 万分钟，按一人 1 天劳动 8 小时计算，8 万分钟就等于一个人劳动 166 天。在这个口号的鼓动下，日立公司从上到下普遍树立起“公司越是庞大就越要节约”的观念。

为了使信封能多次使用，日立公司内部使用的信封上贴着一张画有几条横线的纸。第二次使用时，收信人名写在第二行，同时把上次的收信人名涂掉。在公司里写便条或记点什么东西如果用了新纸马上就会挨批。即使公司董事使用的笔记本也是用电子计算机使用过的纸装订起来的。在公司里有一条不成文的规矩，不用的电灯就一定要关掉。虽然灯的开关都是集中控制的，但每一盏灯都拖着一根绳子。午休的时候职工们都把灯关掉。

所有这些都卓有成效地推进了整个公司的节约运动，降低了公司的成本，大大增强了公司的竞争优势。

10.3　企业规范化管理

企业规范化管理需要制度化，也需要标准化，但它的重点在于为企业构建一种自我免疫、自动修复的机能，也就是说使企业组织形成一种内在的自我免疫功能，能自动适应外部环境的变化，抵御外部力量的侵害，当企业组织在发展过程中遭遇外部创伤后，能自动地修复愈合，使企业实现持续稳定的发展。或者说，企业规范化管理是要赋予企业组织一种生命力量，让企业像一个生命有机体一样，无论内部原因还是外部原因致使企业组织发生创伤和病变后都具有自动愈合、自动产生抗体抵御病源，恢复健康的机能。

10.3.1　企业规范化管理的特征

（1）企业规范化管理强调用一套系统的价值观念体系整合企业管理活动。

企业是一个有机整体，对企业进行管理的行为方式、方法也就不能是支离破碎的。企业是由人构成的，企业发展的核心资源也是人，而主导人的意志行为的却是他的价值观念。所以企业规范化管理必须有一套企业内部一致认同的价值观念体系作为指导思想来协调企业组织运行和管理的行为，使企业方方面面的管理方法和技术融合为一个整体，并彼此协调照应。这是企业规范化管理的首要特征。一套系统的在企业内部广泛认同的价值观念体系是构成企业组织自我免疫、自动修复机能的基础。企业组织有了这样一套价值观念体系作为其运行的指导思想，任何有违于企业发展正道的行为和做法都可以被及时纠正，从而避免给企业的发展带来灾难性后果。

（2）企业规范化管理强调要协调企业发展的所有利益关联主体的关系，而不单是服务于投资人的赚钱盈利目的。

当代企业不再仅仅是资本增值的机器，而是服务于企业发展的多种利益主体的一种公共组织。强调协调企业发展的所有利益关联主体的关系是必须和必要的。要实现企业的稳定发展，作为企业就必须赚钱，并且到任何时候都是赚钱盈利的工具。只不过所赚的钱不能为投资人所独占。如果企业投资人和经营人置企业其他利益关联主体的利益于不顾，甚至掠夺侵犯他们的利益，企业的发展就不免会成为无本之木，无源之水。其利益受到掠夺侵犯的人还会全力为企业的发展作贡献吗？显然是不可能的。

(3) 企业规范化管理强调必须完整地承认被管理者的主体地位，充分尊重人的价值、尊严、地位和个性。

必须消除过去关于人的本质特性假定的片面性，整合经济人、动物人、社会人、自我实现人、文化人、复杂人等多种片面性假设，以主体人原理为理论基础，认定人的主体性。主体人原理就是管理学的第一原理——“人性定理”。这一定理可以简单地概括为：“一个健康的人的任何一个行为，都是服务于他自己的目的的。”人性定理强调：

1）人是具有自我意识的存在物，明白自己是不同于他人、他物，并且独立于他人、他物之外存在；

2）人的所有行为都是自我选择的结果，没有哪种由自己完成的行为是他人强加的；

3）人的任何一个行为都谋求自我肯定，服务于他自己的目的；

4）人在任何时候都只根据自己所寻求的目的和目标来关注世界、关注他人，而对与自己所寻求的目的、目标不相关的人和物视而不见；

5）强调人不但寻求自我肉体保全的“有”的欲望的满足，而且重视自我价值实现的“能”的欲望和自我立法的“善”的欲望的满足，并且“能”和“善”两种欲望是无限的；

6）人如果没有外在的约束，被肌肤之利和短期利益所迷惑而忽视和放弃根本利益和长远利益，走向自我异化是不可避免的。

10.3.2 企业规范化管理的基本方面

在管理现代化的同时，融合中华管理传统，建设成功、优秀的企业文化，包含若干基本的、共同的环节。

一、牢固树立制度规范的权威

牢固树立制度规范的权威，是现代管理的生命。毫无疑问，中国企业文化建设过程中要全面树立制度规范的权威。在大生产条件下，没有制度，即使人的价值取向和对组织的目标有高度的认同，也不可能达成行动的协调一致。但制度再严密也不可能凡事都规定到，在树立制度规范权威的同时，还要花大力气树立遵守制度规范，尊重制度规范的文化观念。特别是中国有深厚的“人治”传统，有“权变”的传统，有史以来没有树立起形式化、制度化理性的权威，制度和规则在现实中常常被“具体情况具体分析”，被变通，流于形式和摆设。树立制度理性权威就显得尤其重要。

一般而言，当企业倡导的文化优秀且员工认同度较高时，企业制度成本比较低；当企业倡导的文化适应性差且员工认同度较低时，企业要花费较高的制度成本。制度是外在约束手段，在制度文化未形成、未树立起来的阶段，没有监督就可能出现“越轨”行为，制度规范就会被“突破”或“破坏”。制度文化形成和树立起来后，人们自觉遵守制度规范要求，管理成本大为降低，尤其当超越制度的文化形成，管理成本会更低。

要把技术理性、制度理性新文化观念渗透到管理过程中，变成人们的自觉意识和行动，制度是最好的载体之一。人们认同一种新观念、新文化可能需要经过较长时间，而把企业极力推行的观念和文化“装进”制度，借助制度的反复强化作用影响观念，可以加速这种认同过程。当制度内涵被员工心理接受、并自觉遵守时，制度就变成了一种文化。

一种制度要求，当人们普遍认识到其重要性，并且大多数人树立起维护制度规范的信念的时候，制度规范的权威就可以树立起来，相应的制度文化就可以发挥作用。改革以来，获得成功的企业几乎无一例外都是严格推行制度规范，牢固树立起制度规范权威的。

二、管理者个人身体力行

管理者个人的身体力行，是企业文化建设的另一重要因素。这是因为，主要管理者是企业文化的创造者、倡导者、推行者、主要影响者。主要管理者自己对自己推行的企业文化是否坚信不疑是至关重要的。很难想象自己不相信的东西能够建设为成功的企业文化。有了坚定不移的信念，身体力行是自然而然的事。很多企业管理者只是在口头上讲一套自己都未必清楚，未必相信的文化，其结果可想而知。

企业文化形成中，管理者个人在其中具有明显的导向、制约、影响作用。很多企业组织中管理者个人的观念、思维习惯和是非偏好直接制约和影响着组织中通行的惯例、思维方式和风气。特别是经由个人创业而发展起来的企业，由杰出企业家和管理者支配和控制的企业，这一特点尤其明显。

中国传统文化中，强调言行一致，强调“做事先做人”，由于传统的道德化、情感化管理、以人的权威为中心的管理，形成群体行为中看重领导人的“言行一致”，强调“修己安人”，要求领导人成为榜样和表率，发挥“身教和言传，身教重于言传”的影响作用。在管理融合初期，这一点表现得尤为突出。

管理者身体力行有其自然基础，因为真正意义上的企业文化都来自管理者创业过程中的经历、经验和教训，是经过了亲身体验并反复印证的信念和看法，管理者要在日常的工作中倡导和推行这些观念有其必然性。

管理者的身体力行同时又是贯彻、推行企业文化过程中“化”的重要手段。企业文化的价值观念和思维方式，除了作为企业宗旨、理念，追求的目标，办事的依据和准则采取一系列手段去强化、贯彻执行外，其中共同的经历和体验具有重要意义。因为外在的规范、要求，倡导、宣传、灌输，只有和个人的现实经验联系起来，才能转化为个人真正的观念和行为。没有来自生产生活现实的经验验证，其他手段的效果有限。管理者率领员工身历亲为的说服力和感化作用是显而易见的。

从企业文化的形成，从管理者个人风格的制约和影响，从企业文化的“化”的过程，从传统的观念基础等几个侧面分析，管理者的身体力行都是文化建设的重要环节。

【案例】

海尔的 OEC 管理

1991 年，海尔集团在贯彻 ISO9001 国际标准时，针对内部事务未能及时清理以及生产作业现场存在的质量问题，制定了一种“日日清”的内部管理控制制度，即 OEC 管理。

“OEC”是英文 Overall Every Control and Clear 的缩写，即全方位地对每天、每人、每件事进行清理、控制。具体地说就是企业每天所有的事都有人管，做到控制不漏项；所有的人均有管理、控制的内容，并依据工作标准对各自控制的事项按预定的计划执行，每日把实施结果与计划指标对照、总结、纠偏，达到对事物发展过程的时事控制，确保事物的发展向预定目标前进。

这是一种促使企业及每个员工、每项工作都能走上自我约束、自我发展、良性循环轨道的精细化管理方法。这一管理方法可以概括为：“总账不漏项，事事有人管、人人都管事，管事凭效果、管人凭考核。”

“总账不漏项”是海尔模式实施的基础。它是指把企业内所有事物按事（软件）与物（硬件）分两类，建立总账，使企业正常运行过程中所有的事与物都能在控制网络内，确保体系完整、无漏项。

“事事有人管、人人都管事（物）”是指将总账中的所有的事与物通过层层细化落实。

到各级人员，并制定各级岗位职责及每件事的工作标准。为达到时事控制的目的，每个人根据其职责建立工作台账，明确每个人的管理范围、工作内容、每项工作的工作标准、工作频次、计划进度、完成期限、考核人、价值量等。为确保其完整性，每个人的台账由其上一级主管审核后方可生效。由于每个人的工作指标明确，工作中既有压力又有相对自主权，可以更好地发挥其主观能动性及自主管理的作用，真正树立起以人为本的思想。

“管事凭效果，管人凭考核”是指任何人实施过程中，必须依据控制台账的要求，开展本职范围内的工作。这可使每个人在相对的自由度下进行创造性的能力发挥，力求在期限内用最短的时间，完成各自标准甚至高于标准的各项工作。对管理人员是月度账加日清表控制，即每天一张表，明确一天的任务，下班时交上级领导考核，没有完成的要说明原因以及解决的办法；对生产工人是 3E（Everyday，Everything，Everyone）卡控制，此表由检查人员每两小时一填，每日终了，将结果与标准一一对照落实，并记录标记。通过自我审核后，附各种材料或证明工作绩效的证据，报上一级领导复审。上一级领导按其工作进度、工作质量等与标准对比，进行 A、B、C 分类考评。复审不是重复检查，而是注重实际效果，通过对过程中某环节有规律性的抽查，来验证系统受控的程度。复审是海尔模式的关键环节，结束后，工人一天的工作成绩及一天的报酬也就显示出来。工人工资每天填在“3E”卡上，月末凭“3E”卡兑现工资。

对于 OEC 管理，海尔人只是把它视作其企业内部管理规范体系的一个代号。从以上各方面可以看出，OEC 管理的主要内涵，就是贯穿在企业各项工作中的“日事、日毕、日清”制度。因而，海尔人又将 OEC 管理称作“日日清工作法”。

三、有效运用情感融通

如何使亲和力、亲情网、情感纽带在现代企业管理中发挥作用，纳入文化建设的框架中，在追求效率、效用的过程中发挥作用，提高管理效率，为个人的感情依托和情感寄托提供精神家园，是企业管理中非常值得重视的问题。

亲和力与亲情网、情理交融造成的“亲缘”关系、思维方式和管理传统，至今还影响着中国人的日常行为，同时在管理中起着不可低估的作用。华人企业重人情，已为很多海外华人企业和改革以来许多家族企业的实践所证实。“晓之以理，动之以情”是我们管理中常用的手段；人际关系中同事、同乡、同学、老战友、老部下起着重要作用也是不争的事实；这是一种客观的存在，我们只能正视它，设法改造和转换它而无法完全抛弃。这种“情理交融”的思维方式和管理传统若不加以控制，不加以节制，也有危害。亲缘关系、情感逻辑往往忽视制度和规则的制约，出现行为上的随意性和涣散性，以“情”代“理”，以“情”代“法”，破坏制度理性权威。

中国的“情理交融”有深厚的日常生活基础，关系到信仰和感情寄托，不可能因管理方式改变而彻底改变。尊老爱幼、赡养父母，重人情面子，为子女的付出，仍然是中国人行为的重要特征。

如何既能避免传统的弊端，又能充分利用这一份历史遗产，充分发挥“情理交融”在现代的凝聚和激励作用。显然，首要的仍然是严格管理制度规范。因为没有严格的管理制度规范就会重蹈传统管理和家族企业管理的覆辙，传统就谈不上新生和转化。基本的途径，是使亲和力、亲情网、情理交融传统与科学管理相结合，让亲和力、亲情网、情理交融建立在现代科学管理基础上，在严格管理的规范和制度框架中发挥融通、软化、弥补作用，增进组织成员彼此间的了解、信任，促进共识，提高凝聚力和忠诚度。

21 世纪，人类社会步入新的发展阶段，管理科学的发展与社会发展相适应，呈现一种未来的发展趋势。我们生长在一个变化的时代，必然有变化中的管理，没有变化的管理就不会有生命力，而管理的变革将是深刻而复杂的。

10.4　管理变革与管理创新

随着社会的发展，管理实践也在发展创新中。如果一个领导者理解阻碍变革的原因、变革过程中伴随的现象以及不同的变革战略，就可能成功地在一个组织中执行变革。

10.4.1　未来管理的发展趋势

管理是组织实现目标的关键因素，是社会进步的重要力量，随着时间的推移和社会的发展进步，其本身也在不断地变化和发展，其趋势体现在以下几方面。

一、战略化趋势

随着社会化大生产的发展，社会生产日趋复杂，社会环境变幻莫测，组织与环境联系日益紧密，管理所涉及的因素日益增多、日趋复杂，组织（尤其是企业）间竞争的日趋激烈，组织能否制定和实现正确的战略构想，关系到组织的兴亡。

就企业而言，过去企业家往往追求企业战略的稳定性、长期性，期望对企业的发展施以长远的影响。但事实证明，多变的技术革新浪潮，意想不到的环境变化，往往使追求“稳定性”的企业措手不及。企业要适应全球市场的激烈竞争，必须对自己的发展有一个战略规划，要在彻底了解和准确把握企业内部条件和外部环境变化的同时，结合本企业的特点，制定出最佳的企业战略。企业如果没有科学的战略目标、长远打算，只顾眼前和一时的成就，便不可能持续发展，更不可能在竞争中取胜，企业唯有运筹帷幄，深谋远虑，才能战略制胜，才能不断壮大发展。

二、信息化趋势

随着以微型电脑、激光技术、新型材料、生物工程和新能源开发为中心的新科技革命的兴起与发展，生产技术、社会需求以及市场竞争等日新月异、瞬息万变，在这种情况下，信息进入重要资源的行列。丰富而准确的信息，是正确而迅速决策的前提，一个企业能否在激烈的竞争中得以生存和发展，它的产品和服务能否跟上时代的要求，首先在于该企业能否及时掌握必要和准确的信息，能否正确地加工和处理信息，能否迅速地在员工之间传递和分享信息，特别是能否把信息融合到产品和生产服务过程之中，融合到企业的整个经营与管理工作之中。各级管理者在这个瞬息万变的时代，都越来越重视信息的作用，把如何获取有效的信息作为自己的首要任务。企业管理者发挥各种职能作用，都要以掌握大量真实、准确、及时的信息为前提。在这种情况下，传统的企业管理已经不能适应现代的信息处理要求，企业管理面临着信息化的挑战，信息管理成为企业竞争制胜的重要法宝。

三、人性化趋势

随着信息时代的到来，组织中最缺乏的不是资金和机器，而是高素质的人才。这就促使管理部门日益重视人的因素，管理工作的中心也从物转向人。

为此，管理活动要以人为中心，把提高人的素质、处理人际关系、满足人的需求、调动人的主动性、积极性和创造性的工作放在首位。在管理方式上，现代管理更强调用柔性的方法，尊重个人的价值和能力，通过激励、鼓励人，以感情调动职工积极性、主动性和创造性，最充分地调动所有员工的工作积极性，以实现人力资源的优化及合理配置。

四、弹性化趋势

随着社会的发展，管理从固定的组织系统向富有弹性的组织系统发展。这是社会管理发展又一个重要趋势。

过去在组织管理中，建立起一套完整的组织系统，长期固定不变，显得僵硬。但现在，由于社会环境的不断变化，要求组织机构应该趋于灵活而富有弹性，以求信息畅通并行动敏捷，能够具有很强的对环境的适应能力。为了简化发号施令和相互沟通的渠道，组织管理者将缩小机构，减少层次。在企业各下属机构变小的同时，将赋予它们更大的自主权，实行经营权和管理权下放。这既有利于发挥下属人员的专长和创造精神，又有利于使企业领导把主要精力集中在高层战略决策问题上。

10.4.2　管理变革的阻碍

阻碍管理变革对个人和组织是一个常有的现象。阻碍管理变革不仅仅是忽视或僵化的结果，它也是那些保护他们自己利益的自然反应。与其将阻碍看成一种障碍，更现实和有帮助的是将它视为改进变革的协调力量。人们阻碍组织的变革有许多不同的原因。

一、缺乏信任

阻碍变革的一个基本原因是反对变革的人的不信任。不信任可能放大其他阻碍来源的效果。甚至在没有明显的威胁时，如果人们想象存在隐藏的有害的后果在随后的时间里会出现，变革也可能受到阻碍。相互不信任可能促使领导者对变革的原因保密，这进一步增加了怀疑和阻碍。

二、认为变革不会成功

如果现行的做事方式在过去是成功的，而且没有存在严重问题的明显证据，这时变革将受阻。一个问题的发展信号在初始阶段通常是模糊的，而容易为人们所忽视或轻视。如果领导夸大组织运行良好状况，这就更难以使人们相信需要变革。即使人们最终认识到问题所在，他们通常的反应是在现存的战略上逐渐调整，即去做更多同样的事情，而不是做一些不同的事情。

三、经济威胁

不论变革将如何对组织有益，它都可能受到那些在个人收入、利益或工作保障上遭受损失的人们的阻碍。当变革涉及用技术取代人或者改进工艺使它们更有效时，人们对工作保障就会特别关切。无论是否存在真正的威胁，以前的裁员和下岗引起对新建议的焦虑并增加阻碍。

四、相当高的成本

即使变革有明显的效益，它总是有一些成本。必须改变熟悉的工作方式，这将引起不便和需要更多的努力。需要资源去执行新的变革，现有的已投入传统做事方式的资源将受到损失。在转变期间，由于新的方式需要学习和新的程序需要演练，单位的绩效也不可避免地遭受损失。相对于收益来说，对成本的关心将更难处置，因为不可能对它们进行精确的估计。

五、害怕失败

变革使一些专长过时，需要学习新的工作方式。缺乏自信的人们，将不愿意改变他们所掌握的程序而换成可能更难以掌握的新程序。一个变革，如果它包括渐进的方式帮助人们学习做事的新方式，可能更被接受。

六、地位和权力的失去

组织的主要变革不可避免地导致一些个人和下属单位的权力和地位的相对转移。新的战略通常需要专长，而一些处在高位的解决问题的专门人士并不掌握它们。负责裁减或削减活动的人们将失去地位和权力，使他们更可能反对变革。

七、对价值和理想的威胁

如果变革与现在的价值和理想明显不一致，就将受到阻碍。对一个人价值的威胁将引发强烈的情绪而阻碍变革。如果这个价值包含在一个强劲的组织文化中，这种阻碍将是广泛而不是孤立的。

10.4.3　做好管理变革的铺垫工作

改进管理变革过程的一个重要部分涉及鼓动、支持和指导人们。当变革出现不可避免的困难和反复时，甚至那些最初同意变革的人们，也需要支持和协助以维持他们的热情和乐观。对人们来说，变革总是紧张和伤痛的，尤其是存在相当长的调整、分裂和不安的转变期时更是这样。以下指南基于理论、研究和实践者的见解。

一、制造需要变革的紧急意识

当环境变化是平和的和不存在明显危机时，许多人不能认识到刚刚出现的威胁（或机会）。领导者的一个重要角色就是劝导其他组织中的关键人员相信需要进行重要的变革，而不是逐渐的调整。为鼓动支持变革，必须解释为什么它们是必要的，并创造一个有关它们的紧急意识。解释如果不作出变革就将最终付出比现在作出变革的更大代价。如果人们对问题还未意识到，领导者主要是提供相关的信息和帮助人们理解其意义。

二、使人们准备适应变革

即使变革是必要的和有益的，它也需要那些最受影响的人们作出困难的调整。如果人们不能应付紧张和痛苦的变革，他们将变成沮丧或反抗的。甚至热衷变革的人们也难以克服长期变革努力中困难的经历。成功和反复的交替可能让变革的人们感到，他们仿佛坐在起伏不定的滑车道上。进步的不明显和新的障碍的发现都会增加疲劳和挫折。如果人们预料到它们和知道怎样应付它们，这些变革的负面影响就容易去应对。与其认为变革是一个没有任何代价或问题的万灵药，不如帮助人们理解那些改变将是必要的。一个方法是给人们一个现实的提醒：可能遇到的一些典型的问题和困难。

三、让人们知道变革的进展

如同任何其他危机一样，重大变革也给受它影响的人们带来焦虑和紧张。当一个新战略在早期执行阶段没有取得很多可见的变化时，人们开始怀疑效果是否消失，是否又回到以前的方式。如果他们知道变革的项目正在取得成功，人们更为热情和乐观。

传递变革进展意识的一种方式是：沟通达到了什么阶段，什么变革已经完成，以及在绩效指标上已经出现什么改进。举行仪式告知重要变革的施行和庆祝有意义的进步或成功，使人们认识到他们的贡献和成就。这些庆祝提供机会、增加乐观主义、建立支持和强化对组织单位的认同。认可个人的贡献和成就使每个人在集体努力中的个人角色更为明显。当遇到障碍时，要解释它们是什么以及将如何应付它们。如果执行计划必须修正，要解释必要的原因。另外，应当向人们阐明计划或安排中的任何修正以赢得支持。

四、表明对变革的持续支持

指导变革各个不同方面的责任可以委托给其他变革的人员，但领导者作为变革的主要推动者和发起者，必须持续地提供从头到尾的注意和支持。当遇到问题、出现反复以及人们知道必要的代价和牺牲时，对重要变革的初始热情和支持可能下降。人们期望得到领导者持续支持变革目标和愿景的信号。关于变革不再是重要的或可行的任何信号都具有破坏变革努力的冲击性效果。这将失去支持者，而反对者则受到鼓励、增加阻碍。持续的关注和支持能发出这样的信号，即领导支持变革计划取得了一个成功的结果。领导者应当持续地推动愿景、指导变革过程，并展示出克服困难的乐观主义。当这些解决方案与正在进行的变革努力的目标不一致时，领导者必须抛弃解决即时问题的容易方案。领导表示支持不仅要谈到变革的重要性，还必须投入时间、努力和资源以解决问题和克服困难。在合适的时候，领导者应当参与涉及变革的活动。例如，参加涉及变革努力的一个特别会议或仪式，就会对组织中的其他人清楚地表示：变革是必需的和重要的。

五、授权人们执行变革

如果领导试图详细地指示组织中的每个部分如何去执行，这个变革的计划不可能成功。应当授权关键职位的支持者以他们自己的方式执行。作出决策和处理问题的权威应当委托给负责执行变革的个人或团队。在执行过程完成之后，主要领导角色给这些变革的个人提供鼓励、支持和必要的资源，通过不同部属单位提供对变革的指导和协调。

【案例】

杰出的管理者

要成功地精简一个公司行政机构的层次，其难度常被比喻为教会一只大象跳舞。但是，惠普公司首席执行官约翰·A. 杨，却赢得了妙计制胜的声誉。

在1990年年初，杨开始认识到公司的行政机构是如何拖延决策的过程。他听说，公司在开发一组高速计算机工作站时，因为在技术决策问题上无休止地开会，结果使开发进程延期了1年多。惠普公司原先为促进各工作小组之间的沟通和更好地评估各项决策而设立的38个内部委员会，不仅增加了成本，还限制了创新和延缓了决策。比如，仅仅为给公司开发出的第一代计算机软件取个名字，竟用了 9 个委员会，近 100 个人讨论了 7 个月。

杨立即着手改革公司结构，以解决这一问题。他取消了公司的委员会机构设置，并采取措施实现组织扁平化。他将计算机业务划分为自治的两个集团：一个集团经营通过代理商销售的个人微机、打印机和其他产品业务；另一集团负责向大客户推销计算机工作站和小型机。他还将公司集中的销售力量一分为二，使每个计算机集团拥有自己的销售和营销队伍。

结果是令人鼓舞的。一位现在只要与 3 个委员会而不是 38 个委员会打交道的总经理这样评论说："我们正在做更多的生意，正在以更少的人将产品更快地送出去。"数据也证实了杨重组机构的成功：在 1991 年和 1992 年间，惠普公司的季度利润增加了 49%。

讨论：

惠普公司的组织变革对我们有什么启发？

10.4.4 执行管理变革

组织的变革过程不总是由领导发起，而更多的是直到这个过程很好地执行时他们才会涉入。领导的基本角色是构造一个整合的愿景和一般的战略，建立战略相关的支持者联盟，然后指导和协调战略执行的过程。领导应当提供鼓励、支持和必要的资源去促进变革，但不应当试图决定如何去做。

一、建立支持变革的广泛联盟

劝导人们支持主要变革的任务是不容易的。对单个领导者来说，这是个过大的任务。一个组织的成功变革需要有权力影响或抵制变革的人们的共同努力。必须在组织内部和外部建立支持者的联盟。开始时，执行官团体必须准备承担在组织中执行重要变革的困难任务。不仅需要在执行官团体中，也要在中低级管理者中具有支持者。联盟的外部成员可以是咨询员、工会领导者、重要的客户、金融机构的执行官或政府机构的官员。

二、让有能力变革的人出任关键的岗位

特别重要的是让持支持态度的人直接负责关键的变革，这些人要放到使变革发生的关键岗位上。这些"变革人员"必须以他们的行动和语言支持变革。他们应当是支持愿景和能够清楚表达它的人。在可能的时候，应当撤换那些不能支持新的愿景和战略的人。如果反对者留在位置上，他们可能超出消极阻碍的范围而使用政治策略竭力妨碍新的变革。阻碍的力量可能得以增强以致足够阻碍新战略的成功执行。快速采取行动将那些象征旧秩序的反对者挪开，不仅移去了阻碍变革的人，它也发出一个信号，即你必须严肃对待变革。

三、运用任务小组指导执行

临时的任务小组通常对指导执行组织中的重要变革是有用的，尤其是在修正正式的结构和部属单位之间的关系时更有用。一个任务小组的典型责任包括：探索愿景中的关键价值如何充分地得到表达；发展执行跨越部属单位新战略的行动计划；设计执行新型活动的程序；研究表扬和奖励结构如何修正以使之与新的愿景和战略一致。每个任务小组的构成应当与它的责任相匹配。例如，一个改进消费者服务的任务小组，应当有一些人来自那些影响该服务质量的部门，这个任务小组应当真正地会见一些重要的消费者。每个任务小组的领导应当是这样的人，他理解和支持新愿景、有技巧和能力召开会议、管理冲突以及与能建设性解决问题的人接触。

四、作出象征性的变革以影响工作

象征性的变革强调领导者对新愿景的忠诚，特别是当变革会影响组织成员的日常生活时。一个类型的象征性变革涉及工作如何去做和各个部门在工作上的权威。例如，在一个采取全面质量管理新战略的制造公司中，质量监理位置将被撤销，生产雇员被赋予检查质量和改进质量问题的责任。建立质量小组以确认改进质量的方式，授权雇员停止生产以改进质量问题。另一个类型的象征性变革涉及在哪儿工作。在一个大的保险公司，它的组织有专门职能的等级和14个小的半独立的分部，首席执行官销售高风险的旧办公楼，他指派给每个分部的是各自低风险的设施。这对雇员强调了一个新的授权战略，即每个分部运用自己的方式去改进消费者服务。

五、如果必要，从小范围开始

为了使变革的效果相互支持、系统的力量不会抵消变革的效果，一个系统内相互依赖的部分在可能时应当同时变革。然而，在一个大的有很多部属单位（如独立的生产部门）的组织中，在所有单位同时执行变革并不容易。如果必要的话，由松散部属单位结合的组织，它的主要变革应当以小单位为基础进行。显示新战略成功的一个方式是在一个部属单位的小范围内执行或在经验的基础上实施。一部分组织实现成功的变革能够帮助刺激整个组织的相同变革。然而，假定相同的变革适合于所有的部属单位是不明智的，尤其是这些单位的情况非常不同时。如果允许中层管理者在决定如何执行自己单位的战略上有主要的发言权，这个类型的错误更可能得到避免。

六、改变组织结构的相关方面

成功地执行一个主要的新战略需要改变组织结构，使之与战略相一致。这个变革可能涉及：部属单位活动组织的方式，权威和报告的关系，工作流，沟通网络，奖励系统，正式的绩效标准，以及诸如选择和提升这样的人事决定标准。在结构变革可能受阻时，更容易创造一个非正式结构去支持新战略和推迟改变正式结构直到人们认识到变革的必要性。可以建立非正式团队推动转变，不要期望这些临时结构变成永久的结构。例如，一个公司运用特别的“突击队”奔赴不同的地方，那里需要特别的专长解决执行新战略的问题。

七、监督变革的过程

创新变革如同对没有标明的河流的自然探险，不可能预见将要遇到的所有障碍和困难。许多事情必须在做中学，必须监督这个学习过程。应当收集和分析变革效果的反馈以评价过程和提炼精神模式，这涉及影响组织绩效的主要变量之间的关系。有时，监督对协调变革的不同方面也是重要的。需要得到有关人员、过程和绩效的准确及时的信息。这些信息可以通过不同的方式收集，其中之一就是会见处于关键位置上的人们和进行经常的正面评价。

知识链接

突破变革的阻力

美国管理学家朱兰在《管理突破》一书中，提出了组织变革遇到阻力时应采取的对策：

(1) 使受到变革影响的人们参与变革的计划与实施。这是引入变革的最重要的规则。缺乏参与会导致怨恨，进而成为变革的强劲阻力。

(2) 为人们接受变革提供足够的时间。人们需要足够的时间来评估变革的影响，即使变革看上去有利，人们也需要了解在文化价值方面他们必须付出什么代价。

(3) 从小规模开始。在全面推开之前首先进行小规模的试点和试行，这对于变革的提倡者和文化的成员双方都可以减小风险。

(4) 避免突然。文化模式的一个主要益处便是其可预见性，突然性对这种预见性是一个冲击，打破了平静。

(5) 选择适当的时机。安排变革的时间上有好坏年份，甚至好坏季节之分。

(6) 变革方案应当避免超负荷。应避免在提案中塞入过多的与结果无关的东西，否则会偏离主题。

(7) 做好文化领导者的工作。文化最能被其成员理解，他们有自己的正式或非正式的领导者。说服其领导者是使人们接受变革的重大步骤。

（8）尊重人们的尊严。人们只有得到应有的尊重，才有可能响应组织的变革。

（9）试图站在对方的位置考虑问题。自忖"作为该文化中的成员，我会持有何种立场?"用角色扮演的方式来理解他人的立场。

（10）直接与阻力打交道。这方面有许多做法：采用劝说的方式；提供某种补偿以换取支持；修改方案以满足特定的要求；改变社会氛围使人们更容易接受变革；有些情况下只能选择放弃，人不可能永远成功。

本章重点知识归纳

制度化管理的实质在于以科学确定的制度规范为组织协作行为的基本约束机制，主要依靠外在于个人的、科学合理的理性权威实行管理。

企业文化的功能具有普遍适用性，任何性质、形式的企业都可以依靠强有力的企业文化获得成功，而优秀的企业文化不是自然生成的，其功能的充分发挥有待于对其的精心培育和长期建设。培育独具特色而卓有成效的企业文化，是现代企业走向成功的必由之路。

管理制度和规范是企业文化的重要内容，也是企业文化得以维护和延续的基本保证。在企业文化建设中，应当以共有的价值观体系为宗旨，围绕实现企业目标建立健全各项规章制度，形成严密的规范网络，使职工的各种行为活动、相互关系的确立和调整以及行为效果的评价等均有法可依、有章可循。

企业规范化管理是要赋予企业组织一种生命力量，让企业像一个生命有机体一样，无论内部原因还是外部原因致使企业组织发生创伤和病变后都具有自动愈合、自动产生抗体抵御病源，恢复健康的机能。

思考题

1. 制度化管理的特征有哪些?
2. 什么是企业文化?
3. 怎样运用企业文化，促进企业管理?
4. 中国企业应该如何建设自己的企业文化?
5. 企业规范化管理的方法有哪些?

本章讨论案例

联想——文化制胜

联想的成功很大程度上在于根据企业所处阶段的不同对企业文化进行相应的调整。联想的文化建设经历了三个阶段。每个阶段都有不同的特性，以支持管理流程的畅通和运行层面的有效推进，从而服务于当时联想的战略。

从一开始创业期文化、规则导向文化到如今的亲情文化、包容性文化，说明了联想的企业文化变得越来越成熟。1984 年，联想在中科院的一间小平房里成立，9 个科技人员靠中科院计算所 20 万元投资起家。这个时期联想人面对的是关系到生存的竞争压力，充满了创业的决心，也充满了克服一切困难的精神。那时联想人常说的是“要把 5%的可能变成 100%的现实”。这是在当时的环境下所表现出来的一种非常坚定的创业文化。

当联想进入创业之后的起步期，一个要长远持久发展的目标摆在面前的时候，联想的企业文化走向了规则导向。联想人向规则要“精准和效率”，希望人人都能够“严格、认真、主动、高效”，把很多事情都放到一个个流程制度里去规范它。他们讲“做事三原则”，讲“围着规则转”，员工的行为需要规范，业务怎么开展需要规范，企业怎么管理也需要规范，联想文化进入了“严格”文化时期。

当联想发展得越来越大，部门也越来越多的时候，联想发现单纯强调“严格”文化不利于公司内部的协作，于是这一时期提倡的是团队意识、“亲情”文化，是要使联想公司内部多一些利于协作的“湿润空气”。“亲情”文化提倡互相支持，提倡互客户理念，推行矩阵式管理模式，要求各部门和层次之间互相配合，资源共享，实行“称谓无总”、倡导“平等、信任、欣赏、亲情”。所以这时的文化导向是支持导向。

联想文化发展的三阶段如图 10－1 所示：

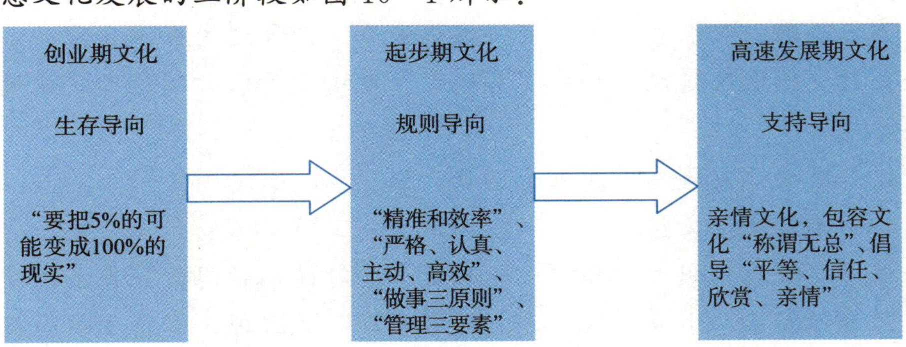

图 10－1　联想文化发展的三阶段

其中贯穿始终的核心理念：把个人追求融入企业发展目标之中。具体阐释如下：

一、创业期文化

联想人刚开始打天下的时候，常说的“要把5%的可能变成100%的现实”，这是在当时的环境下所表现出来的一种非常坚定的目标导向。这个时期联想面对的是关系到生存的竞争压力，充满了创业的决心，也充满了克服一切困难的精神。在从“做学问”向“做市场”的转变中，联想逐渐明白了必须关注客户需要什么，考虑什么产品才好卖、考虑怎么控制成本才能赚钱，考虑要打出自己的牌子，经营意识就这样一步步地建立起来了。联想人常说，“没有师傅，是我们自己把自己领进了市场的大门。”

1988年，国家举行一年一度的全国科技进步奖评选。由于把联想汉卡理解为单一的计算机辅助产品，初评结果联想汉卡只得到二等奖。他们不满足这个结果，认为自己的产品在国民经济的应用中具有重大意义，认为评委们或许还不了解联想汉卡。于是就成立了一个专门的工作小组，组长由25岁的郭为担任。他们带着产品、全部技术资料，挨家挨户为评委讲解演示，精诚所至金石为开，联想汉卡在复议中获得了国家科技进步一等奖。这也是中国第一个计算机应用产品获得的国家大奖，这个荣誉对联想汉卡的市场成就很有帮助。

二、起步期文化

当联想进入了创业之后的起步期，当一个要长远持久发展的目标摆在面前的时候，联想开始讲“做事三原则”。一切围着目标转就逐渐转变成了“围着规则转”，从目标导向变成了规则导向。一个企业要持久，员工的行为需要规范，业务怎么开展需要规范，企业怎么管理也需要规范。联想向规则要“精准和效率”，希望人人都能够“严格、认真、主动、高效”，于是把很多事情都放到一个个流程制度里去规范它。比如用“入模子”来统一新员工的价值观，比如把总经理室的沟通演变成固定的“早餐会”。

做事三原则：如果有规定，坚决按规定办；如果规定有不合理处，先按规定办并及时提出修改建议；如果没有规定，在请示的同时制定或建议制定相应的规定。

管理三要素：定战略、建班子、带队伍。

三、高速发展期文化

当公司发展越来越大，部门也越来越多的时候，联想讲得更多的变成了团队意识，告诉大家“小公司做事，大公司做人”的道理。多讲支持，提倡互为客户的理念；推行矩阵式管理模式，要求各部门和层次之间互相配合，资源共享。提出并实行“称谓无总”，倡导“平等、信任、欣赏、亲情”的亲情文化。这时的企业文化也开始从规则导向向支持导向过渡。

鲜明而深厚的联想文化曾经是联想的骄傲和特点，这种文化依靠高效的资源管理能力和规范化创造了关于成本和规模的奇迹。但是这种规范文化已经充分表现出的干燥感，在“服务的联想”中显得那样的不和谐。如何在联想的大企业文化下，培育起适合不同业务特点的若干亚文化，增加联想文化的包容性和湿润感，成了在新的时期的新的追求。总裁杨元庆希望，“服务能成为融入公司血液的 DNA，即联想的每个员工都要有很强的客户意识和客户体验，每个员工都有充分的服务意识。”

从尊称“老师”，到敬称“老总”，再到人称“元庆”，中国 IT 旗舰联想 17 年来对其掌门人的称谓历经了这样的三大变化。杨元庆坦言：联想早期做的比较多，亲情的成分比较少，所以我们前年开始强调亲情文化，每个月会有固定的一天，领导班子成员站在公司门口迎接员工。杨元庆让所有的联想员工都叫他“元庆”，叫声“杨总”是要罚 100 块钱的。联想一度强调亲情文化。在联想研究院的研究人员仿效硅谷的工作方式，比如可自己调配上班时间，办公室里随意着装等。杨元庆还提出在员工生日时，以公司名义赠送生日蛋糕，甚至在情人节那天让大家早点下班去约会。

亲情文化的内涵是让联想人在一个更为宽松、有活力的氛围下养蓄创造力。但过分宽松多少会影响到联想新人“入模子”。联想今天所处的环境决定，现在绝不是一个可以轻轻松松庆功联欢的时刻。加上联想近期又增添了大批新人，绝大多数是二十来岁的大学毕业生。如何让这批人一进到联想就绷紧这根弦？杨元庆觉得务必要给这些新人一个提醒。

于是联想现在开始在亲情文化的基础上倡导“创业文化”。在充满后工业化设计感的深圳联想新大楼里，办公室、电梯间、食堂甚至洗手间，随处可以发现与“创业文化”相关的小标语条。我们把这一“发现”对联想方面的陪同人员说了，他们笑着解释：“元庆希望随时提醒联想人，让大家重新聚起一种白手起家的精神来面对现在的竞争环境。”

创业文化在联想的新生恰恰切合了杨元庆感悟至深的一点：“联想十几年里，最根本的东西、最不应丢掉的东西，就是永不满足，不断进取。就是往大处看，目标高远。永远是做到一个目标，再奔向另一个目标，是那种要跳一下才够得着的高目标。”

现在的联想企业文化正如集团创始人柳传志所说，“西方管理强调规范化，东方管理讲人情、亲情，或者说艺术化的管理比较多。联想要以规范化、科学化的管理为基础，而用人情、亲情来进行调整。‘主原料’还是要规范。”

讨论：

1. 联想集团的企业文化为什么要进行调整？
2. 联想集团的企业文化有哪些方面值得借鉴？